Eichenseer • Grill • Krön

Omas Strickgeheimnisse

Sonderausgabe 2001 für den Weltbild Verlag, Augsburg

© 2000 Rosenheimer Verlagshaus Gmbh & Co. KG, Rosenheim

Die Fotos einschließlich des Titelbildes stammen von Günter Standl, Laufen / Obb.
Die in diesem Buch verwendete Strickschrift ist Eigentum der Autorinnen und darf nur mit deren
Genehmigung verwendet werden.

Layout, Satz und Lithographie: Reiter Kommunikations GmbH, Berchtesgaden
Druck und Bindung: L. E. G. O. S. p. A., Vicenza
Printed in Italy

ISBN 3-475-53236-0

Erika Eichenseer
Erika Grill • Betta Krön

Omas Strickgeheimnisse

200 bezaubernde Muster

Mitherausgegeben vom Bayerischen Landesverein für Heimatpflege
Fotos von Günter Standl

rosenheimer

Inhalt

Zur Geschichte des Strickens
Zu diesem Buch
Strickmuster-Zeichenerklärung

Streifen

Leitern

Zöpfchen

Zur Geschichte des Strickens

„Hochgelobt sey der Mann oder das Weib, der oder das die Kunst zu Stricken erfand! Sein Andenken verdient gewiß in allen cultivierten Ländern eine Ehrensäule … Seine fünf Stricknadeln wurden Wohltäter der Menschen! Nährer der Armen und der Grundstein der nützlichen Industrie so mancher Stadt, so manchen Landes."
So überschwenglich lobte das „Journal des Luxus und der Moden" in einer Ausgabe aus dem Jahr 1800 die Erfindung des Strickens. Dabei weiß man bis heute nicht, wann und wo diese Kunst zuerst geübt wurde. Die Sage erzählt von Penelope, der Gemahlin des Odysseus, wie sie in seiner 20 Jahre währenden Abwesenheit bei Tage am Leichengewand für den greisen Schwiegervater gewirkt und bei Nacht die Arbeit wieder aufgetrennt habe, um ihr Versprechen, nach Fertigstellung des Gewandes einen ihrer Freier zu erhören, nicht einlösen zu müssen. Von nordischen Moorleichen, deren textile Bekleidung an Strickarbeiten erinnert, wird berichtet, von gestrickten Fragmenten in ägyptischen Gräbern, von Stricknadeln als Beigabe in einem koptischen Grab … Doch vielleicht ist man ganz einfach in weit auseinander liegenden Teilen der Welt etwa gleichzeitig auf die Idee gekommen, aus einem endlosen Faden Schlingen zu formen und diese miteinander zu verbinden.

Bald wurde die Kunst des Strickens perfektioniert – wir sehen das mit Staunen an den seidenen, fein ausgezierten Pontifikalstrümpfen und -handschuhen, die seit dem 13. Jahrhundert in Domschätzen und Museen erhalten geblieben sind. Im 16. Jahrhundert gab es bereits überall Zünfte für die Stricker, die damals durchwegs männlichen Geschlechts waren. Zu ihren Meisterstücken gehörten bald nicht mehr nur Strümpfe und Handschuhe, sondern große Bildteppiche. Im 18. Jahrhundert wurde dann fast überall in Europa in Heimarbeit gestrickt, Arme und Waisen verdienten mit dem Stricken von Strümpfen ihren Lebensunterhalt.

Das frühe 19. Jahrhundert brachte, obwohl schon damals in Manufakturen maschinengewirkte Kleidungsstücke hergestellt wurden, die allgemeine Hinwendung der Frauen aus dem gehobenen Bürgertum zum Stricken. Sie sahen darin einen angenehmen und zugleich nützlichen Zeitvertreib, der sich zudem als äußerst gesellig erwies. Im schon zitierten „Journal des Luxus und der Moden" heißt es weiter: „… ihr ganzes Arbeitszeug besteht in fünf Stricknadeln, die höchstens einen Groschen kosten … der Hirte auf dem Felde, die Bauern auf ihrem Wege nach der Stadt, der Soldat im Lager, das Mädchen auf der Bleiche kann stricken; jede Minute Zeit kann damit benutzt, der Strickstrumpf ohne Schaden weggelegt, eingesteckt und wiedergenommen werden. … Zu unseren Zeiten hat sich nun die Strickkunst sehr vervollkommnet, ist den bildenden Künsten an die Seite getreten und sogar eine Lieblings- und Modearbeit unserer Damen geworden." Erstmals werden jetzt – etwa im „Ersten Toilettengeschenk für Damen", einer Art Jahrbuch – Maschenbezeichnungen verwendet. Wir finden hier die „liegen gebliebene", die „schräg gezogene" oder die „hinterschlagene" Masche. In den Abnehmerkreisen dieser Publikation strickte man natürlich nur für den eigenen Gebrauch und um sehr persönliche Geschenke für Freunde und Verwandte zu haben. Sommerschals, Nachtmützen, Vorärmel, Stutzen und Pulswärmer, Ohrenwärmer, Manschetten und Unterröcke, Strümpfe, Gamaschen und Handschuhe, aber auch Fußkissen, Gardinen, Sofakissen und Überwürfe zum Schutz der Fauteuils waren beliebte Erzeugnisse der häuslichen Handarbeit.

Die zunehmende Sportlichkeit der Menschen seit dem Ende des 18. Jahrhunderts hat damals auch dem Handstricken zu noch weiterer Verbreitung verholfen, brauchte man doch im eisig kalten Pferdeschlitten genauso etwas Wärmendes zum Drunter- oder auch zum Drüberziehen wie beim Eislaufen. Ein Jahrhundert später kam die erste Skikleidung hinzu – Wollmützen und Fäustlinge waren natürlich keine neue Erfindung, doch wurden sie jetzt besonders dringend gebraucht. Über die zur selben Zeit auch vielfach handgestrickten Badeanzüge sollte man lieber schweigen …

Heute ist nicht mehr, wie noch vor einigen Jahrzehnten, die eigentliche Skibekleidung die hauptsächliche Domäne der komplizierten Handstrickmuster – dafür gibt es all die modernen und für diesen Zweck viel praktischeren Materialien. In unserer Zeit haben sich die aufwendigen Flechtmuster und die farbig abgesetzten Norwegerdessins den Alltag erobert und schmücken so manchen Winterpullover. Die komplizierten Lochmuster dagegen zieren vor allem die Waden derjenigen Frauen und Männer, die echte Tracht oder auch Trachtenmode tragen.

Die Muster, von denen überraschenderweise noch immer neue, bisher unbekannte Varianten auftauchen, der Vergessenheit zu entreißen und sie durch die mühevolle Umsetzung in moderne Strickschrift für weitere Generationen zu erhalten, ist ein großes Verdienst dieses Buches. Sie bereichern nicht nur das weite Spektrum der noch heute ausgeführten Handarbeiten, sie legen mit ihrer Gestalt und den ihnen gegebenen Bezeichnungen beredtes Zeugnis ab von der handwerklichen Kreativität und der wortschöpferischen Phantasie unserer Vorfahren.

Nina Gockerell

Zu diesem Buch

Ein neues Strickbuch mit Mustern aus alter Zeit ist entstanden. Ein ganzer Schatz, der vorwiegend aus der Biedermeierzeit (1815–1848) und den nächsten zwei Jahrzehnten (bis 1870) stammt, wird wieder in die Hände von Frauen und Männern gelegt, die diese wertvollen Stücke nacharbeiten und tragen können.

Diese Sammlung versteht sich aber auch als Dokumentation einst lebendiger textiler Volkskunst, die den beschaulich-häuslichen Fleiß und die große Kunstfertigkeit von ehedem aufzeigen. Außerdem will sie einen Beitrag leisten zur Wiederbelebung früherer Geselligkeit in der Familie, Verwandschaft und nachbarlichen Bekanntschaft.

Hier werden Muster vorgelegt, die mit klapperndem Nadelspiel im Laufe von vielleicht Jahrhunderten und Jahrzehnten entstanden sind, die die naturnahe bäuerlich-dörfliche Welt spiegeln und daher Namen tragen wie etwa Blätter, Blüten, Glöckerl, Beeren, Kerne und Bäume, ebenso Käfer, Wanzen, Schlangen und Pfauen.

Daneben findet man auch Musternamen wie Fächer, Korinthische Säule und Griechische Tour, Pfeiler und Wappen, die auf das bildungsbewusste, dem klassischen Altertum zugewandte Denken der städtisch-bürgerlichen Familie hinweisen. Namen wie Jakobinerrand, Allemande Trois, der Schuh der Centrillon wiederum erinnern an die europaweiten Einflüsse der napoleonischen Epoche.

Die politisch unruhige Zeit im beginnenden 19. Jahrhundert hatte Deutschland aufgezehrt. Die kaprizierten Bedürfnisse des vergangenen Rokoko wichen einer neuen, naturbewussten und anspruchsloseren Lebensauffassung. Man war jetzt bemüht, aus einfachen Grundmaterialien das Beste und Schönste herzustellen.

Je größer die äußeren Kämpfe dieser Zeit waren, umso mehr rückten die Menschen zusammen; häusliche Begegnungen mit Hausmusik, Handarbeit, Kaffeevisiten mit geistvollen Gesprächen waren Mode geworden; kunstvoll gestrickte, gehäkelte oder geklöppelte Decken und Deckchen zierten die Plüschsofas, Briefe-, Tagebuchschreiben, Freundschafts- und Geheimbünde der Gebildeten waren die Antwort auf das jetzt auch durch die Maschine veränderte Lebenstempo, auf die Auflösung des Handwerks und die Hinwendung zu Welthandel, Wettbewerb und Zeitung.

So formte sich für die Nachwelt ein manchmal belächeltes, liebenswürdig-verzopftes Zeitbild des 19. Jahrhunderts, das in melancholischer Hinneigung und schwärmerischer Anmut schwelgte, beziehungsreiche Geheimnisse hineinverstrickte in Muster, aus denen man Geschichten lesen konnte. Die bäuerlich-dörfliche Rockenstube war in früherer Zeit wohl der wichtigste Platz für die feierabendlichen Zusammenkünfte der Mädchen und Frauen, bei denen auch die Männer nicht ausgegrenzt waren. Man übte dort viele Formen der Volkskunst aus. Sagen und Märchen, Schwänke und Geistergeschichten wurden hier ebenso überliefert wie Tänze, Kinder- und Stubenspiele und allerlei Kurzweil. Vor allem aber verrichtete man nützliche Arbeit in geselliger Runde: Man spann Flachs oder Wolle, strickte, stickte, häkelte, besserte Altes wieder aus, und die Älteren achteten sehr darauf, dass die Jungen ihre Arbeiten sauber und schnell ausführten.

Vor diesem Hintergrund müssen wir die in unendlicher Geduld und Hingabe gefertigten Strickmuster sehen, die uns von Nannette Höflich (Nürnberg 1843), Juliane Pauker (Regensburg 1830) in gedruckter und von Anna Knauer (Kallmünz 1870) in handschriftlicher Form überliefert sind. Ihre heute weitgehend unverständlichen, nur noch von einigen Frauen nachvollziehbaren Strickanleitungen wurden von Betta Krön nachgestrickt, neu notiert und somit der Vergessenheit entrissen.

Abgesehen von diesen schriftlich notierten Mustern enthält das Buch auch Vorlagen aus alten Stricksachen, die zum Teil in Museen oder auch in Privatbesitz wohl verwahrt liegen.

So bewahrt das 1. Bayerische Schulmuseum in Sulzbach-Rosenberg die Strickmusterbänder der Katharina Zintl aus Undorf und der Emma Hoyer aus Cham auf, die Familie Deubzer aus Neustadt a.d. Waldnaab besitzt die Muster von Theresia Wiedenhofer, ca. 1880. Frau Josefa Haberkorn aus Konnersreuth erbte die Strickbänder von Schwester Isnada Enders aus dem Jahr 1920, Frau Barbara Kriegl behütet und schätzt das doppelt aufgenähte prachtvolle Band von Anna Fähl aus Pölling, und Herr Hans Rösch aus Kemnath überließ uns gerne den fast vier Meter langen, fadenfeinen Musterstreifen von Emilie Löschner aus Luditz (ehem. Egerland) aus dem Jahr 1880.

Allen diesen Leihgebern sei ein herzlicher Dank gesagt für ihre Bereitschaft, die kostbaren Erb- und Schaustücke zur Bearbeitung wegzugeben.

Ein Aufruf, der im Rahmen der Heimatpflege in der Oberpfalz gestartet wurde, brachte eine unerwartete Fülle an kunstvoll Gestricktem ans Licht: Strümpfe mit immer wieder anderen Strumpfrandmustern, Kinderjäckchen, Nachthauben, Wickelbänder und vor allem die meterlangen Musterstreifen, die oft ein Leben lang immer wieder weitergestrickt, als Erinnerung und als Vorlage dienten.

Erika Grill erstellte aus diesen zum Teil in Zwirnsfadenstärke gestrickten Mustern eine zeitgemäße Symbolschrift, die unserer heutigen Generation das Nacharbeiten erst möglich macht.

So bietet dieses Buch ein Mehrfaches: eine reiche, brauchbare Mustersammlung zum Nachstricken, darüber hinaus eine Dokumentation, die alte Formen textiler Volkskunst wieder lebendig werden lässt und sie weiterreicht an unsere Generation, und zuletzt eine Anregung zu eigenem kreativen Schaffen und einer neuen Geselligkeit.

Allen, die an „Omas Strickgeheimnissen" einen wichtigen Anteil haben, soll ein herzlicher Dank gesagt werden, seien es die vielen Leihgeber der Originale, die Sponsoren, die den Druck dieser Publikation erst ermöglichten, vor allem der Bayerische Landesverein für Heimatpflege, Frau Dr. Nina Gockerell vom Bayerischen Nationalmuseum in München, die das Geleitwort schrieb, die Computer-Fachleute Benno Heigl und Heinz Beck, die damit in ein ihnen bisher völlig fremdes Fachgebiet vordrangen, die Strickerinnen, die immer wieder die Muster ausprobierten, vor allem aber Frau Betta Krön, der ungekrönten Königin des Strickens, die nicht nur die vielen weißen Musterstreifen aus dem edlen ⬤ Rottulpe-Garn fertigte, sondern auch korrigierte, verglich und verbesserte in unzähligen Stunden der höchsten Konzentration.

Erika Eichenseer

Strickmuster-Zeichenerklärung

In den Zwischenrunden bzw. -reihen werden die Maschen, wenn nicht anders angegeben, gestrickt, wie sie erscheinen. Die Umschläge werden auf der Vorderseite rechts, auf der Rückseite links gestrickt. Freie Felder in der Strickschrift haben keine Bedeutung; sie tragen nur zur Übersicht der Strickschrift bei. Die Zahlen am Rand bezeichnen die Runden bzw. Reihen. Die Pfeile geben die Arbeitsrichtung an. Die senkrechten Pfeile bezeichnen den Musterteil, der ständig wiederholt wird.

◯	rechte Masche
—	linke Masche
8	rechts verschränkte Masche (hinten einstechen)
/	Umschlag
V	2 Maschen durch Überziehen zusammenstricken (= 1. Masche rechts abheben, 2. Masche rechts stricken, 1. Masche über die 2. Masche ziehen)
∞	2 Maschen rechts verschränkt zusammenstricken
✕	2 Maschen rechts zusammenstricken
∪	3 Maschen durch Überziehen zusammenstricken (= 1. Masche rechts abheben, 2 Maschen rechts zusammenstricken, 1. Masche darüberziehen)
2	2 Maschen links zusammenstricken
~	1 Masche links verschränkt stricken (Faden vor die Nadel legen, von hinten in die Masche einstechen, Faden wie bei Linksmasche durch die Masche ziehen)
2	2 Maschen links verschränkt zusammenstricken
∀	2 Maschen links durch Überziehen zusammenstricken (= 1 Masche links, Faden vor die Nadel legen, 2. Masche rechts abheben, dann beide Maschen auf die linke Nadel heben, rechts abgehobene Masche über die linke Masche ziehen, Masche auf die rechte Nadel heben)

ꓱ	3 Maschen links durch Überziehen zusammenstricken (= 2 Maschen links zusammenstricken, nächste Masche rechts abheben, Faden vor die Nadel legen, beide Maschen auf die linke Nadel heben, abgehobene Masche über die links zusammengestrickte Masche ziehen, Masche auf die rechte Nadel heben)
|	Aufschleifen. Faden wie beim Maschenanschlag um den Daumen legen, mit der Nadel von unten nach oben in die Daumenschlinge stechen (jedoch nicht wie beim Maschenanschlag Faden holen), Schlinge auf die Nadel nehmen.
D	3 Maschen rechts zusammenstricken
3	3 Maschen links zusammenstricken
ꝏ	3 Maschen rechts verschränkt zusammenstricken
⊘	1 Masche links abheben (= Faden liegt hinter der Arbeit; in den Rückreihen liegt der Faden vor der Arbeit)
⊘	1 Masche links abheben (= Faden liegt vor der Arbeit, in den Rückreihen liegt der Faden hinter der Arbeit)
oo ⟋ oo	4 Maschen nach links verkreuzen (= 2 Maschen auf eine Hilfsnadel vor die Arbeit legen, die folgenden 2 Maschen rechts stricken, dann die 2 Maschen der Hilfsnadel rechts stricken). Beim Viererzopf werden 8 Maschen nach links verkreuzt.
oo ⟍ oo	4 Maschen nach rechts verkreuzen (= 2 Maschen auf eine Hilfsnadel hinter die Arbeit legen, die folgenden 2 Maschen rechts stricken, dann die 2 Maschen der Hilfsnadel rechts stricken). Beim Viererzopf werden 8 Maschen nach rechts verkreuzt.
— — ⟍ — —	4 linke Maschen nach rechts verkreuzen (= 2 Maschen auf eine Hilfsnadel hinter die Arbeit legen, die folgenden 2 Maschen links stricken, dann die 2 Maschen der Hilfsnadel links stricken). Beim Viererzopf werden 8 Maschen nach rechts verkreuzt.
— — ⟋ — —	4 linke Maschen nach links verkreuzen (= 2 Maschen auf eine Hilfsnadel vor die Arbeit legen, die folgenden 2 Maschen links stricken, dann die 2 Maschen der Hilfsnadel links stricken). Beim Viererzopf werden 8 linke Maschen nach links verkreuzt.
⅋	2 rechte Maschen nach links verkreuzen (= 1. Masche auf eine Hilfsnadel vor die Arbeit legen, die nächste Masche rechts stricken, dann die Masche der Hilfsnadel rechts stricken)
✕ ⅋	1 rechte und eine linke Masche verkreuzen (= rechte und linke Masche an die rechte Nadel heben, rechte Masche an die linke Nadel heben, dabei die Nadel aus der linken Masche ziehen und wieder an die rechte Nadel heben. 1 links, 1 rechts stricken)

12

1 linke und 1 rechte Masche verkreuzen (= linke und rechte Masche an die rechte Nadel heben, linke Masche an die linke Nadel heben, dabei die Nadel aus der rechten Masche ziehen, diese Masche an die rechte Nadel und dann an die linke Nadel heben. 1 rechts, 1 links stricken)

1 rechte und 1 linke Masche auf der Rückseite verkreuzen (= 1 Masche auf eine Hilfsnadel vor die Arbeit legen, die nächste Masche links stricken, dann die Masche der Hilfsnadel rechts stricken)

1 linke und 1 rechte Masche auf der Rückseite verkreuzen (= die 2. Masche vor der 1. rechts stricken, dann die 1. Masche links stricken)

Rechte und verschränkte Masche an die rechte Nadel heben, verschränkte Masche nach rechts verkreuzen, beide Maschen an die linke Nadel heben, 1 Masche links verschränkt, 1 Masche rechts stricken.

Verschränkte und rechte Masche an die rechte Nadel heben, verschränkte Masche nach links verkreuzen, beide Maschen an die linke Nadel heben, 1 Masche rechts, 1 Masche links verschränkt stricken.

2 Maschen an die rechte Nadel heben, 2. Maschen nach rechts verkreuzen, beide Maschen an die linke Nadel heben, 2 Maschen links verschränkt stricken.

2 Maschen an die rechte Nadel heben, 2. Masche nach rechts verkreuzen, beide Maschen an die linke Nadel heben, 2 Maschen rechts verschränkt stricken.

linke und verschränkte Masche an die rechte Nadel heben, verschränkte Masche nach rechts verkreuzen, beide Maschen an die linke Nadel heben, 1 Masche verschränkt, 1 Masche links stricken.

verschränkte und linke Masche an die rechte Nadel heben, verschränkte Masche nach links verkreuzen, beide Maschen an die linke Nadel heben, 1 Masche links, 1 Masche verschränkt stricken.

Streifen

Tausendfüßler

Höflich

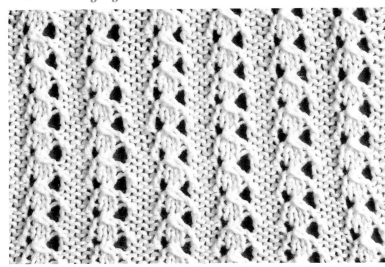

In Runden:
Maschenanschlag durch 6 teilbar.

O O O − − −	04 ←
O O O − − −	03 ←
O O O − − −	02 ←
/ U / − − −	01 ←

Hin- und Rückreihen:
Maschenanschlag durch 6 teilbar −1 +
2 Randmaschen

→ 04 O │ − − − O O O │
−   │ O O O − − − │ 03 ←
→ 02 O │ − − − O O O │
−   │ / U / − − − │ 01 ←

Lochstreifen

aus Pölling

In Runden:
Maschenanschlag durch 7 teilbar.
Zwischenrunden

− − │ O O O O O − − │ 03 ←
− − │ V / O / × − − │ 01 ←

Hin- und Rückreihen:
Maschenanschlag durch 7 teilbar + 2 +
2 Randmaschen.
Zwischenreihen

Lochstreifen

aus Konnersreuth

In Runden:
Maschenanschlag durch 13 teilbar.
Zwischenrunden

| V / O / x – – O O / x – – | 03 ← |
| V / O / x – – V / O O – – | 01 ← |

Hin- und Rückreihen:
Durch 13 teilbar + 2 + 2 Randmaschen.

→	04	O O		– – – – – O O – – – – O O	
		– –		V / O / x – – O O / x – –	03 ←
→	02	O O		– – – – – O O – – – – O O	
		– –		V / O / x – – V / O O – –	01 ←

Lochstreifen mit zwei Linken

aus Pölling

In Runden:
Maschenanschlag durch 6 teilbar.

O O O O – –	04 ←
O O O O – –	03 ←
O – O O – –	02 ←
V / / x – –	01 ←

Hin- und Rückreihen:
Maschenanschlag durch 6 teilbar
+ 2 + 2 Randmaschen.

→	04	O O		– – – – O O	
		– –		O O O O – –	03 ←
→	02	O O		– O – – O O	
		– –		V / / x – –	01 ←

15

Lochstreifen aus Weiden

In Runden:
Maschenanzahl durch 4 teilbar.

```
8 − / ∞    02 ←
∞ / ○ 8    01 ←
```

Hin- und Rückreihen:
Maschenanzahl durch 4 teilbar
+ 2 Randmaschen.

```
→ 02   ~ − / 2
        ∞ / ○ 8    01 ←
```

Lochstreifen aus Pölling

In Runden:
Maschenanschlag durch 15 teilbar.

```
○○/×−−  ○○○○○○  −−    04 ←
∨/○○−−  /×○∪○∨/  −−    03 ←
○○/×−−○○○○○○○○−−       02 ←
∨/○○−−/○/×○∨/○/−−     01 ←
```

Hin- und Rückreihen:
Maschenanschlag durch 15 teilbar
+ 2 Randmaschen.

```
→ 04   −−/2○○  −−−−−−  ○○
        ∨/○○−−  /×○∪○∨/  −−    03 ←
→ 02   −−/2○○  −−−−−−−−○○
        ∨/○○−−/○/×○∨/○/−−     01 ←
```

In Runden:
Maschenanschlag durch 6 teilbar
Zwischenrunden

) O | − / × − O O | 03 ←
) O | − V / − O O | 01 ←

Hin- und Rückreihen:
Maschenanschlag durch 6 teilbar + 2 +
2 Randmaschen.
Zwischenreihen

Schleier

aus Konnersreuth

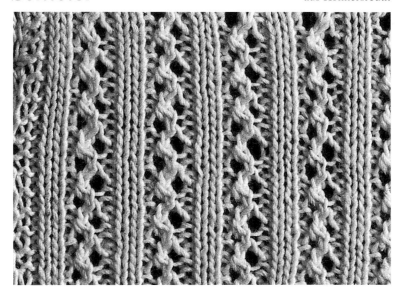

n Runden:
Maschenanschlag durch 6 teilbar.
Zwischenrunden

− − | O V O O − − | 05 ←
− − | O / O / O − − | 03 ←
− − | V / × − − | 01 ←

Hin- und Rückreihen:
Maschenanschlag durch 6 teilbar + 2 +
Randmaschen.
Zwischenreihen

Kleines Herz

aus Konnersreuth

17

Ungenannte kleine Tour Anna Knauer

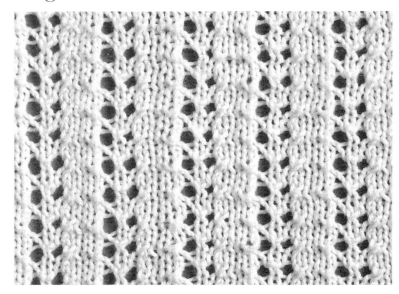

In Runden:
Maschenanschlag durch 6 teilbar.

○ ○ ○ ○ ○ ○	04 ←
○ ○ ○ ○ ○ ○	03 ←
○ ○ ○ ○ ○ ○	02 ←
/ × ○ × / ○	01 ←

Hin- und Rückreihen:
Maschenanschlag durch 6 teilbar –
2 Randmaschen

→ 04	− − − − − −	
	○ ○ ○ ○ ○ ○	03 ←
→ 02	− − − − − −	
	/ × ○ × / ○	01 ←

Kleine Sträußentour Anna Knauer

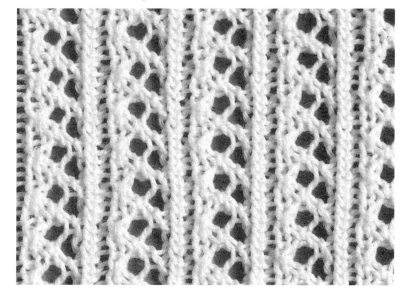

Hin- und Rückreihen:
Maschenanschlag durch 6 teilbar +
2 Randmaschen.

→ 04	○ ~ ○ − − −	
	− 8 − × / ○	03 ←
→ 02	○ ~ ○ − − −	
	− 8 − ○ × /	01 ←

In Runden:
Maschenanschlag durch 6 teilbar.

− 8 − ○ ○ ○	04 ←
− 8 − × / ○	03 ←
− 8 − ○ ○ ○	02 ←
− 8 − ○ × /	01 ←

Pattentour

aus Weiden

n Runden:
Maschenanschlag durch 9 teilbar.

○○○○○○○○○ 02 ←
×○○/○/○○∨ 01 ←

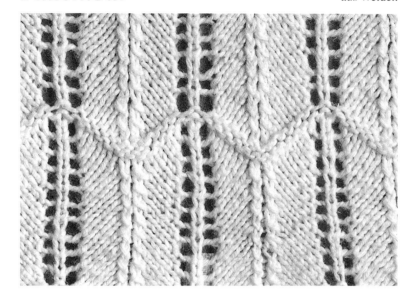

Hin- und Rückreihen:
Maschenanschlag durch 9 teilbar +
2 Randmaschen.

→ 02 − − − − − − − − −
×○○/○/○○∨ 01 ←

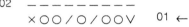

Halbe Pattentour

Juliane Pauker

n Runden:
Maschenanschlag durch 12 teilbar.

○○○○○○○○○○○− 02 ←
×○○○/○/○○○×− 01 ←

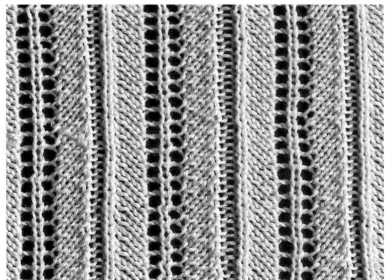

Hin- und Rückreihen:
Maschenanschlag durch 12 teilbar + 1 +
2 Randmaschen.

→ 02 ○ |− − − − − − − − −○ | 01 ←
− ↓ ×○○○/○/○○○×− ↓

Durchbrochene Pattentour

Juliane Pauker

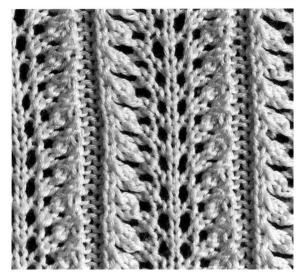

In Runden:
Maschenanschlag durch 13 teilbar.

```
  × ○ ○ ○ ○ ○ ○ ○ ○ ○ ×      — —    03 ←
  × ○ ○ ○ ○ ○ ○ ○ ○ ○ ○ ×    — —    02 ←
○ × / ○ / ○ / ○ / ○ / ○ / × ○ — —   01 ←
```

Hin- und Rückreihen:
Maschenanschlag durch 13 teilbar
+ 1 + 2 Randmaschen.

```
→ 06  ○ |    2 — — — — — — — — 2      ○ ○  |       05
      —  |  × ○ ○ ○ ○ ○ ○ ○ ○ ○ ○ ×    — —  |
→ 04  ○ |  — 2 / — / — / — / — / 2 — ○ ○  |       03
      —  |  × ○ ○ ○ ○ ○ ○ ○ ○ ×      — —  |
→ 02  ○ |    2 — — — — — — — — 2      ○ ○  |       01
      —  |  ○ × / ○ / ○ / ○ / ○ / ○ / × ○ — — |
```

Gleiche Pattentour Juliane Pauker

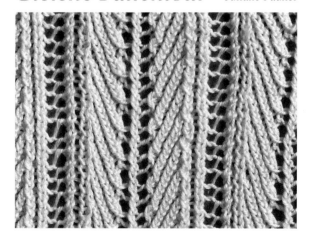

In Runden:
Maschenanschlag durch 23 teilbar.

```
— ○ ○ / × — ○ 8 — 8 — 8 — ○ 8 ○ — 8 — 8 — 8 8     04 ←
— × / ○ ○ — × 8 — 8 — 8 — / 8 / — 8 — 8 — 8 ∞     03 ←
— ○ ○ / × — ○ — 8 — 8 — 8 ○ 8 ○ 8 — 8 — 8 — 8     02 ←
— × / ○ ○ — × — 8 — 8 — 8 / 8 / 8 — 8 — 8 — ∞     01 ←
```

Hin- und Rückreihen:
Maschenanschlag durch 23 teilbar + 1 +
2 Randmaschen.

```
→ 04  ○ |  — — / 2 ○ — ~ ○ ~ ○ ~ ○ — ~ — ○ ~ ○ ~ ○ ~ ~ ○
      —  |  × / ○ ○ — × 8 — 8 — 8 — / 8 / — 8 — 8 — 8 ∞ —   03 ←
→ 02  ○ |  — — / 2 ○ — ○ ~ ○ ~ ○ ~ — ~ — ~ ○ ~ ○ ~ ○ ○
      —  |  × / ○ ○ — × — 8 — 8 — 8 / 8 / 8 — 8 — 8 — ∞ —   01 ←
```

Pattentour mit Fischgrätlein

aus Weiden

In Runden:
Maschenanschlag durch 6 teilbar + 7
Maschen.

| × | ○ | ○ | / | | ○ | ○ | U | ○ | ○ | / | | ○ | ○ | | V | 02 ← |
| ○ | ○ | ○ | ○ | | / | ○ | ○ | ○ | ○ | ○ | | / | ○ | ○ | ○ | 01 ← |

Hin- und Rückreihen:
Maschenanschlag durch 6 teilbar + 7
+ 2 Randmaschen.
Muster auf der Rückseite beginnen.

→ 01

| × | ○ | ○ | / | | ○ | ○ | U | ○ | ○ | / | | ○ | ○ | V | 02 ← |
| − | − | − | − | | / | − | − | − | − | − | | / | − | − |

Fischgräten

aus Pölling

In Runden:
Maschenanschlag durch 7 teilbar.
Zwischenrunden

−	−		/	○	○	○	×	−	−	15 ←
−	−		/	○	○	×	○	−	−	13 ←
−	−		/	○	×	○	○	−	−	11 ←
−	−		/	×	○	○	○	−	−	09 ←
−	−		×	○	○	○	/	−	−	07 ←
−	−		×	○	○	○	/	−	−	05 ←
−	−		×	○	○	○	/	−	−	03 ←
−	−		×	○	○	○	/	−	−	01 ←

Hin- und Rückreihen:
Maschenanschlag durch 7 teilbar + 2 +
2 Randmaschen.
Zwischenrunden

Geschwungener Baum

aus Luditz

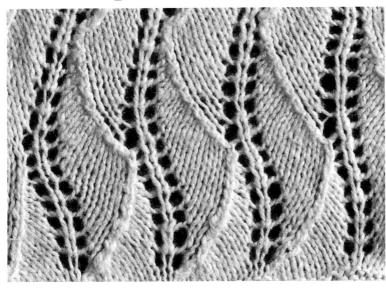

In Runden:
Maschenanschlag durch 9 teilbar.
Zwischenrunden

```
O │ / U O O O O / O   23 ←
O │ / O U O O O / O   21 ←
O │ / O O U O O / O   19 ←
O │ / O O O U O / O   17 ←
O │ / O O O O U / O   15 ←
O │ / O O O O U / O   13 ←
O │ / O O O O D / O   11 ←
O │ / O O O D O / O   09 ←
O │ / O O D O O / O   07 ←
O │ / O D O O O / O   05 ←
O │ / D O O O O / O   03 ←
O │ / D O O O O / O   01 ←
```

Hin- und Rückreihen:
Maschenanschlag durch 9 teilbar + 1 +
2 Randmaschen.
Zwischenreihen

Bordüre

aus Konnersreuth

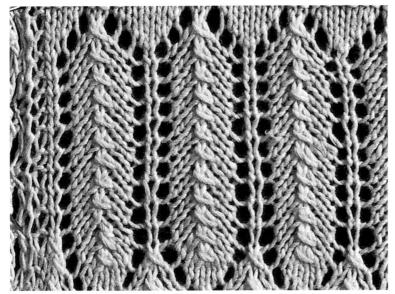

In Runden: Maschenanschlag durch 8
teilbar + 9 Maschen
Zwischenrunden

```
V / O O O │ O O / U / O O O │ O O / ×   27 ◄
V O / O O │ O / O U O / O O │ O / O ×   25 ◄
V O O / O │ / O O U O O / O │ / O O ×   23 ◄
V O O / O │ / O O U O O / O │ / O O ×   21 ◄
V O O / O │ / O O U O O / O │ / O O ×   19 ◄
V O O / O │ / O O U O O / O │ / O O ×   17 ◄
V O O / O │ / O O U O O / O │ / O O ×   15 ◄
V O O / O │ / O O U O O / O │ / O O ×   13 ◄
V O O / O │ / O O U O O / O │ / O O ×   11 ◄
V O O / O │ / O O U O O / O │ / O O ×   09 ◄
V O O / O │ / O O U O O / O │ / O O ×   07 ◄
V O O / O │ / O O U O O / O │ / O O ×   05 ◄
O O / O U │ O / O O O / O U │ O O / O   03 ◄
O / O O U │ O O / O / O O U │ O O / O   01 ◄
```

Hin- und Rückreihen: Maschenanschlag
durch 8 teilbar + 9 + 2 Randmaschen.
Zwischenreihen

Turmtour

Nannette Höflich

In Runden:
Maschenanschlag durch 15 teilbar.
Ab Runde 2 wiederholen.

```
/ − ε − 8 − ∞ × − 8 − 8 − / 8     05 ←
− 8 − 8 − 8 8 O 8 − 8 − 8 − 8     04 ←
/ 8 − 8 − 8 ∞ × 8 − 8 − 8 / 8     03 ←
8 − ε − 8 − 8 O − 8 − 8 − 8 8     02 ←
/ − ε − 8 − ∞ × − 8 − 8 − / O     01 ←
```

Hin- und Rückreihen:
Maschenanschlag durch 15 teilbar + 1 +
2 Randmaschen.
Ab Reihe 2 wiederholen.

```
        8 │ / − 8 − 8 − ∞ × − 8 − 8 − / 8 │ 05 ←
→  04   ~ │ O ~ O ~ O ~ ~ − − ~ O ~ O ~ O ~ │
        8 │ / 8 − 8 − 8 ∞ × 8 − 8 − 8 / 8 │ 03 ←
→  C2   ~ │ ~ O ~ O ~ O ~ − O ~ O ~ O ~ ~ │
        O │ / − 8 − 8 − ∞ × − 8 − 8 − / O │ 01 ←
```

Kettentour

Nannette Höflich

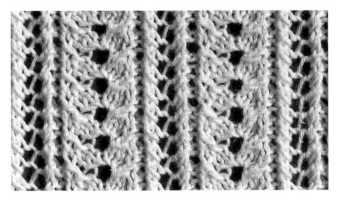

In Runden:
Maschenanschlag durch 12 teilbar.

```
    ∞ O O O O × − O O / × −       06 ←
  O ∞ 8 8 8 × O − V / O O −       05 ←
O O O / / / O O O − O O / × −     04 ←
    ∞ O O O O × − V / O O −       03 ←
  O ∞ 8 8 8 × O − O O / × −       02 ←
O O O / / / O O O / V / O O −     01 ←
```

Hin- und Rückreihen:
Maschenanschlag durch 12 teilbar
+ 6 + 2 Randmaschen.

```
→ 06  O − − / 2 O │ 2 − − − 2    O − − / 2 O │
      − V / O O − │ O ∞ 8 8 8 × O  − V / O O − │ 05 ←
→ C4  O − − / 2 O │ − − − / / / / − − − O − − / 2 O │
      − V / O O − │ ∞ O O O O ×    − V / O O − │ 03 ←
→ 02  O − − / 2 O │ − 2 ~ ~ ~ 2 −  O − − / 2 O │
      − V / O O − │ O O O / / / / O O O − V / O O − │ 01 ←
```

23

Jungfernkranz

Nannette Höflich

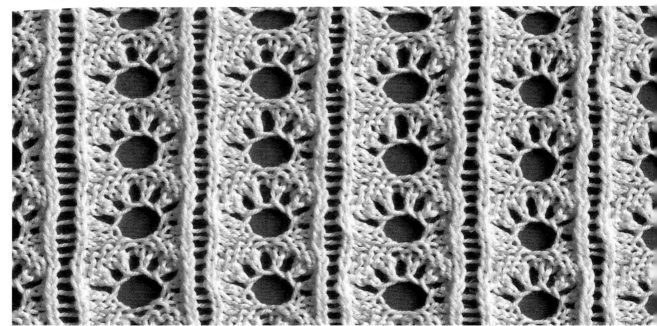

In Runden:
Maschenanschlag durch 10 teilbar.

```
        × — — — — — — — ∞    06 ←
        × — — — — — — — — ∞    05 ←
      × ○○○○○○○○○○○○ ∞    04 ←
    × ○○ / ○ / ○ / ○ / ○ / ○ ∞   03 ←
      × ○○   8 8 8 8 8 8   ○○ ∞   02 ←
    × ○○○ / / / / / / ○○○ ∞   01 ←
```

Hin- und Rückreihen:
Maschenanschlag durch 10 teilbar + 2 +
2 Randmaschen.
Arbeit beginnt auf der Rückseite.

```
              — │ ×                           ∞ —  │ 06 ←
        → 05  ○ │ 2    ○○○○○○○○○○    2 ○
              — │ ×    ○○○○○○○○○○○○  ∞ —  │ 04 ←
        → 03  ○ │ 2 — — / — / — / — / — / — / — 2 ○
              — │ × ○○      8 8 8 8 8      ○○ ∞ —  │ 02 ←
        → 01  ○ │ 2 — — —  / / / / / /  — — — 2 ○
```

Freischützentour

Nannette Höflich

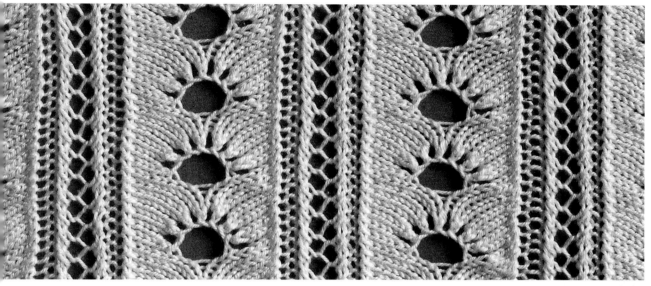

In Runden:
Maschenanschlag
durch 22 teilbar.

```
−V/OO−      VOOOOOOOOOOOOOOOOO×                07 ←
−OO/×−      VOOOOOOOOOOOOOOOOO×                06 ←
−V/OO−      VOOOOOOOOOOOOOOOOOO×               05 ←
−OO/×−    VOOOOOOOOOOOOOOOOOOOO×               04 ←
−V/OO−VOOOOO/O/O/O/O/O/O/OOOO×                 03 ←
−OO/×−⌐   VOOOOO8888888OOOOO×                  02 ←
−V/OO−    VOOOOOO///////OOOOOO×                01 ←
```

Hin- und
Rückreihen:
Maschenanschlag
durch 22 teilbar
+ 1 + 2 Rand-
maschen.

```
→ 14  O−−/2O∀    −−−−−−−−−−−−−−−−−      2 | O
      −V/OO−V  OOOOOOOOOOOOOOOOOO       × | −  13 ←
→ 12  O−−/2−∀    −−−−−−−−−−−−−−−−−      2 | O
      −V/OO−V  OOOOOOOOOOOOOOOOOOOO     × | −  11 ←
→ 10  O−−/2O∀−−−−  −/−/−/−/−/−/−/  −−−−2 | O
      −V/OO−VOOOOO  888888  OOOOO×      − |    09 ←
→ 08  O−−/2O∀−−−−−−  ///////  −−−−−−2   | O
      −V/OO−V  OOOOOOOOOOOOOOOO         × | −  07 ←
→ 06  O−−/2O∀  −−−−−−−−−−−−−−−−  2      | O
      −V/OO−V  OOOOOOOOOOOOOOOOOOOO     × | −  05 ←
→ 04  O−−/2O∀  −−−−−−−−−−−−−−−−−−  2    | O
      −V/OO−VOOOO  O/O/O/O/O/O/O/  OOOO× − |   03 ←
→ 02  O−−/2O∀−−−−−  ~~~~~~  −−−−−2      | O
      −V/OO−VOOOOO  ///////  OOOOOO×    × | −  01 ←
```

25

Pfauenauge

Nannette Höflich

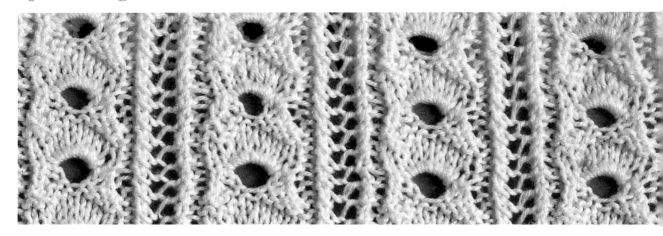

In Runden:
Maschenanschlag durch 14 teilbar.

```
— — — — — — — — — — O O / ×      08 ←
— — — — — — — — — — V / O O      07 ←
— O O O O O O O O — O O / ×      06 ←
— O O O O O O O O — V / O O      05 ←
— O      6× ○        O — O O / ×  04 ←
— ×      / /          × — V / O O  03 ←
— × O    / /        O × — O O / ×  02 ←
— × O O / / O O × — V / O O      01 ←
```

Hin- und Rückreihen:
Maschenanschlag durch 14 teilbar + 4 +
2 Randmaschen.
Arbeit auf der Rückseite beginnen.

```
              O O / ×  | — — — — — — — — — — O O / ×  | 08 ←
    → 07      ∀ / — —  | O O O O O O O O O O ∀ / — —  |
              O O / ×  | — O O O O O O O O — O O / ×  | 06 ←
    → 05      ∀ / — —  | O — — — — — — — — — O ∀ / — —  |
              O O / ×  | — O      6× ○       O — O O / ×  | 04 ←
    → 03      ∀ / — —  | O 2      / /       2 O ∀ / — —  |
              O O / ×  | — × O    / /      O × — O O / ×  | 02 ←
    → 01      ∀ / — —  | O 2 — — / / — — 2 O ∀ / — —  |
```

```
6× ○
 / /
 / /
 / /·
```

Die 2 x aufgeschlagenen Maschen der vorhergehenden Reihen in Reihe 2 und 3 fallen lassen.
In 4. Reihe die fallen gelassenen, aufgeschlagenen Maschen der ersten 3 Reihen auf die Na-
del heben, unten hineinstechen, den Faden durchziehen, sodass es eine Masche wird.

Diese Masche nun rechts abstricken. Im Ganzen 6 x wiederholen.

Sonne, Mond und Sterne

Nannette Höflich

In Runden: Maschenanschlag durch 20 teilbar.

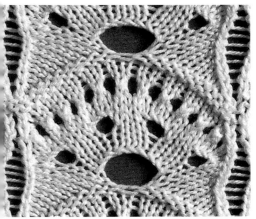

```
─ ─ ─ ─ ─ ─ ─ ─ ─ ─ ─ ─ ─ ─ ─ ─ ─ ─ ─ ─                15 ←
─ ─ ─ ─ ─ ─ ─ ─ ─ ─ ─ ─ ─ ─ ─ ─ ─ ─ ─ ─                14 ←
× o o o o o o o o o o o o o o o o o o o ∞               13 ←
×     o o o o o o o o o o o o o o o o o         ∞       12 ←
×     o o o o o o o o o o o o o o o o o o        ∞      11 ←
×     / × / × / × / × / × / × / × / × / × / o     ∞      10 ←
×     o o o o o o o o o o o o o o o o o o o       ∞      09 ←
× o     o o o o o o o o o o o o o o o o o o o o   o ∞    08 ←
× o o   8 8 8 8 o o 8 8 8 8 o o 8 8 8 8 o o 8 8 8 8   o o ∞  07 ←
× o o o / / / / o o o / / / / o o o / / / / o o o / / / / o o o ∞  06 ←
×         o o o o       o o o o o o o         o o o o o ∞      05 ←
×         o o o o o o     o o o o o o o o       o o o o o ∞     04 ←
×         o o o o o       o o o o o o         o o o o o ∞       03 ←
× o o o o o o       8 8 8 8 8 8 8 8       o o o o o o ∞         02 ←
× o o o o o o o o / / / / / / / / / / o o o o o o o o ∞         01 ←
```

Hin- und Rückreihen: Ma-
schenanschlag durch 20 teil-
bar + 2 Randmaschen.

```
→ 30 │      o o o o o o o o o o o o o o o o o o o o
                 ─ ─ ─ ─ ─ ─ ─ ─ ─ ─ ─ ─ ─ ─ ─ ─ ─ ─          29 ←
→ 28        2 ─ ─ ─ ─ ─ ─ ─ ─ ─ ─ ─ ─ ─ ─ ─ ─ ─ 2
        ×      o o o o o o o o o o o o o o o o o o o o     ∞    27 ←
→ 26    2      ─ ─ ─ ─ ─ ─ ─ ─ ─ ─ ─ ─ ─ ─ ─ ─ ─            2
        ×      / × / × / × / × / × / × / × / × / × / o     ∞    25 ←
→ 24    2      ─ ─ ─ ─ ─ ─ ─ ─ ─ ─ ─ ─ ─ ─ ─ ─ ─            2
        × o    o o o o o o o o o o o o o o o o o o o o   o ∞    23 ←
→ 22    2 ─ ─  ~ ~ ~ ~ ─ ~ ~ ~ ~ ~ ~ ~ ~ ~ ~ ~ ~ ~   ─ ─ 2
        × o o o / / / o o o / / / o o o / / / o o o / / / o o o ∞  21 ←
→ 20    2 ─ ─ ─           ─ ─ ─ ─ ─ ─ ─           ─ ─ ─ 2
        ×      o o o o       o o o o o o o o       o o o o o ∞   19 ←
→ 18    2 ─ ─ ─ ─ ─         ─ ─ ─ ─ ─ ─ ─ ─       ─ ─ ─ ─ 2
        × o o o o o o   8 8 8 8 8 8 8 8   o o o o o o ∞         17 ←
→ 16    2 ─ ─ ─ ─ ─ ─ ─ / / / / / / / / ─ ─ ─ ─ ─ 2
               ─ ─ ─ ─ ─ ─ ─ ─ ─ ─ ─ ─ ─ ─ ─ ─ ─ ─          15 ←
→ 14           o o o o o o o o o o o o o o o o o o
        × o o o o o o o o o o o o o o o o o o o o ∞             13 ←
→ 12    2 ─ ─ ─ ─ ─ ─ ─ ─ ─ ─ ─ ─ ─ ─ ─ ─ ─ 2
        ×      o o o o o o o o o o o o o o o o o o o       ∞    11 ←
→ 10    2      / 2 / 2 / 2 / 2 / 2 / 2 / 2 / 2 / ─           2
        ×      o o o o o o o o o o o o o o o o o o o       ∞    09 ←
→ 08    2 ─    ─ ─ ─ ─ ─ ─ ─ ─ ─ ─ ─ ─ ─ ─ ─ ─ ─ ─ ─ ─ 2
        × o o  8 8 8 8 o o o 8 8 8 8 o o o 8 8 8 8 o o o 8 8 8 8   o o ∞  07 ←
→ 06    2 ─ ─ ─ / / / / ─ ─ / / / / ─ ─ / / / / ─ ─ / / / / ─ ─ 2
        ×      o o o o       o o o o o o o         o o o o o ∞   05 ←
→ 04    2 ─ ─ ─           ─ ─ ─ ─ ─         ─ ─ ─ ─ 2
        × o o o o       o o o o o o o         o o o o o ∞        03 ←
→ 02    2 ─ ─ ─ ─ ─ ─   ~ ~ ~ ~ ~ ~ ~ ~   ─ ─ ─ ─ ─ 2
        × o o o o o o o o / / / / / / / / / / o o o o o o o o ∞  01 ←
```

27

Strahlenmuster

Nannette Höflich

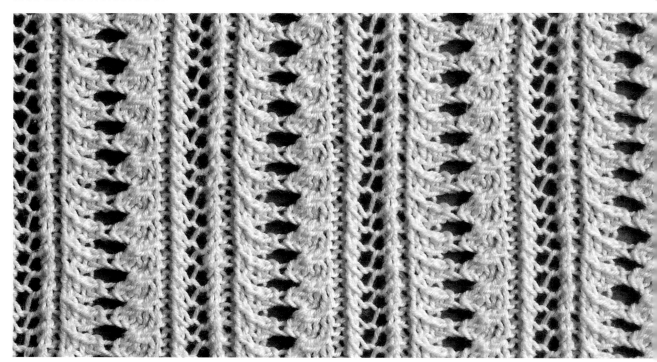

In Runden:
Maschenanschlag durch 14 teilbar.

```
∞ O O O O O O ×      — O O / × —        C6 ←
O ∞ 8 8 8 8 8 8 × O    — V / O O —      C5 ←
O O ∞ / / / / / / × O O — O O / × —     C4 ←
   ∞ O O O O O O ×      — V / O O —     C3 ←
O ∞ 8 8 8 8 8 8 × O    — O O / × —      C2 ←
O O ∞ / / / / / / × O O — V / O O —     C1 ←
```

Hin- und Rückreihen:
Maschenanschlag
durch 14 teilbar +
6 + 2 Randmaschen.

```
→ 06   O — — / 2 O  |  2 — — — — — — 2      O — — / 2 O  |
       — V / O O —  |  O ∞ 8 8 8 8 8 8 × O    — V / O O —  | C5 ←
→ 04   O — — / 2 O  |  — — 2 / / / / / / 2 — —  O — — / 2 O  |
       — V / O O —  |     ∞ O O O O O O ×       — V / O O —  | C3 ←
→ 02   O — — / 2 O  |  — 2 ~ ~ ~ ~ ~ ~ 2 —     O — — / 2 O  |
       — V / O O —  |  O O ∞ / / / / / / × O O — V / O O —  | C1 ←
```

28

Kleeblatt

Nannette Höflich

In Runden:
Maschenanschlag durch 26 teilbar.

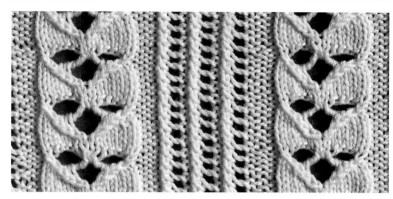

```
OO−OO−OO−−−  OOOOOOOOOOOOO−−−      08 ←
V/−V/−V/−−−  OOOOOOOOOOOOO−−−      07 ←
OO−OO−OO−−−  OOOOOOOOOOOOO−−−      06 ←
V/−V/−V/−−−∞ | | | | ᕯᕯ | | | |×−−−   05 ←
OO−OO−OO−−−O∞      /// ×O−−         04 ←
V/−V/−V/−−−OO∞    ///  ×OO−−        03 ←
OO−OO−OO−−−OOO∞  ///   ×OOO−−       02 ←
V/−V/−V/−−−OOOO∞ ///  ×OOOO−−−      01 ←
```

- In der 5. Reihe den obersten Faden der aufgeschlagenen Maschen von der vorigen Reihe durch die Übrigen, abgeworfenen 3 x aufgeschlagenen Maschen ziehen; man strickt dieses wie folgt. Man sticht vorn unter alle abgeworfenen Maschen hinein,
- zieht den obersten aufgeschlagenen Faden von der 4. Reihe durch, dass es eine lange Masche gibt,
- dann sticht man wieder unten hinein
- und zieht diese lange Masche vom obersten Faden noch einmal durch, sodass das Ganze zweimal umschlungen ist,
- macht dann aus dieser vorgezogenen Masche noch eine, sodass es 2 Maschen sind.

Hin- und Rückreihen:
Maschen-anschlag durch 26 teilbar + 8 + 2 Rand-maschen

```
→ 08 |−−O−−O−−OOO  −−−−−−−−−−−−−OOO |−−O−−O−−     
     |V/−V/−V/−−−  OOOOOOOOOOOOO−−− |V/−V/−V/   07 ←
→ 06 |−−O−−O−−OOO  −−−−−−−−−−−−−OOO |−−O−−O−−
     |V/−V/−V/−−−∞ | | | | ᕯᕯ | | | |×−−− |V/−V/−V/   05 ←
→ 04 |−−O−−O−−OOO−ᔑ   ///   ᔑ−OOO |−−O−−O−−
     |V/−V/−V/−−−OO∞  ///   ×OO−−− |V/−V/−V/   03 ←
→ 02 |−−O−−O−−OOO−−−ᔑ ///  ᔑ−−−OOO |−−O−−O−−
     |V/−V/−V/−−−OOOO∞///  ×OOOO−−− |V/−V/−V/   01 ←
```

Kronentour

Nannette Höflich

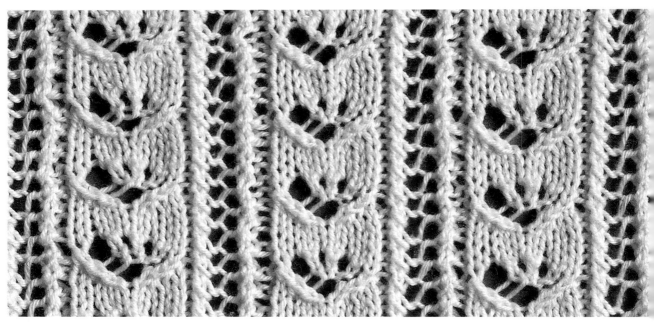

In Runden:
Maschenanschlag
durch 14 teilbar.

Hin- und Rückreihen:
Maschenanschlag durch 14 teilbar + 6 +
2 Randmaschen.

```
O O O O O O O O − O O / × −   14 ←
O O O O O O O O − V / O O −   13 ←
O O O O O O O O − O O / × −   12 ←
O O O O O O O O − V / O O −   11 ←
∞ / O / O / O × − O O / × −   10 ←
O ∞     O O O     × O − V / O O −   09 ←
O O ∞ | | | × O O − O O / × −   08 ←
O O O O O O O O − V / O O −   07 ←
O O O O O O O O − O O / × −   06 ←
O O O O O O O O − V / O O −   05 ←
O O O O O O O O − O O / × −   04 ←
∞ / O / O / O × − V / O O −   03 ←
O ∞     O O O     × O − O O / × −   02 ←
O O ∞ | | | × O O − V / O O −   01 ←
```

```
14   O − − / 2 O  │  − − − − − − − − O − − / 2 O
     − V / O O −  │  O O O O O O O − V / O O −      13 ←
12   O − − / 2 O  │  − − − − − − − − O − − / 2 O
     − V / O O −  │  O O O O O O O − V / O O −      11 ←
10   O − − / 2 O  │  2 / − / − / − 2 O − − / 2 O
     − V / O O −  │  O ∞     O O O     × O − V / O O −   09 ←
08   O − − / 2 O  │  − − 2 | | | 2 − − O − − / 2 O
     − V / O O −  │  O O O O O O O − V / O O −      07 ←
06   O − − / 2 O  │  − − − − − − − − O − − / 2 O
     − V / O O −  │  O O O O O O O − V / O O −      05 ←
04   O − − / 2 O  │  − − − − − − − − O − − / 2 O
     − V / O O −  │  ∞ / O / O / O × − V / O O −     03 ←
02   O − − / 2 O  │  2 − − −   − 2 O − − / 2 O
     − V / O O −  │  O O ∞ | | | × O O − V / O O −   01 ←
```

Flucht nach Kenilworth

Nannette Höflich

In Runden:
Maschenanschlag durch 20 teilbar.

```
○○/×−○○○○○○○○○○○○○○−   08 ←
V/○○−○|||||||○|||||○−   07 ←
○○/×−V          //        ×−   06 ←
V/○○−○V        //       ×○−   05 ←
○○/×−○○V      //      ×○○−   04 ←
V/○○−○○○V    //     ×○○○−   03 ←
○○/×−○○○○V  //    ×○○○○−   02 ←
V/○○−○○○○○V//×○○○○○−   01 ←
```

Hin- und Rückreihen:
Maschenanschlag durch 20 teilbar + 6 +
2 Randmaschen.

```
→ 08  ○ | −−/2○−−−−−−−−−−−−−−○ | −−/2○
      − | V/○○−○|||||||○|||||○− | V/○○−   07 ←
→ 06  ○ | −−/2○∀      //        2○ | −−/2○
      − | V/○○−○V      //      ×○− | V/○○−   05 ←
→ 04  ○ | −−/2○−−∀    //     2−−○ | −−/2○
      − | V/○○−○○○V   //    ×○○○− | V/○○−   03 ←
→ 02  ○ | −−/2○−−−−∀  //   2−−−−○ | −−/2○
      − | V/○○−○○○○○V//×○○○○○− | V/○○−   01 ←
```

Unter die Umschläge der ersten 6 Reihen einstechen, Faden holen und durchziehen, sodass eine Masche entsteht. Die Masche auf die linke Nadel geben und rechts abstricken.

//: Die 2 Umschläge locker stricken und in der nächsten Reihe fallen lassen.

Nachteulenköpfchen

Juliane Pauker

In Runden:
Maschenanschlag durch 16 teilbar.
2.–4. Runde: Die 3 Umschläge der Vorrunden fallen lassen.
5. Runde: Die Umschläge der 4. Runde fallen lassen.
Dann ganz unten hineinstechen und Faden holen, diese
Masche auf die linke Nadel heben und rechts stricken.
Noch 3 x wiederholen, sodass 4 Maschen gestrickt sind.
6. Runde: Aus den 3 Umschlägen 3 rechte Maschen
stricken. (Faden holen, dann aus diesem Faden eine rechte
Masche stricken.)

Hin- und Rückreihen:
Maschenanschlag durch 16 teilbar + 1 +
2 Randmaschen.

5. Reihe: siehe Beschreibung bei Runden
6. Reihe: aus den 3 Umschlägen 3 linke
Maschen stricken

Leitern

Loaterl und Haberkörndl
aus Luditz

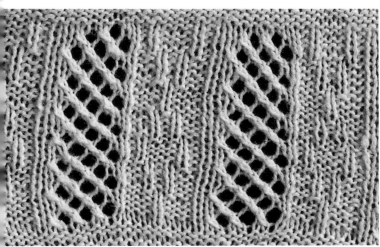

In Runden:
Maschenanschlag durch 15 teilbar.
Zwischenrunden

O	O	V	/	V	/	O	O	–	–	O	–	O	–	–	15 ←
O	V	/	V	/	V	/	O	–	–	O	–	O	–	–	13 ←
O	O	V	/	V	/	O	O	–	O	–	–	–	O	–	11 ←
O	V	/	V	/	V	/	O	–	O	–	–	–	O	–	09 ←
O	O	V	/	V	/	O	O	–	–	O	–	O	–	–	07 ←
O	V	/	V	/	V	/	O	–	–	O	–	O	–	–	05 ←
O	O	V	/	V	/	O	O	–	–	–	O	–	–	–	03 ←
O	V	/	V	/	V	/	O	–	–	–	O	–	–	–	01 ←

Hin- und Rückreihen:
Maschenanschlag durch 15 teilbar +
2 Randmaschen.
Zwischenreihen

Loaterl und Fischgrätlein
aus Pölling

In Runden:
Maschenanschlag durch 11 teilbar.

O	O	O	O	O	/	×	O	O	/	×	06 ←
O	O	O	O	/	×	O	V	/	O	O	05 ←
O	O	O	/	×	O	O	O	O	/	×	04 ←
O	O	/	×	O	O	O	V	/	O	O	03 ←
O	/	×	O	O	O	O	O	O	/	×	02 ←
/	×	O	O	O	O	O	V	/	O	O	01 ←

Hin- und Rückreihen:
Maschenanschlag durch 11 teilbar +
2 Randmaschen.

→ 06	–	–	–	–	–	/	2	–	–	/	2	
	O	O	O	O	/	×	O	V	/	O	O	05 ←
→ 04	–	–	/	2	–	–	–	–	/	2		
	O	O	/	×	O	O	O	V	/	O	O	03 ←
→ 02	–	/	2	–	–	–	–	–	–	/	2	
	/	×	O	O	O	O	O	V	/	O	O	01 ←

Loaterl und Fischgrätlein   aus Pölling

In Runden:
Maschenanschlag durch 12 teilbar.

```
V O / O O O O O O / ×     06 ←
O V O / O O O O V / O O   05 ←
O O V O / O O O O O / ×   04 ←
O O O V O / O O V / O O   03 ←
O O O O V O / O O O / ×   02 ←
O O O O O V O / V / O O   01 ←
```

Hin- und Rückreihen:
Maschenanschlag durch 12 teilbar
+ 2 + 2 Randmaschen.

```
→ 06  O │ ∀ − / − − − − − − / 2 │ O
   −    │ O V O / O O O O V / O O │ −       05 ←
→ 04  O │ − − ∀ − / − − − − − / 2 │ O
   −    │ O O O V O / O O V / O O │ −       03 ←
→ 02  O │ − − − − ∀ − / − − − / 2 │ O
   −    │ O O O O O V O / V / O O │ −       01 ←
```

Zimmertanne   aus Pölling

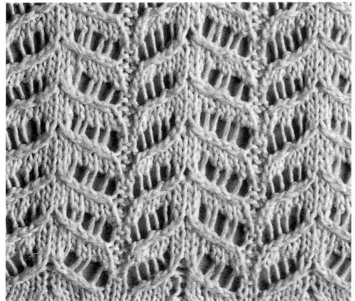

In Runden:
Maschenanschlag durch 14 teilbar.

```
− O O O O − × V / O O O O −   05 ←
− O O O / × O O V / O O O −   04 ←
− O O / × O O O O V / O O −   03 ←
− O / × O O O O O O V / O −   02 ←
− / × O O O O O O O O V / −   01 ←
```

Hin- und Rückreihen:
Maschenanschlag durch 14 teilbar +
2 Randmaschen.

```
→ 10  O − − − − / 2 ∀ / − − − − O
      − O O O / × O O V / O O O −        09 ←
→ 08  O − − / 2 − − − − ∀ / − − O
      − O / × O O O O O O V / O −        07 ←
→ 06  O / 2 − − − − − − − ∀ / O
      − O O O O / × V / O O O O −        05 ←
→ 04  O − − − / 2 − − ∀ / − − − O
      − O O / × O O O O V / O O −        03 ←
→ 02  O − / 2 − − − − − − ∀ / − O
      − / × O O O O O O O O V / −        01 ←
```

Tannenbaum

aus Pölling

In Runden:
Maschenanschlag durch 13 teilbar.

−	V	/	−	−	−	○	−	−	−	/	×	−		04 ←
−	−	V	/	−	−	○	−	−	/	×	−	−		03 ←
−	−	○	V	/	−	○	−	/	×	○	−	−		02 ←
−	−	○	○	V	/	○	/	×	○	○	−	−		01 ←

Hin- und Rückreihen:
Maschenanschlag durch 13 teilbar +
2 Randmaschen.

→ 04 ○ ∀ / ○ ○ ○ − ○ ○ ○ / 2 ○
      − − V / − − ○ − − / × − − 03 ←
→ 02 ○ ○ − ∀ / ○ − ○ / 2 − ○ ○
      − − ○ ○ V / ○ / × ○ ○ − − 01 ←

Einfache Sträußchentour

Juliane Pauker

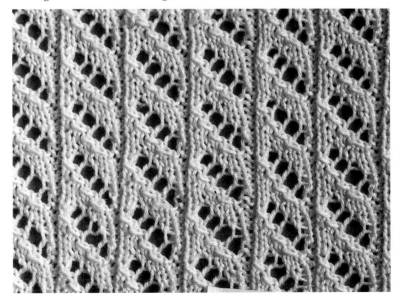

In Runden:
Maschenan-
schlag durch 7
teilbar.

○	○	○	○	○	−	−	08 ←
∞	/	○	○	○	−	−	07 ←
○	○	○	○	○	−	−	06 ←
○	∞	/	○	○	−	−	05 ←
○	○	○	○	○	−	−	04 ←
○	○	∞	/	○	−	−	03 ←
○	○	○	○	○	−	−	02 ←
○	○	○	∞	/	−	−	01 ←

Hin- und Rückreihen: Maschenanschlag
durch 7 teilbar + 2 Randmaschen.

→ 08   − − − − − ○ ○
       ∞ / ○ ○ ○ − − 07 ←
→ 06   − − − − − ○ ○
       ○ ∞ / ○ ○ − − 05 ←
→ 04   − − − − − ○ ○
       ○ ○ ∞ / ○ − − 03 ←
→ 02   − − − − − ○ ○
       ○ ○ ○ ∞ / − − 01 ←

Doppelte Sträußchentour

Juliane Pauke

In Runden:
Maschenanschlag durch 15 teilbar.

Hin- und Rückreihen:
Maschenanschlag durch 15 teilbar
+ 1 + 2 Randmaschen.

```
× / ○○○○○○○○○○○○○        08 ←
○○ / × ∞ / ○○○○○○○ / ×    07 ←
× / ○○○○○○○○○○○○○        06 ←
○○ / × ○ ∞ / ○○○○○ / × ○  05 ←
× / ○○○○○○○○○○○○○        04 ←
○○ / × ○○ ∞ / ○○○ / × ○○  03 ←
× / ○○○○○○○○○○○○○        02 ←
○○ / × ○○○ ∞ / ○ / × ○○○  01 ←
```

```
→ 08   —  │ 2 / — — — — — — — — — — — —
       ○  │ ○○ / × ∞ / ○○○○○○○ / ×        07 ←
→ 06   —  │ 2 / — — — — — — — — — — — —
       ○  │ ○○ / × ○ ∞ / ○○○○○ / × ○      05 ←
→ 04   —  │ 2 / — — — — — — — — — — — —
       ○  │ ○○ / × ○○ ∞ / ○○○ / × ○○      03 ←
→ 02   —  │ 2 / — — — — — — — — — — — —
       ○  │ ○○ / × ○○○ ∞ / ○ / × ○○○      01 ←
```

Wendeltreppe

Nannette Höflich

In Runden: Maschenanschlag
durch 11 teilbar.
Muster ab Runde 2 wiederholen.

```
8 — — — — — ∞ / 8 8 ⊖      08 ←
∞ / — — — — — 8 8 8        07 ←
— ∞ / — — — — 8 8 8        06 ←
— — ∞ / — — — 8 8 8        05 ←
— — — ∞ / — — 8 8 8        04 ←
— — — — ∞ / — 8 8 8        03 ←
— — — — — ∞ / — 8 8 8      02 ←
— — — — — — ∞ / 8 8 8      01 ←
```

Strickt sich leicht ein.

⊖ Letzte (verschränkt zusammengestrickte)
Masche der 7. Runde auf die 1. Nadel
der 8. Runde heben. Die nächsten beiden
Maschen verschränkt stricken.

Hin- und Rückreihen: Maschenanschlag durch 11 teilbar + 22 + 2 Randmaschen.
Das Muster wird in jeder 1. und 8. Reihe um eine Masche versetzt.

```
→ 14  ~ 2 / O O O O O O ~ ~   │ ~ 2 / O O O O O O ~ ~   │ ~ 2 / O O O O O O ~ ~
      8 — ∞ / — — — — 8 8     │ 8 — ∞ / — — — — 8 8     │ 8 — ∞ / — — — — 8 8     13 ←
→ 12  ~ O O 2 / O O O O ~ ~   │ ~ O O 2 / O O O O ~ ~   │ ~ O O 2 / O O O O ~ ~
      8 — — — ∞ / — — 8 8     │ 8 — — — ∞ / — — 8 8     │ 8 — — — ∞ / — — 8 8     11 ←
→ 10  ~ O O O O 2 / O O ~ ~   │ ~ O O O O 2 / O O ~ ~   │ ~ O O O O 2 / O O ~ ~
      8 — — — — ∞ / — 8 8     │ 8 — — — — ∞ / — 8 8     │ 8 — — — — ∞ / — 8 8     09 ←
→ 08  ~ O O O O O O 2 / ~ ~   │ ~ O O O O O O 2 / ~ ~   │ ~ O O O O O O 2 / ~ ~
      ∞ / — — — — — 8 8 8     │ ∞ / — — — — — 8 8 8     │ ∞ / — — — — — 8 8 8     07 ←
→ 06  O 2 / O O O O ~ ~ ~     │ O 2 / O O O O ~ ~ ~     │ O 2 / O O O O ~ ~ ~
      — — ∞ / — — — 8 8 8     │ — — ∞ / — — — 8 8 8     │ — — ∞ / — — — 8 8 8     05 ←
→ 04  O O O 2 / O O O ~ ~ ~   │ O O O 2 / O O O ~ ~ ~   │ O O O 2 / O O O ~ ~ ~
      — — — — ∞ / — — 8 8 8   │ — — — — ∞ / — — 8 8 8   │ — — — — ∞ / — — 8 8 8   03 ←
→ 02  O O O O O 2 / O ~ ~ ~   │ O O O O O 2 / O ~ ~ ~   │ O O O O O 2 / O ~ ~ ~
      — — — — — — ∞ / 8 8 8   │ — — — — — — ∞ / 8 8 8   │ — — — — — — ∞ / 8 8 8   01 ←
```

37

Blitzmodel und Fischgrätlein

aus Pölling

In Runden: Maschenanschlag durch 15 teilbar.

Hin- und Rückreihen:
Maschenanschlag durch 15 teilbar + 8 + 2 Randmaschen.

```
OOOOOOO – – OO / × – –   24 ←      → 24   OO – – / 2 OO | – – – – – – – OO – – / 2 OO |     ←
OOOOO / × – – V / OO – –   23 ←              – – V / OO – – | OOOOO / × – – V / OO – – |  23 ←
OOOOOO – – OO / × – –      22 ←      → 22   OO – – / 2 OO | – – – – – – – OO – – / 2 OO |     ←
OOOO / × O – – V / OO – –   21 ←              – – V / OO – – | OOOO / × O – – V / OO – – |  21 ←
OOOOOOO – – OO / × – –     20 ←      → 20   OO – – / 2 OO | – – – – – – – OO – – / 2 OO |     ←
OOO / × OO – – V / OO – –   19 ←              – – V / OO – – | OOO / × OO – – V / OO – – |  19 ←
OOOOOOO – – OO / × – –     18 ←      → 18   OO – – / 2 OO | – – – – – – – OO – – / 2 OO |     ←
OO / × OOO – – V / OO – –   17 ←              – – V / OO – – | OO / × OOO – – V / OO – – |  17 ←
OOOOOOO – – OO / × – –     16 ←      → 16   OO – – / 2 OO | – – – – – – – OO – – / 2 OO |     ←
O / × OOOO – – V / OO – –   15 ←              – – V / OO – – | O / × OOOO – – V / OO – – |  15 ←
OOOOOOO – – OO / × – –     14 ←      → 14   OO – – / 2 OO | – – – – – – – OO – – / 2 OO |     ←
/ × OOOOO – – V / OO – –   13 ←              – – V / OO – – | / × OOOOO – – V / OO – – |  13 ←
OOOOOOO – – OO / × – –     12 ←      → 12   OO – – / 2 OO | – – – – – – – OO – – / 2 OO |     ←
V / OOOOO – – V / OO – –   11 ←              – – V / OO – – | V / OOOOO – – V / OO – – |  11 ←
OOOOOOO – – OO / × – –     10 ←      → 10   OO – – / 2 OO | – – – – – – – OO – – / 2 OO |     ←
O V / OOOO – – V / OO – –   09 ←              – – V / OO – – | O V / OOOO – – V / OO – – |  09 ←
OOOOOOO – – OO / × – –     08 ←      → 08   OO – – / 2 OO | – – – – – – – OO – – / 2 OO |     ←
OO V / OOO – – V / OO – –   07 ←              – – V / OO – – | OO V / OOO – – V / OO – – |  07 ←
OOOOOOO – – OO / × – –     06 ←      → 06   OO – – / 2 OO | – – – – – – – OO – – / 2 OO |     ←
OOO V / OO – – V / OO – –   05 ←              – – V / OO – – | OOO V / OO – – V / OO – – |  05 ←
OOOOOOO – – OO / × – –     04 ←      → 04   OO – – / 2 OO | – – – – – – – OO – – / 2 OO |     ←
OOOO V / O – – V / OO – –   03 ←              – – V / OO – – | OOOO V / O – – V / OO – – |  03 ←
OOOOOOO – – OO / × – –     02 ←      → 02   OO – – / 2 OO | – – – – – – – OO – – / 2 OO |     ←
OOOOO V / – – V / OO – –   01 ←              – – V / OO – – | OOOOO V / – – V / OO – – |  01 ←
```

Lückerlzickzack und Fischgrätlein

In Runden:
Maschenanschlag durch 12 teilbar.

```
V / O O O O O O / ×        12 ←
O V / O O O O V / O O      11 ←
O O V / O O O O O / ×      10 ←
O O O V / O O O V / O O    09 ←
O O O O V / O O O O / ×    08 ←
O O O O O V / O V / O O    07 ←
O O O O O O / × O O / ×    06 ←
O O O O O / × O V / O O    05 ←
O O O O / × O O O O / ×    04 ←
O O O / × O O O V / O O    03 ←
O O / × O O O O O / ×      02 ←
O / × O O O O V / O O      01 ←
```

Hin- und Rückreihen:
Maschenanschlag durch 12 teilbar + 2 Randmaschen.

```
→ 12   ∀ / – – – – – – – / 2
       O V / O O O O V / O O      11 ←
→ 10   – – ∀ / – – – – – – / 2
       O O O V / O O O V / O O    09 ←
→ 08   – – – – ∀ / – – – – / 2
       O O O O O V / O V / O O    07 ←
→ 06   – – – – – – / 2 – – / 2
       O O O O O / × O V / O O    05 ←
→ 04   – – – – / 2 – – – – / 2
       O O O / × O O O V / O O    03 ←
→ 02   – – / 2 – – – – – – / 2
       O / × O O O O V / O O      01 ←
```

Hohe Leiter aus Konnersreuth

In Runden:
Maschenanschlag durch 8 teilbar.
Zwischenrunden

8 – 8	V / – 8 – 8 – 8	–	15 ←
8 – 8	– V / 8 – 8 – 8	–	13 ←
8 – 8	– 8 V / – 8 – 8	–	11 ←
8 – 8	– 8 – V / 8 – 8	–	09 ←
8 – 8	– 8 – 8 V / – 8	–	07 ←
V / 8	– 8 – 8 – V / 8	–	05 ←
8 V /	– 8 – 8 – 8 V /	–	03 ←
8 – V	/ 8 – 8 – 8 – V	/	01 ←

Hin- und Rückreihen:
Maschenanschlag durch 8 teilbar
+ 4 + 2 Randmaschen.
Zwischenreihen

Hohe Leiter aus Luditz

In Runden:
Maschenanschlag durch 8 teilbar – 7.
Zwischenreihen wie sie erscheinen.

– 8 – /	× / × 8 – 8 – /	× / ×	15
– 8 / ×	/ × – 8 – 8 / ×	/ × –	13
– / × /	× 8 – 8 – / × /	× 8 –	11
/ × / ×	– 8 – 8 / × / ×	– 8 –	09
○ / × 8	– 8 – / × / × 8	– 8 –	07
/ × – 8	– 8 / × / × – 8	– 8 ○	05
○ 8 – 8	– / × / × 8 – 8	– / ×	03
– 8 – 8	/ × / × – 8 – 8	/ × ○	01

Hin- und Rückreihen:
Maschenanschlag durch 8 teilbar – 7 +
2 Randmaschen.
Verschränkte Maschen auf der Rück-
seite links verschränkt stricken.

Hohe Leiter mit linken Maschen aus Pölling

In Runden:
Maschenanschlag durch 4 teilbar.
Zwischenrunden

```
−−  −∨/−  −−      07 ←
∨/  −−∨/  −−      05 ←
−∨  /−−∨  /−      03 ←
−−  ∨/−−  ∨/      01 ←
```

Hin- und Rückreihen:
Maschenanschlag durch 4 teilbar +
2 Randmaschen.
Zwischenreihen

Hohe Leiter mit Dreiecken aus Konnersreuth

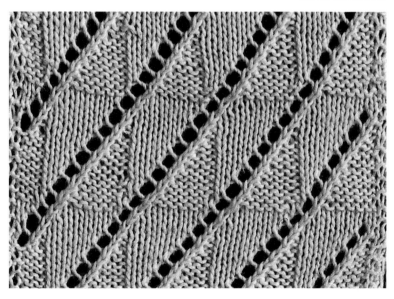

In Runden:
Maschenanschlag durch 8 teilbar.
Zwischenrunden

```
○○○○○○○ | /×○○○○○○ | ○   15 ←
○○○○○○/ | ×○○○○○○/ | ×   13 ←
○○○○○/× | ○○○○○○/× | ○   11 ←
○○○○/×− | ○○○○○/×− | ○   09 ←
○○○/×−− | ○○○○/×−− | ○   07 ←
○○/×−−− | ○○○/×−−− | ○   05 ←
○/×−−−− | ○○/×−−−− | ○   03 ←
/×−−−−− | ○/×−−−−− | ○   01 ←
```

Hin- und Rückreihen:
Maschenanschlag durch 8 teilbar + 2
Randmaschen.
Zwischenreihen

Doppelte Leiter   aus Luditz

In Runden:Maschenanschlag durch 12 teilbar.

```
8 × / × / × │ / − 8 8 − − 8 × / × / × │ / − 8 8 − −   23 ←
8 8 × / × / │ × / 8 8 − − 8 8 × / × / │ × / 8 8 − −   21 ←
8 8 − × / × │ / × / 8 − − 8 8 − × / × │ / × / 8 − −   19 ←
8 8 − − × / │ × / × / − − 8 8 − − × / │ × / × / − −   17 ←
8 8 − − 8 × │ / × / × / − 8 8 − − 8 × │ / × / × / −   15 ←
8 8 − − 8 8 │ × / × / × / 8 8 − − 8 8 │ × / × / × /   13 ←
O 8 − − 8 8 │ − × / × / × / 8 − − 8 8 │ − × / × / O   11 ←
× / − − 8 8 │ − − × / × / × / − − 8 8 │ − − × / × /   09 ←
O × / − 8 8 │ − − 8 × / × / × / − 8 8 │ − − 8 × / O   07 ←
× / × / 8 8 │ − − 8 8 × / × / × / 8 8 │ − − 8 8 × /   05 ←
O × / × / 8 │ − − 8 8 − × / × / × / 8 │ − − 8 8 − O   03 ←
× / × / × / │ − − 8 8 − − × / × / × / │ − − 8 8 − −   01 ←
```

In den Zwischenreihen werden die rechts verschränkten Maschen beim Rundstricken rechts verschränkt, beim Stricken in Hin- und Rückreihen links verschränkt gestrickt.

Hin- und Rückreihen:
Maschenanschlag durch 12 teilbar + 2 Randmaschen.

Große Zacken   aus Pölling

Hin- und Rückreihen (in Runden schwierig):
Maschenanschlag durch 4 teilbar + 9 + 2 Randmaschen.
Zwischenreihen

```
O O O / × │ O O / × │ O O / ×   31 ←
O O / × O │ O / × O │ O / × O   29 ←
O / × O O │ / × O O │ / × O O   27 ←
/ × O O / │ × O O / │ × O O O   25 ←
O O O / × │ O O / × │ O O / ×   23 ←
O O / × O │ O / × O │ O / × O   21 ←
O / × O O │ / × O O │ / × O O   19 ←
/ × O O / │ × O O / │ × O O O   17 ←
V / O O V │ / O O V │ / O O O   15 ←
O V / O O │ V / O O │ V / O O   13 ←
O O V / O │ O V / O │ O V / O   11 ←
O O O V / │ O O V / │ O O V /   09 ←
V / O O V │ / O O V │ / O O O   07 ←
O V / O O │ V / O O │ V / O O   05 ←
O O V / O │ O V / O │ O V / O   03 ←
O O O V / │ O O V / │ O O V /   01 ←
```

Liegender Lückerlzickzack   aus Konnersreuth

In Runden:
Maschenanschlag durch 8 teilbar.
Zwischenrunden rechts stricken.

```
OOC/U/OO    07 ←
OO/×OV/O    05 ←
O/×OOOV/    03 ←
/×OOOOO8    01 ←
```

Hin- und Rückreihen:
Maschenanschlag durch 8 teilbar +
2 Randmaschen.
Zwischenreihen links stricken.

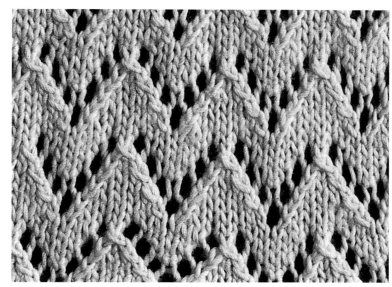

Lückerlzickzack mit Dreieckerln   aus Luditz

In Runden:
Maschenanschlag durch 12 teilbar.
Zwischenrunden

```
OOOOO/U/OOOO    09 ←
OOOO/×−V/OOO    07 ←
OOO/×−−−V/OO    05 ←
OO/×−−−−−V/O    03 ←
O/×−−−−−−−V/    01 ←
```

Hin- und Rückreihen:
Maschenanschlag durch 12 teilbar +
2 Randmaschen.
Zwischenreihen

Liegender Lückerlzickzack

In Runden:
Maschenanschlag durch 20 teilbar.
Zwischenrunden

In den Zwischenreihen werden die verschränkten
Maschen der Vorderseite beim Rundstricken rechts
verschränkt, beim Stricken in Hin- und Rückreihen
links verschränkt gestrickt.

Hin- und Rückreihen:
Maschenanschlag durch 20 teilbar +
2 Randmaschen. Zwischenreihen

– – – – – – / × 8 V / – – – – – – 8	15 ←
– – – – – / × – 8 – V / – – – – – 8	13 ←
– – – – / × – – 8 – – V / – – – – 8	11 ←
– – – / × – – – 8 – – – V / – – – 8	09 ←
– – / × – – – – 8 – – – – V / – – 8	07 ←
– – / × – – – – – 8 – – – – V / – – 8	05 ←
– / × – – – – – – 8 – – – – – V / – 8	03 ←
/ × – – – – – – – 8 – – – – – – V / 8	01 ←

Pfeilertour

Anna Knauer

In Runden:
Maschenanschlag durch 8 teilbar.
Zwischenrunden rechts stricken

⊖ ○○○○○○○○	16 ←
/○○○○○○∞	15 ←
/○○○○○○∞⊖	13 ←
∞/○○○○○○	11 ←
○∞/○○○/×	09 ←
○○○○○/×○	07 ←
○○○○/×○○	05 ←
○○○/×○○○	03 ←
○○/×○∞/○	01 ←

⊖ Die letzte Masche der 12. Runde auf die
 1. Nadel der 13. Runde heben.
⊖ Die letzte Masche der 16. Runde auf die
 1. Nadel der 1. Runde heben.

Hin- und Rückreihen:
Maschenanschlag durch 8 teilbar + 1 +
 2 Randmaschen.

→ 16	– – – – – – –	–	
	○○○○○○∞/	○	15 ←
→ 14	– – – – – – –	–	
	○○○○○○∞/		13 ←
○ → 12	– – – – – – –	–	
	∞/○○○○○○	○	11 ←
→ 10	– – – – – – –	–	
	○∞/○○○/×	○	09 ←
→ 08	– – – – – – –	–	
	○○○○○/×○	○	07 ←
→ 06	– – – – – – –	–	
	○○○○/×○○	○	05 ←
→ 04	– – – – – – –	–	
	○○○/×○○○	○	03 ←
→ 02	– – – – – – –	–	
	○○/×○∞/○	○	01 ←

45

Zickzackleiter

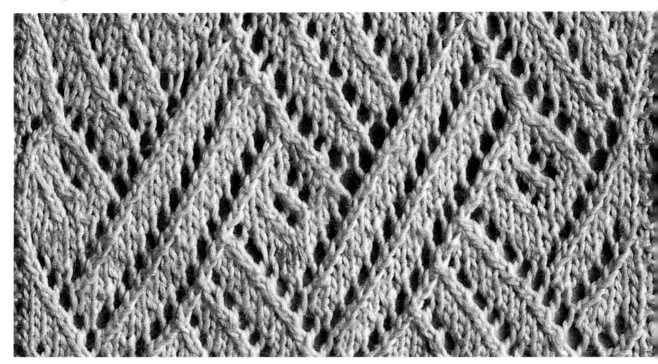

In Runden:
Maschenanschlag durch 18 teilbar.
Zwischenrunden.

OO/×O	V/OOOOO/×OO/×OO/×O	V/OOO	35 ←
O/U/O	OV/OOO/×OO/×OO/U/O	OV/OO	33 ←
/×OV/	OOV/O/×OO/×OO/×OV/	OOV/O	31 ←
V/OOV	/OOV/OOO/×OO/U/OOV	/OOV/	29 ←
OV/OO	V/OOV/O/×OO/×OV/OO	V/OOO	27 ←
OOV/O	OV/OOV/OOO/×OOOV/O	OV/OO	25 ←
OOOV/	OOV/OOV/O/×OV/OOV/	OOV/O	23 ←
V/OOV	/OOV/OOV/OOV/V/OOV	/OOV/	21 ←
OOOO/	U/OOV/OOV/OOV/OOO/	U/OOO	19 ←
OOO/×	OV/OOV/OOV/OOOOO/×	OV/OO	17 ←
OO/×O	O/U/OOV/OOV/OOO/×O	O/U/O	15 ←
O/×OO	/×OV/OOV/OOV/O/×OO	/×OV/	13 ←
/×OO/	×OO/U/OOV/OOO/×OO/	×OO/×	11 ←
OOO/×	OO/×OV/OOV/O/×OO/×	OO/×O	09 ←
OO/×O	O/×OOOV/OOO/×OO/×O	O/×OO	07 ←
O/×OO	/×OV/OOV/O/×OO/×OO	/×OV/	05 ←
/×OO/	×OV/V/OOO/×OO/×OO/	×OV/O	03 ←
OOO/U	/OOV/OOO/×OO/×OO/U	/OOV/	01 ←

Hin- und Rückreihen:
Maschenanschlag durch 18 teilbar
+ 10 + 2 Randmaschen.
Zwischenreihen

In Runden:
Maschenanschlag durch 12 teilbar.
Zwischenrunden

```
O V / V / O O O O O / ×     15 ←
V / V / V / O O O / × O      13 ←
O V / V / O O O / × O O      11 ←
V / V / V / O / × O O O      09 ←
O V / V / O O V / O O O      07 ←
V / V / V / O O V / O O      05 ←
O V / V / O O O O V / O      03 ←
V / V / V / O O O O V /      01 ←
```

Hin- und Rückreihen:
Maschenanschlag durch 12 teilbar +
2 Randmaschen.
Zwischenreihen

Blitzmodel und Loaterl aus Luditz

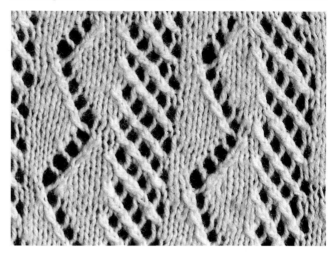

Spitzweck-Tour Nannette Höflich

In Runden:
Maschenanschlag
durch 7 teilbar.

Hin- und Rückreihen:
Maschenanschlag
durch 7 teilbar +
2 Randmaschen.

```
- - - - - O O   24 ←        → 24  | O O O O O - -
- - - - / ×     23 ←              | - - - - - / ×   23 ←
- - - O O O     22 ←        → 22  | O O O O - - -
- - - / × O     21 ←              | - - - - / × O   21 ←
- - O O O O     20 ←        → 20  | O O O - - -
- - - / × O     19 ←              | - - - / × O O   19 ←
- O O O O O     18 ←        → 18  | O O - - - - -
- - / × O O O   17 ←              | - - / × O O O   17 ←
- O O O O O     16 ←        → 16  | O - - - - -
- / × O O O O   15 ←              | - / × O O O O   15 ←
- O O O O O     14 ←        → 14  | / × O O O O O   13 ←
- × O O O O O   13 ←              | - - O O O O
O O - - - -     12 ←        → 12  | ∞ / - - O O O   11 ←
O - - - - -     11 ←              | - - O O O O
O O - - - -     10 ←        → 10  | O ∞ / - - -     09 ←
O ∞ / - - - -   09 ←              | - - - - O O O
O O O - - -     08 ←        → 08  | O O ∞ / - - -   07 ←
O O ∞ / - - -   07 ←              | - - - - O O
O O O O O - -   06 ←        → 06  | O O O ∞ / - -   05 ←
O O O ∞ / - -   05 ←              | - - - - - O
O O O O O -     04 ←        → 04  | O O O O ∞ / -   03 ←
O O O ∞ / -     03 ←              | - - - - - - -
O O O O O O     02 ←        → 02  | O O O O O ∞ /   01 ←
O O O O O ∞ /   01 ←
```

Zöpfchen

Drahdi und Schleier

aus Undorf

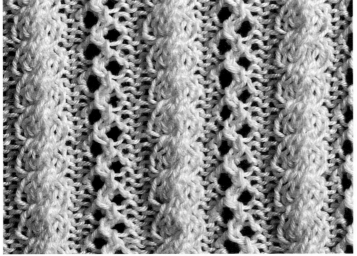

In Runden:
Maschenanschlag durch 12 teilbar.
Zwischenrunden

```
--V/--│ ᴑᴑᴑ      ᴑᴑᴑ --V/-- │ 03 ←
--/x--│ ᴑᴑᴑᴑᴑᴑ--/x--│ 01 ←
```

Hin- und Rückreihen:
Maschenanschlag durch 12 teilbar + 6 +
2 Randmaschen.
Zwischenreihen

Schleier und Drahdi

aus Pölling

In Runden:
Maschenanschlag durch 18 teilbar.
Zwischenrunden

```
ᴑᴑᴑᴑ--/x/x/x/x/x-- 07
ᴼᴼ    ᴼᴼ--V/V/V/V/V/-- 05
ᴑᴑᴑᴑ--/x/x/x/x/x-- 03
ᴑᴑᴑᴑ--V/V/V/V/V/-- 01
```

Hin- und Rückreihen:
Maschenanschlag durch 18 teilbar +
2 Randmaschen.

Kleiner Zopf

Nannette Höflich

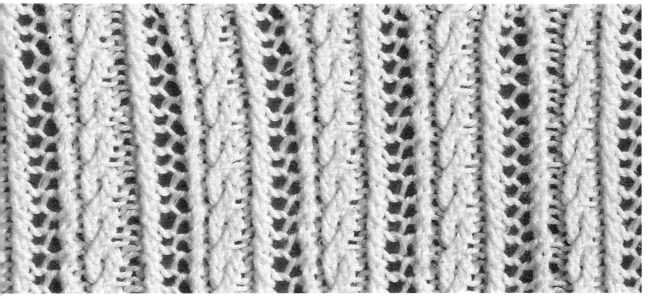

Nannette Höflich

In Runden:
Maschenanschlag durch 9 teilbar.

○—○ − ∨ ╱ ○○ −	04 ←
8 − 8 − ○○ ╱ × −	03 ←
8 − 8 − ∨ ╱ ○○ −	02 ←
8 − 8 − ○○ ╱ × −	01 ←

Hin- und Rückreihen:
Maschenanschlag durch 9 teilbar + 6 + 2 Rand-
maschen.
Die Arbeit auf der Rückseite beginnen.

○—○

Zwei verschränkte Maschen so kreuzen, dass die linke Ma-
sche in der Mitte bleibt:
- 3 Maschen auf die rechte Nadel heben
- mit der linken Nadel hinter der 3. Masche in die 1. und die
  2. Masche einstechen
- rechte Nadel aus den 3 Maschen ziehen und mit der rechten
  Nadel die hinutergefallene 3. Masche aufnehmen, zurück
  auf die linke Nadel geben und verschränkt abstricken
- nächste Masche abheben (Faden liegt hinter der Nadel)
- nächste Masche links stricken
- mit der linken Nadel von vorne in die abgehobene Masche
  stechen, rechte Nadel aus beiden Maschen ziehen, die hin-
  untergefallene links gestrickte Masche auf die rechte Nadel
  nehmen
- die nächste Masche verschränkt abstricken

		− ∨ ╱ ○○ −	○—○ − ∨ ╱ ○○ −	04 ←
→	03	○ − − ╱ 2 ○	∼ ○ ∼ ○ − − ╱ 2 ○	
		− ∨ ╱ ○○ −	8 − 8 − ∨ ╱ ○○ −	02 ←
→	01	○ − − ╱ 2 ○	∼ ○ ∼ ○ − − ╱ 2 ○	

Zöpferl und Fischgrätlein aus Konnersreuth

In Runden:
Maschenanschlag durch 12 teilbar.

```
○○○○ − − × / ○○ − −    06 ←
○○○○ − − ○○ / V − −    05 ←
○○○○ − − × / ○○ − −    04 ←
°° ⎯⎯⎯ °° − − ○○ / V − −    03 ←
○○○○ − − × / ○○ − −    02 ←
○○○○ − − ○○ / V − −    01 ←
```

Hin- und Rückreihen:
Maschenanschlag durch 12 teilbar + 4 +
2 Randmaschen.

```
→ 06   2 / − −  │ ○○ − − − − ○○ 2 / − −
       ○○ / V   │ − − ○○○○ − − ○○ / V   05 ←
→ 04   2 / − −  │ ○○ − − − − ○○ 2 / − −
       ○○ / V   │ − − °°⎯⎯°° − − ○○ / V   03 ←
→ 02   2 / − −  │ ○○ − − − − ○○ 2 / − −
       ○○ / V   │ − − ○○○○ − − ○○ / V   01 ←
```

Kleiner Zopf und Fischgrätlein aus Konnersreuth

In Runden:
Maschenanschlag durch 8 teilbar.

```
○○○○○○ / ×        06 ←
○○○○○ ∞ / ○       05 ←
○○○○○○ / ×        04 ←
°° ⎯⎯⎯ °° ○ ∞ / ○   03 ←
○○○○○○ / ×        02 ←
○○○○○ ∞ / ○       01 ←
```

Hin- und Rückreihen:
Maschenanschlag durch 8 teilbar + 3 +
2 Randmaschen.

```
→ 06   − / 2  │ − − − − − − / 2
       ∞ / ○  │ ○○○○○ ∞ / ○   05 ←
→ 04   − / 2  │ − − − − − − / 2
       ∞ / ○  │ °° ⎯⎯°° ○ ∞ / ○   03 ←
→ 02   − / 2  │ − − − − − − / 2
       ∞ / ○  │ ○○○○○ ∞ / ○   01 ←
```

Sträußchen und Zöpfchentour

Juliane Pauker

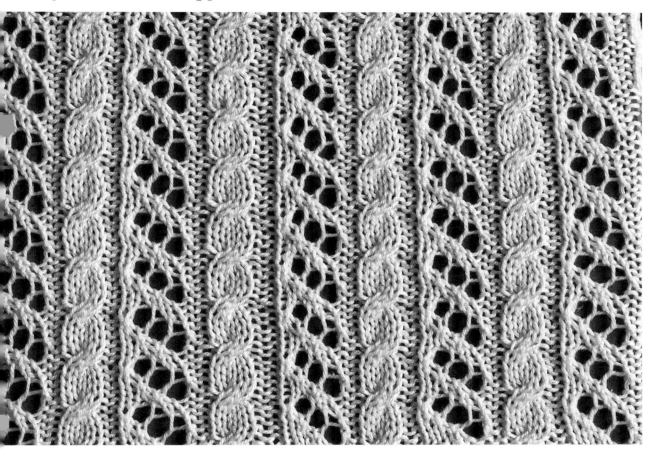

n Runden:
Maschenanschlag durch 12 teilbar.

Hin- und Rückreihen:
Maschenanschlag durch 12 teilbar +
2 Randmaschen.

Gerade laufende Linsentour

Juliane Pauke

In Runden:
Maschenanschlag durch 6 teilbar

⊖⊖⊖⊖ ∕ − −   05 ←
○○○○ − −   04 ←
○○○○ − −   03 ←
○○○○ − −   02 ←
○○○○ − −   01 ←

Hin- und Rückreihen:
Maschenanschlag durch 6 teilbar
+ 2 + 2 Randmaschen.

→ 10	○○	= = = ⊖ ∕ ○○	
	− −	○○○○ − −	09 ←
→ 08	○○	− − − − ⊖ ○○	
	− −	○○○○ − −	07 ←
→ 06	○○	− − − − ⊖ ○○	
	− −	⊖⊖⊖⊖ ∕ − −	05 ←
→ 04	○○	− − − − ⊖ ○○	
	− −	○○○○ − −	03 ←
→ 02	○○	− − − − ⊖ ○○	
	− −	○○○○ − −	01 ←

⊖⊖⊖⊖ 1. Masche links abheben, dabei Faden hinten lassen, 3 Maschen rechts, abgehobene Masche über die 3 rechts gestrickten Maschen ziehen.

= = = ⊖ 3 Maschen links, dann diese Maschen auf die linke Nadel heben, 4. Masche über die 3 links gestrickten Maschen ziehen, die 3 linken Maschen auf die rechte Nadel heben.

Gittertour

Nannette Höflich

In Runden:
Maschenanschlag durch 12 teilbar.

```
—  ⚹  ⚹  — —  ⚹  ⚹  —        12 ←
⚹  — —  ⚹  ⚹  — —  ⚹        11 ←
O  — — —  O  O  — — — —  O   10 ←
O  — — —  O  O  — — — —  O   09 ←
O  — — —  O  O  — — — —  O   08 ←
O  — — —  O  O  — — — —  O   07 ←
⚹  — —  ⚹  ⚹  — —  ⚹        06 ←
—  ⚹  ⚹  — —  ⚹  ⚹  —        05 ←
— —  O  O  — — — —  O  O  — —  04 ←
— —  O  O  — — — —  O  O  — —  03 ←
— —  O  O  — — — —  O  O  — —  02 ←
— —  O  O  — — — —  O  O  — —  01 ←
```

Hin- und Rückreihen: Maschenanschlag durch 12 teilbar + 2 Randmaschen.

```
→ 12 | O  ⚹  ⚹  O  O  ⚹  ⚹  O |
       ⚹  — —  ⚹  ⚹  — —  ⚹      11 ←
→ 10 | —  O  O  O  O  — —  O  O  O  O  — |
       O  — — — —  O  O  — — — —  O    09 ←
→ 08 | —  O  O  O  O  — —  O  O  O  O  — |
       O  — — — —  O  O  — — — —  O    07 ←
→ 06 | ⚹  O  O  ⚹  ⚹  O  O  ⚹ |
       —  ⚹  ⚹  — —  ⚹  ⚹  —      05 ← ✗
→ 04 | O  O  — —  O  O  O  O  — —  O  O |
       — —  O  O  — — — —  O  O  — —    03 ←
→ 02 | O  O  — —  O  O  O  O  — —  O  O |
       — —  O  O  — — — —  O  O  — —    01 ←
```

Giebel mit Zöpfchen

Juliane Pauker

In Runden:
Maschenanschlag durch 13 teilbar.

```
— ○○ — 8 ○○○○○○○ 8    06 ←
— 𝟪⟋𝟪 — 8 ○○○ — ○○○ 8  05 ←
— ○○ — 8 ○○ — — — ○○ 8   04 ←
— 𝟪⟋𝟪 — 8 ○ — — ○ — — ○ 8 03 ←
— ○○ — 8 — — ○○○ — — 8   02 ←
— 𝟪⟋𝟪 — 8 — ○○○○○ — 8   01 ←
```

Hin- und Rückreihen:
Maschenanschlag durch 13 teilbar +
2 Randmaschen.

```
→ 06  ○ — — ○ ~ — — — — — — — ~
         — 𝟪⟋𝟪 — 8 ○○○ — ○○○ 8    05 ←
→ 04  ○ — — ○ ~ — — ○○○ — — ~
         — 𝟪⟋𝟪 — 8 ○ — — ○ — — ○ 8  03 ←
→ 02  ○ — — ○ ~ ○○ — — — ○○ ~
         — 𝟪⟋𝟪 — 8 — ○○○○○ — 8    01 ←
```

𝟪⟋𝟪 2 Maschen an die rechte Nadel heben, 1. Masche nach links verkreuzen.
Beide Maschen an die linke Nadel heben, 2 Maschen verschränkt stricken.

Leiter und Zöpfchen Juliane Pauker

Maschen nach links verkreuzen (= 2 Maschen auf Hilfsnadel vor die Arbeit legen, die folgenden 2 Maschen rechts stricken, dann die 2 Maschen der Hilfsnadel rechts stricken)

4 Maschen nach rechts verkreuzen (= 2 Maschen auf Hilfsnadel hinter die Arbeit legen, die folgenden 2 Maschen rechts stricken, dann die 2 Maschen der Hilfsnadel rechts stricken)

In Runden:
Maschenanschlag durch 26 teilbar.

Hin- und Rückreihen:
Maschenanschlag durch 26
teilbar + 2 Randmaschen.

55

Verwendete Spitzwecktour

Juliane Pauker

In Runden: Maschenanschlag durch 22 teilbar.

```
− − − ○ ○ ○ ○ − − − ○ − − − ○ ○ ○ ○ − − − ○              28 ←
− − − °° ‾‾°° − − 2 / − − − °° ‾‾°° − − 2 /               27 ←
○ − − ○ ○ ○ ○ − − ○ − ○ − − ○ ○ ○ ○ − − ○ −              26 ←
/ 2 − ○ ○ ○ ○ − 2 / − / 2 − ○ ○ ○ ○ − 2 / −              25 ←
− − − ○ ○ ○ ○ − − − ○ − − − ○ ○ ○ ○ − − − ○              24 ←
− − − °° ‾‾°° − − 2 / − − − °° ‾‾°° − − 2 /               23 ←
− − ○ ○ ○ ○ ○ ○ − − − − − ○ ○ ○ ○ ○ ○ − − −              22 ←
− − / ○ × ∞ ○ / − − − − − / ○ × ∞ ○ / − − −              21 ←
− ○ ○ ○ − − ○ ○ ○ − − − ○ ○ ○ − − ○ ○ ○ − −              20 ←
− / ○ × − − ∞ ○ / − − − / ○ × − − ∞ ○ / − −              19 ←
○ ○ ○ − − − − ○ ○ ○ − ○ ○ ○ − − − − ○ ○ ○ −              18 ←
/ ○ × − − − − ∞ ○ / − / ○ × − − − − ∞ ○ / −              17 ←
○ ○ − − − − − ○ ○ ○ ○ − − − − − − ○ ○ ○              16 ←
○ ○ − − − − − − ∞ ○ / ○ ○ − − − − − − ∞ ○ /              15 ←
○ ○ − − − ○ − − − ○ ○ ○ ○ − − − ○ − − − ○ ○    ⊕ ⊕      14 ←
      − − 2 / − − − °° ‾‾°° − − 2 / − − − °° ‾‾°°         13 ←
      − − ○ − ○ − − ○ ○ ○ ○ − − ○ − ○ − − ○ ○ ○ ○         12 ←
      − 2 / − / 2 − ○ ○ ○ ○ − 2 / − / 2 − ○ ○ ○ ○         11 ←
      − − − ○ − − − ○ ○ ○ ○ − − − ○ − − − ○ ○ ○ ○         10 ←
      − − 2 / − − − °° ‾‾°° − − 2 / − − − °° ‾‾°° ⊖ ⊖      09 ←
○ ○ ○ − − − − ○ ○ ○ ○ ○ ○ − − − − − ○ ○ ○              08 ←
∞ ○ / − − − − − / ○ × ∞ ○ / − − − − − / ○ ×              07 ←
− ○ ○ ○ − − − ○ ○ ○ − − ○ ○ ○ − − − ○ ○ ○ −              06 ←
− ∞ ○ / − − − / ○ × − − ∞ ○ / − − − / ○ ×              05 ←
− − ○ ○ ○ − ○ ○ ○ − − − − ○ ○ ○ − ○ ○ ○ − −              04 ←
− − ∞ ○ / − / ○ × − − − − ∞ ○ / − / ○ × − −              03 ←
− − − ○ ○ ○ ○ ○ − − − − − ○ ○ ○ ○ ○ − − −              02 ←
− − − ○ ○ / ○ × − − − − − ○ ○ / ○ × − − −              01 ←
```

⊖⊖ Die letzten 2 Maschen der 8. Runde nicht abstricken, sondern auf die 1. Nadel der 9. Runde heben.

⊕⊕ Die ersten 2 Maschen der 14. Runde rechts an die letzte Nadel der 13. Runde stricken.

Hin- und Rückreihen:
 Maschenanschlag durch
22 teilbar + 2
+ 2 Randmaschen.

→ 28	O O O − − − O O O − O O O − − − O O O −	O O
→ 26	− − −∘∘ ⁀ ∘∘ − − 2 / − − −∘∘ ⁀ ∘∘ − − 2 /	− − 27 ←
	− O O − − − O O − O − O O − − − − O O − O	− O
→ 24	/ 2 − O O O O − 2 / − / 2 − O O O O − 2 / −	− − 25 ←
→ 22	O O O − − − O O O − O O O − − − O O O −	O O
	− − −∘∘ ⁀ ∘∘ − − 2 / − − −∘∘ ⁀ ∘∘ − − 2 /	− − 23 ←
→ 20	O O − − − − − O O O O O − − − − − O O O	O O
	− − / O × ∞ O / − − − − − / O × ∞ O / − − −	− − 21 ←
→ 18	O − − − O O − − − O O O − − − O O − − − O O	O O
	− / O × − − ∞ O / − − − / O × − − ∞ O / − −	− O 19 ←
→ 16	− − − O O O O − − − O − − − O O O O − − − O	− −
	/ O × − − − − ∞ O / − / O × − − − − ∞ O / −	O O 17 ←
→ 14	− − O O O O O O − − − − − O O O O O O − − −	− −
	O O − − − − − ∞ O / O O − − − − − − ∞ O /	O O 15 ←
→ 12	− − O O O − O O O − − − O O O − O O O − −	− −
O O	− − 2 / − − −∘∘ ⁀ ∘∘ − − 2 / − − −∘∘ ⁀ ∘∘	13 ←
− −	O O − O − O O − − − − O O − O − O O − − − −	
→ 10	O O	− 2 / − / 2 − O O O O − 2 / − / 2 − O O O O	11 ←
− −	O O O − O O O − − − − O O O − O O O − − − −	
→ 08	O O	− − 2 / − − −∘∘ ⁀ ∘∘ − − 2 / − − −∘∘ ⁀ ∘∘	09 ←
	− − − O O O O O − − − − − O O O O O − − −	− −
→ 06	∞ O / − − − − − / O × ∞ O / − − − − − / O ×	O O 07 ←
	O − − − O O O − − O O − − − O O O − − − O	O −
→ 04	− ∞ O / − − − / O × − − ∞ O / − − − / O × −	− − 05 ←
	O O − − − O − − − O O O O − − − O − − − O O	O O
→ 02	− − ∞ O / − / O × − − − − ∞ O / − / O × − −	− − 03 ←
	O O O − − − − O O O O O O − − − − − O O O	O O
	− − − O O / O × − − − − − − O O / O × − − −	− − 01 ←

Drahdi

In Runden:
Maschenanschlag durch 9 teilbar. Zwischenrunden

/ U / | OOOOOO / U /	C5 ←
/ U / | O————O / U /	C3 ←
/ U / ↓ OOOOOO / U /	C1 ←

Hin- und Rückreihen:
Maschenanschlag durch 9 teilbar + 3 + 2 Randmaschen.
Zwischenreihen

Das Zeichen O————O. in der 3. Reihe bedeutet:

5 Maschen auf eine Hilfsnadel nehmen, Hilfsnadel hinter die Arbeit legen, nächste Masche rechts
stricken; die erste Masche der Hilfsnadel wieder auf die linke Stricknadel nehmen, dann die 4 Maschen
der Hilfsnadel rechts stricken. Zum Schluss noch einmal eine Masche rechts stricken.

Victorinens Zauberband   Nannette Höflich

Strickt sich leicht ein.

In Runden:
Maschenanschlag durch 16 teilbar.

```
× / × / × / × / ○ ○ ○ ○ ○ ○ ○ ○    22 ←
○ ○ ○ ○ ○ ○ ○ ○ ○ ○ ○ ○ ○ ○ ○ ○    21 ←
× / × / × / × / ○ ○ ○ ○ ○ ○ ○ ○    20 ←
○ ○ ○ ○ ○ ○ ○ ○ ○ ○ ○ ○ ○ ○ ○ ○    19 ←
× / × / × / × / ○ ○ ○ ○ ○ ○ ○ ○    18 ←
○ ○ ○ ○ ○ ○ ○ ○ ○ ○ ○ ○ ○ ○ ○ ○    17 ←
× / × / × / × / ○ ○ ○ ○ ○ ○ ○ ○    16 ←
○ ○ ○ ○ ○ ○ ○ ○ ○ ○ ○ ○ ○ ○ ○ ○    15 ←
× / × / × / × / ○ ○ ○ ○ ○ ○ ○ ○    14 ←
○ ○ ○ ○ ○ ○ ○ ○ ○ ○ ○ ○ ○ ○ ○ ○    13 ←
× / × / × / × / ○ ○ ○ ○ ○ ○ ○ ○    12 ←
○ ○ ○ ○ ○ ○ ○ × / × / × / × /    11 ←
○ ○ ○ ○ ○ ○ ○ ○ ○ ○ ○ ○ ○ ○ ○ ○    10 ←
○ ○ ○ ○ ○ ○ ○ × / × / × / × /    09 ←
○ ○ ○ ○ ○ ○ ○ ○ ○ ○ ○ ○ ○ ○ ○ ○    08 ←
○ ○ ○ ○ ○ ○ ○ × / × / × / × /    07 ←
○ ○ ○ ○ ○ ○ ○ ○ ○ ○ ○ ○ ○ ○    06 ←
○ ○ ○ ○ ○ ○ ○ × / × / × / × /    05 ←
○ ○ ○ ○ ○ ○ ○ ○ ○ ○ ○ ○ ○ ○ ○ ○    04 ←
○ ○ ○ ○ ○ ○ ○ × / × / × / × /    03 ←
○ ○ ○ ○ ○ ○ ○ ○ ○ ○ ○ ○ ○ ○ ○ ○    02 ←
○ ○ ○ ○ ○ ○ ○ × / × / × / × /    01 ←
```

```
→ 22   2 / 2 / 2 / 2 / — — — — — — — —
       ○ ○ ○ ○ ○ ○ ○ ○ ○ ○ ○ ○ ○ ○ ○ ○    21 ←
→ 20   2 / 2 / 2 / 2 / — — — — — — — —
       ○ ○ ○ ○ ○ ○ ○ ○ ○ ○ ○ ○ ○ ○ ○ ○    19 ←
→ 18   2 / 2 / 2 / 2 / — — — — — — — —
       ○ ○ ○ ○ ○ ○ ○ ○ ○ ○ ○ ○ ○ ○    17 ←
→ 16   2 / 2 / 2 / 2 / — — — — — — — —
       ○ ○ ○ ○ ○ ○ ○ ○ ○ ○ ○ ○ ○ ○ ○ ○    15 ←
→ 14   2 / 2 / 2 / 2 / — — — — — — — —
       ○ ○ ○ ○ ○ ○ ○ ○ ○ ○ ○ ○ ○ ○ ○ ○    13 ←
→ 12   2 / 2 / 2 / 2 / — — — — — — — —
       ○ ○ ○ ○ ○ ○ ○ × / × / × / × /    11 ←
→ 10   — — — — — — — — — — — — — — — —
       ○ ○ ○ ○ ○ ○ ○ × / × / × / × /    09 ←
→ 08   — — — — — — — — — — — — — — — —
       ○ ○ ○ ○ ○ ○ ○ × / × / × / × /    07 ←
→ 06   — — — — — — — — — — — — — —
       ○ ○ ○ ○ ○ ○ ○ × / × / × / × /    05 ←
→ 04   — — — — — — — — — — — — — — — —
       ○ ○ ○ ○ ○ ○ ○ × / × / × / × /    03 ←
→ 02   — — — — — — — — — — — — — — — —
       ○ ○ ○ ○ ○ ○ ○ × / × / × / × /    01 ←
```

Hin- und Rückreihen:
Maschenanschlag durch 16 teilbar +
 2 Randmaschen.

Herzerlmuster

Juliane Pauker

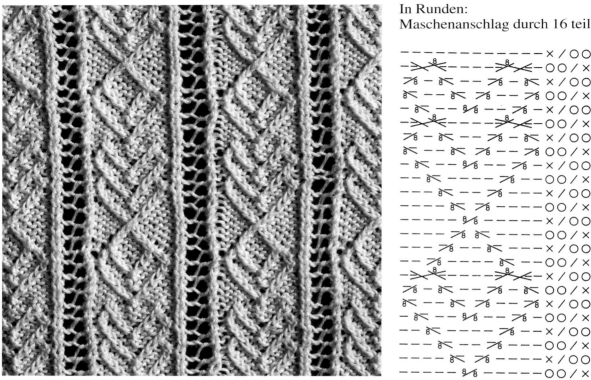

In Runden:
Maschenanschlag durch 16 teilbar.

```
- - - - - - - - - - - - × / ○ ○        24 ←
- ⤫8⤫ - - - - - ⤫8⤫ - ○ ○ / ×          23 ←
⤬8 - ⤫8 - - ⤬8 - ⤫8 × / ○ ○            22 ←
⤫8 - - ⤫8 ⤬8 - - ⤬8 ○ ○ / ×            21 ←
- ⤫8 - - ⤫8⤬8 - - ⤬8 - × / ○ ○         20 ←
- ⤫8⤫ - - - - - ⤫8⤫ - ○ ○ / ×          19 ←
⤬8 - ⤫8 - - ⤬8 - ⤫8 × / ○ ○            18 ←
⤫8 - - ⤫8 ⤬8 - - ⤬8 ○ ○ / ×            17 ←
- ⤫8 - - ⤫8⤬8 - - ⤬8 - × / ○ ○         16 ←
- - ⤫8 - - - - ⤬8 - - ○ ○ / ×          15 ←
- - - ⤫8 - - ⤬8 - - - × / ○ ○          14 ←
- - - - ⤫8 ⤬8 - - - - ○ ○ / ×          13 ←
- - - - - ⤫8⤬8 - - - - × / ○ ○         12 ←
- - - - ⤬8 ⤫8 - - - - ○ ○ / ×          11 ←
- - - ⤬8 - - ⤫8 - - - × / ○ ○          10 ←
- - ⤬8 - - - - ⤫8 - - ○ ○ / ×          09 ←
- ⤫8⤫ - - - - - ⤫8⤫ - × / ○ ○          08 ←
⤬8 - ⤫8 - - ⤬8 - ⤫8 ○ ○ / ×            07 ←
⤫8 - - ⤫8 ⤬8 - - ⤬8 × / ○ ○            06 ←
- ⤫8 - - ⤫8⤬8 - - ⤬8 - ○ ○ / ×         05 ←
- - ⤫8 - - - - ⤬8 - - × / ○ ○          04 ←
- - - ⤫8 - - ⤬8 - - - ○ ○ / ×          03 ←
- - - - ⤫8 ⤬8 - - - - × / ○ ○          02 ←
- - - - - ⤫8⤬8 - - - - ○ ○ / ×         01 ←
```

Wichtig! Im Folgenden heißt „kreuzen" nur kreuzen, nicht gleich abstricken.

 Die beiden nächsten Maschen an die rechte Nadel heben, die verschränkte Masche nach links verkreuzen, beide Maschen an die linke Nadel heben, 1 Masche links abstricken.
Die beiden verschränkten Maschen an die rechte Nadel heben, 2. verschränkte Masche nach rechts verkreuzen, beide verschränkte Maschen an die linke Nadel heben, 1 Masche verschränkt, 1 Masche links abstricken.
Die beiden verschränkten Maschen an die rechte Nadel heben, 2. verschränkte Masche nach rechts verkreuzen, beide verschränkte Maschen an die linke Nadel heben, 1 Masche verschränkt, 1 Masche links abstricken.

Die beiden verschränkten und die linke Masche an die rechte Nadel heben. Die verschränkte Masche, also die 2. verschränkte, nach rechts verkreuzen, linke Masche ist auf der linken Nadel.
1. verschränkte Masche nach links verkreuzen, die 1. verschränkte Masche und linke Masche an die linke Nadel heben. 1 Masche links, 1 Masche verschränkt, 1 Masche links abstricken.

Hin- und Rückreihen: Maschenanschlag
durch 16 teilbar + 2 + 2 Randmaschen.

→ 24	O	O O O O O O O O O O O O 2 / – –	–
–		– ⟩✕⟨ – – – – ⟩✕⟨ – O O / ×	O 23 ←
→ 22	O	✖ O ⤳ O O ✖ O ⤳ 2 / – –	–
–		⤢ – – ⤢ ⤡ – – ⤡ O O / ×	O 21 ←
→ 20	O	O ⤳ O O ✖ O O ✖ O 2 / – –	–
–		– ⟩✕⟨ – – – – ⟩✕⟨ – O O / ×	O 19 ←
→ 18	O	✖ O ⤳ O O ✖ O ⤳ 2 / – –	–
–		⤢ – – ⤢ ⤡ – – ⤡ O O / ×	O 17 ←
→ 16	O	O ⤳ O O ✖ O O ✖ O 2 / – –	–
–		– – ⤢ – – – – ⤡ – – O O / ×	O 15 ←
→ 14	O	O O O ⤳ O O ✖ O O O 2 / – –	–
–		– – – – ⤢ ⤡ – – – – O O / ×	O 13 ←
→ 12	O	O O O O O ✖ O O O O O 2 / – –	–
–		– – – – ⤡ ⤢ – – – – O O / ×	O 11 ←
→ 10	O	O O O ✖ O O ⤳ O O O 2 / – –	–
–		– – ⤡ – – – – ⤢ – – O O / ×	O 09 ←
→ 08	O	O ⤳✕⤢ O O O O O ⤳✕⤢ O 2 / – –	–
–		⤡ – ⤢ – – ⤡ – ⤢ O O / ×	O 07 ←
→ 06	O	⤳ O O ⤳ ✖ O O ✖ 2 / – –	–
–		– ⤢ – – ⤡⤢ – – ⤡ – O O / ×	O 05 ←
→ 04	O	O O ⤳ O O O O ✖ O O 2 / – –	–
–		– – – ⤢ – – ⤡ – – – O O / ×	O 03 ←
→ 02	O	O O O O ⤳ ✖ O O O O 2 / – –	–
–		– – – – – ⤡⤢ – – – – – O O / ×	O 01 ←

 Verschränkte Masche und rechte Masche an die rechte Nadel heben, verschränkte Masche nach links verkreuzen, beide Maschen an die linke Nadel heben, 1 Masche rechts, die beiden verschränkten Maschen an die rechte Nadel heben, 2. verschränkte Masche nach rechts verkreuzen, beide Maschen an die linke Nadel heben, 1 Masche links verschränkt, 1 Masche rechts stricken.

 Verschränkte Masche, rechte und verschränkte Masche an die rechte Nadel heben, verschränkte Masche nach rechts verkreuzen, rechte Masche ist auf der linken Nadel.
1. verschränkte Masche nach links verkreuzen, beide Maschen sind an der linken Nadel, 1 Masche rechts, 1 Masche links verschränkt, 1 Masche rechts stricken.

Viererzopf

Nannette Höflich

In Runden: Maschenanschlag
durch 28 teilbar.

```
  o o o o o   o o o o o o o o   o o o o o ——OO/×——   14 ←
ooooooooooooooooooooooooo——V/OO——   13 ←
ooooooooooooooooooooooooo——OO/×——   12 ←
ooooooooooooooooooooooooo——V/OO——   11 ←
ooooooooooooooooooooooooo——OO/×——   10 ←
ooooooooooooooooooooooooo——V/OO——   09 ←
ooooooooooooooooooooooooo——OO/×——   08 ←
ooooo o o o o o   ooooo——V/OO——   07 ←
ooooooooooooooooooooooooo——OO/×——   06 ←
ooooooooooooooooooooooooo——V/OO——   05 ←
ooooooooooooooooooooooooo——OO/×——   04 ←
ooooooooooooooooooooooooo——V/OO——   03 ←
ooooooooooooooooooooooooo——OO/×——   02 ←
ooooooooooooooooooooooooo——V/OO——   01 ←
```

Hin- und Rückreihen: Maschenanschlag durch 28 teilbar + 8 + 2 Randmaschen

→ 14	O O − − ∕ 2 O O	(chart) O O − − ∕ 2 O O		
	− − V ∕ O O − −	O O O O O O O O O O O O O O O O O O O O O O − − V ∕ O O − −	13 ←
→ 12	O O − − ∕ 2 O O	− O O − − ∕ 2 O O	
	− − V ∕ O O − −	O O O O O O O O O O O O O O O O O O O O O O − − V ∕ O O − −	11 ←
→ 10	O O − − ∕ 2 O O	− O O − − ∕ 2 O O	
	− − V ∕ O O − −	O O O O O O O O O O O O O O O O O O O O O O − − V ∕ O O − −	09 ←
→ 08	O O − − ∕ 2 O O	− O O − − ∕ 2 O O	
	− − V ∕ O O − −	O O O O O ∘ ∘ ∘ ∘ ∘ ∘ ∘ ∘ ∘ ∘ ∘ O O O O O − − V ∕ O O − −	07 ←
→ 06	O O − − ∕ 2 O O	− O O − − ∕ 2 O O	
	− − V ∕ O O − −	O O O O O O O O O O O O O O O O O O O O O O − − V ∕ O O − −	05 ←
→ 04	O O − − ∕ 2 O O	− O O − − ∕ 2 O O	
	− − V ∕ O O − −	O O O O O O O O O O O O O O O O O O O O O O − − V ∕ O O − −	03 ←
→ 02	O O − − ∕ 2 O O	− O O − − ∕ 2 O O	
	− − V ∕ O O − −	O O O O O O O O O O O O O O O O O O O O O O − − V ∕ O O − −	01 ←

Flechtmuster

aus Pfreimd

In Runden:
Maschenanschlag durch 10 teilbar.
Zwischenrunden

Hin- und Rückreihen:
Maschenanschlag durch 10 teilbar +
2 Randmaschen.
Zwischenreihen

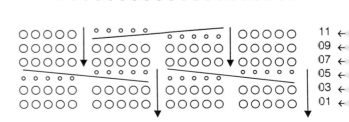

Flächen

Streifenfläche

In Runden:
Maschenanschlag durch 12 teilbar.

```
- - C O O O O - - O O O    04 ←
- - C O O O O - - O O O    03 ←
- - - - - - - - - O O O    02 ←
- - - - - - - - - O O O    01 ←
```

Hin- und Rückreihen:
Maschenanschlag durch 12 teilbar +
2 Randmaschen.

```
→ 04   O O - - - - - O O - - -
       - - O O O O O - - O O O   03 ←
→ 02   O O O O O O O O O - - -
       - - - - - - - - O O O   01 ←
```

Streifenfläche

In Runden:
Maschenanschlag durch 10 teilbar.

```
8 O - O 8 - - - - -    04 ←
8 O - O 8 - - - - -    03 ←
8 - C - 8 - - - - -    02 ←
8 - C - 8 - - - - -    01 ←
```

Hin- und Rückreihen:
Maschenanschlag durch 10 teilbar + 2
Randmaschen.

```
→ 04   S - O - S O O O O O
       8 O - O 8 - - - - -   03 ←
→ 02   S O - O S O O O O O
       8 - O - 8 - - - - -   01 ←
```

Streifenfläche

aus Sulzbach-Rosenberg

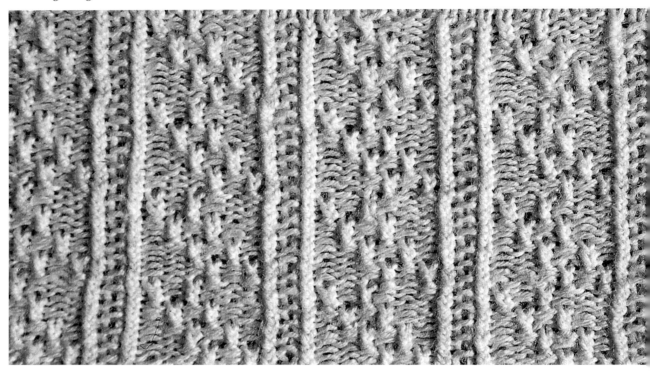

In Runden:
Maschenanschlag durch 9 teilbar.

```
8 — 8 — — 8 ○ 8    12 ←
8 — 8 — — 8 — 8    11 ←
8 — 8 — — 8 ○ 8    10 ←
— 8 — 8 — — 8 — 8  09 ←
— 8 — 8 — — 8 ○ 8  08 ←
— 8 — 8 — — 8 — 8  07 ←
— — 8 — 8 — 8 ○ 8  06 ←
— — 8 — 8 — 8 — 8  05 ←
— — 8 — 8 — 8 ○ 8  04 ←
— — — 8 — 8 8 — 8  03 ←
— — — 8 — 8 8 ○ 8  02 ←
— — — 8 — 8 8 — 8  01 ←
```

Hin- und Rückreihen:
Maschenanschlag durch 9 teilbar +
2 Randmaschen.

```
→ 12   ~ ○ ~ ○ ○ ○ ~ — ~
         8 — 8 — — — 8 — 8    11 ←
→ 10   ~ ○ ~ ○ ○ ○ ~ — ~
         — 8 — 8 — — 8 — 8    09 ←
→ 08   ○ ~ ○ ~ ○ ○ ~ — ~
         — 8 — 8 — — 8 — 8    07 ←
→ 06   ○ ○ ~ ○ ~ ○ ~ — ~
         — — 8 — 8 — 8 — 8    05 ←
→ 04   ○ ○ ~ ○ ~ ○ ~ — ~
         — — 8 — 8 — 8 — 8    03 ←
→ 02   ○ ○ ○ ~ ○ ~ ~ — ~
         — — — 8 — 8 8 — 8    01 ←
```

Würfeltour

Juliane Pauker

In Runden:
Maschenanschlag durch 7 teilbar.

```
○○○○○○ −   06 ←
○○○○○ − −   05 ←
○○○○ − − −   04 ←
○○○ − − − −   03 ←
○○ − − − − −   02 ←
○ − − − − − −   01 ←
```

Hin- und Rückreihen:
Maschenanschlag durch 7 teilbar + 2 Randmaschen.

```
→  06   − − − − − − ○
        ○○○○○ − −   05 ←
→  04   − − − − ○○○
        ○○○ − − − −   03 ←
→  02   − − ○○○○○
        ○ − − − − − −   01 ←
```

Große Piquetour Juliane Pauker

neu

In Runden:
Maschenanschlag
durch 8 teilbar.

8 – – – – – – –	30 ←	
8 – – – – – – –	29 ←	
8 – – – – – – –	28 ←	
– 8 – – – – – 8	27 ←	
– 8 – – – – – 8	26 ←	
– 8 – – – – – 8	25 ←	
8 – 8 – – – 8 –	24 ←	
8 – 8 – – – 8 –	23 ←	
8 – 8 – – – 8 –	22 ←	
– 8 – – – – – 8	21 ←	
– 8 – – – – – 8	20 ←	
– 8 – – – – – 8	19 ←	
8 – – – – – – –	18 ←	
8 – – – – – – –	17 ←	
8 – – – – – – –	16 ←	
– – – – 8 – – –	15 ←	
– – – – 8 – – –	14 ←	
– – – – 8 – – –	13 ←	
– – – 8 – 8 – –	12 ←	
– – – 8 – 8 – –	11 ←	
– – – 8 – 8 – –	10 ←	
– – 8 – 8 – 8 –	09 ←	
– – 8 – 8 – 8 –	08 ←	
– – 8 – 8 – 8 –	07 ←	
– – – 8 – 8 – –	06 ←	
– – – 8 – 8 – –	05 ←	
– – – 8 – 8 – –	04 ←	
– – – – 8 – – –	03 ←	
– – – – 8 – – –	02 ←	
– – – – 8 – – –	01 ←	

Hin- und Rückreihen:
Maschenanschlag durch
8 teilbar +
2 Randmaschen.

→ 30	~ O O O O O O O		
	8 – – – – – – –	29 ←	
→ 28	~ O O O O O O O		
	– 8 – – – – – 8	27 ←	
→ 26	O ~ O O O O O ~		
	– 8 – – – – – 8	25 ←	
→ 24	~ O ~ O O O ~ O		
	8 – 8 – – – 8 –	23 ←	
→ 22	~ O ~ O O O ~ O		
	– 8 – – – – – 8	21 ←	
→ 20	O ~ O O O O O ~		
	– 8 – – – – – 8	19 ←	
→ 18	~ O O O O O O O		
	8 – – – – – – –	17 ←	
→ 16	~ O O O O O O O		
	– – – – 8 – – –	15 ←	
→ 14	O O O O ~ O O O		
	– – – – 8 – – –	13 ←	
→ 12	O O O ~ O ~ O O		
	– – – 8 – 8 – –	11 ←	
→ 10	O O O ~ O ~ O O		
	– – 8 – 8 – 8 –	09 ←	
→ 08	O O ~ O ~ O ~ O		
	– – 8 – 8 – 8 –	07 ←	
→ 06	O O O ~ O ~ O O		
	– – – 8 – 8 – –	05 ←	
→ 04	O O O ~ O ~ O O		
	– – – – 8 – – –	03 ←	
→ 02	O O O O ~ O O O		
	– – – – 8 – – –	01 ←	

Haberkörndl

aus Cham

In Runden:
Maschenanschlag durch 8 teilbar.
Zwischenrunden

```
- - - - - | - 8 - - - - -   23 ←
- - - - - | - 8 - - - - -   21 ←
- - - - - | 8 - 8 - - - -   19 ←
- - - - - | 8 - 8 - - - -   17 ←
- - - - - | - 8 - - - - -   15 ←
- - - - - | - 8 - - - - -   13 ←
- - 8 - - | - - - - 8 - -   11 ←
- - 8 - - | - - - - 8 - -   09 ←
- 8 - 8 - | - - - 8 - 8 -   07 ←
- 8 - 8 - | - - - 8 - 8 -   05 ←
- - 8 - - | - - - - 8 - -   03 ←
- - 8 - - | - - - - 8 - -   01 ←
```

Hin- und Rückreihen: Maschenanschlag durch 8 teilbar + 5 + 2 Randmaschen. In den Rückreihen die verschränkten Maschen links verschränkt stricken.

Haberkörndl im Gitter

aus Konnersreuth

In Runden:
Maschen-anschlag durch 14 teilbar.

```
o - - - - - - o - - - - - o   43 ←
o - - - - - - o - - - - - o   41 ←
o - - - - - o - o - - - - o   39 ←
o - - - - - o - o - - - - o   37 ←
o - - - - o - o - o - - - o   35 ←
o - - - - o - o - o - - - o   33 ←
o - - - o - o - o - o - - o   31 ←
o - - - o - o - o - o - - o   29 ←
o - - o - o - o - o - o - o   27 ←
o - - o - o - o - o - o - o   25 ←
o - o - o - o - o - o - o o   23 ←
o - o - o - o - o - o - o o   21 ←
o - - o - o - o - o - o - o   19 ←
o - - o - o - o - o - o - o   17 ←
o - - - o - o - o - o - - o   15 ←
o - - - o - o - o - o - - o   13 ←
o - - - - o - o - o - - - o   11 ←
o - - - - o - o - o - - - o   09 ←
o - - - - - o - o - - - - o   07 ←
o - - - - - o - o - - - - o   05 ←
o - - - - - - o - - - - - o   03 ←
o - - - - - - o - - - - - o   01 ←
```

Hin- und Rückreihen: Maschen-anschlag durch 14 teilbar + 1 + 2 Randmaschen.

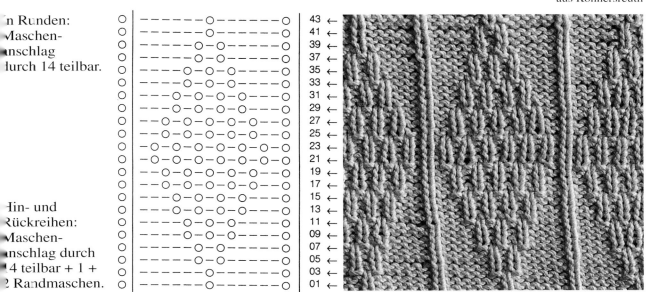

Haberkörndl mit Streifen aus Konnersreuth

In Runden:
Maschenanschlag durch 12 teilbar.

```
— — — — 8 — — — — 8 — 8   30 ←
— — — — 8 — — — — 8 — 8   29 ←
— — — — 8 — — — — 8 — 8   28 ←
— — — — 8 — — — — 8 — 8   27 ←
— — — 8 — 8 — — — 8 — 8   26 ←
— — — 8 — 8 — — — 8 — 8   25 ←
— — — 8 — 8 — — — 8 — 8   24 ←
— — — 8 — 8 — — — 8 — 8   23 ←
— — 8 — — — 8 — — 8 — 8   22 ←
— — 8 — — — 8 — — 8 — 8   21 ←
— — 8 — — — 8 — — 8 — 8   20 ←
— — 8 — — — 8 — — 8 — 8   19 ←
— 8 — — — — 8 — 8 — 8     18 ←
— 8 — — — — 8 — 8 — 8     17 ←
— 8 — — — — 8 — 8 — 8     16 ←
— 8 — — — — 8 — 8 — 8     15 ←
— 8 — — — 8 — — 8 — 8     14 ←
— 8 — — — 8 — — 8 — 8     13 ←
— 8 — — — 8 — — 8 — 8     12 ←
— 8 — — — 8 — — 8 — 8     11 ←
— — — 8 — 8 — — — 8 — 8   10 ←
— — — 8 — 8 — — — 8 — 8   09 ←
— — — 8 — 8 — — — 8 — 8   08 ←
— — — 8 — 8 — — — 8 — 8   07 ←
— — — — 8 — — — — 8 — 8   06 ←
— — — — 8 — — — — 8 — 8   05 ←
— — — — 8 — — — — 8 — 8   04 ←
— — — — 8 — — — — 8 — 8   03 ←
— — — — — — — — — — —     02 ←
— — — — — — — — — — —     01 ←
```

```
→ 30   ~ O ~ | O O O O ~ O O O O ~ O ~
         8 – 8 | – – – – 8 – – – – 8 – 8   29 ←
→ 28   ~ O ~ | O O O O ~ O O O O ~ O ~
         8 – 8 | – – – – 8 – – – – 8 – 8   27 ←
→ 26   ~ O ~ | O O O ~ O ~ O O O ~ O ~
         8 – 8 | – – – 8 – 8 – – – 8 – 8   25 ←
→ 24   ~ O ~ | O O O ~ O ~ O O O ~ O ~
         8 – 8 | – – – 8 – 8 – – – 8 – 8   23 ←
→ 22   ~ O ~ | O O ~ O O O ~ O O ~ O ~
         8 – 8 | – – 8 – – – 8 – – 8 – 8   21 ←
→ 20   ~ O ~ | O O ~ O O O ~ O O ~ O ~
         8 – 8 | – – 8 – – – 8 – – 8 – 8   19 ←
→ 18   ~ O ~ | O ~ O O O O O ~ O ~ O ~
         8 – 8 | – 8 – – – – 8 – 8 – 8     17 ←
→ 16   ~ O ~ | O ~ O O O O O ~ O ~ O ~
         8 – 8 | – 8 – – – – 8 – 8 – 8     15 ←
→ 14   ~ O ~ | O O ~ O O O ~ O O ~ O ~
         8 – 8 | – – 8 – – – 8 – – 8 – 8   13 ←
→ 12   ~ O ~ | O O ~ O O O ~ O O ~ O ~
         8 – 8 | – – 8 – – – 8 – – 8 – 8   11 ←
→ 10   ~ O ~ | O O O ~ O ~ O O O ~ O ~
         8 – 8 | – – – 8 – 8 – – – 8 – 8   09 ←
→ 08   ~ O ~ | O O O ~ O ~ O O O ~ O ~
         8 – 8 | – – – 8 – 8 – – – 8 – 8   07 ←
→ 06   ~ O ~ | O O O O ~ O O O O ~ O ~
         8 – 8 | – – – – 8 – – – – 8 – 8   05 ←
→ 04   ~ O ~ | O O O O ~ O O O O ~ O ~
         8 – 8 | – – – – 8 – – – – 8 – 8   03 ←
→ 02   O O O | O O O O O O O O O O O O
         – – – | – – – – – – – – – – –     01 ←
```

Hin- und Rückreihen:
Maschenanschlag durch 12 teilbar
+ 3 + 2 Randmaschen.

Große Rauten

aus Konnersreuth

In Runden:
Immer 3 Zwischenrundenstricken.
Maschenanschlag durch 12 teilbar.

```
— — ○ ○ — — ○ ○ — — — —     21 ←
○ ○ — — — — — — ○ ○ — —     17 ←
— — — — — — — — — — ○ ○     13 ←
○ ○ — — — — — — ○ ○ — —     09 ←
— — ○ ○ — — ○ ○ — — — —     05 ←
            ○ ○ — — — — — —     01 ←
```

Hin- und Rückreihen:
Maschenanschlag durch 12 teilbar +
2 Randmaschen.

```
→ 24  — — ○ ○ ○ ○ ○ ○ — — ○ ○ — — ○ ○ ○ ○ ○ ○ — — ○ ○
      ○ ○ — — — — — — ○ ○ — — ○ ○ — — — — — — ○ ○ — —     23 ←
→ 22  — — ○ ○ ○ ○ ○ ○ — — ○ ○ — — ○ ○ ○ ○ ○ ○ — — ○ ○
      ○ ○ — — — — — — ○ ○ — — ○ ○ — — — — — — ○ ○ — —     21 ←
→ 20  ○ ○ — — ○ ○ — — ○ ○ ○ ○ ○ ○ — — ○ ○ — — ○ ○ ○ ○
      — — ○ ○ — — ○ ○ — — — — — — ○ ○ — — ○ ○ — — — —     19 ←
→ 18  ○ ○ — — ○ ○ — — ○ ○ ○ ○ ○ ○ — — ○ ○ — — ○ ○ ○ ○
      — — ○ ○ — — ○ ○ — — — — — — ○ ○ — — ○ ○ — — — —     17 ←
→ 16  ○ ○ ○ ○ — — ○ ○ ○ ○ ○ ○ ○ ○ ○ ○ — — ○ ○ ○ ○ ○ ○
      — — — — ○ ○ — — — — — — — — — — ○ ○ — — — — — —     15 ←
→ 14  ○ ○ ○ ○ — — ○ ○ ○ ○ ○ ○ ○ ○ ○ ○ — — ○ ○ ○ ○ ○ ○
      — — — — ○ ○ — — — — — — — — — — ○ ○ — — — — — —     13 ←
→ 12  ○ ○ — — ○ ○ — — ○ ○ ○ ○ ○ ○ — — ○ ○ — — ○ ○ ○ ○
      — — ○ ○ — — ○ ○ — — — — — — ○ ○ — — ○ ○ — — — —     11 ←
→ 10  ○ ○ — — ○ ○ — — ○ ○ ○ ○ ○ ○ — — ○ ○ — — ○ ○ ○ ○
      — — ○ ○ — — ○ ○ — — — — — — ○ ○ — — ○ ○ — — — —     09 ←
→ 08  — — ○ ○ ○ ○ ○ ○ — — ○ ○ — — ○ ○ ○ ○ ○ ○ — — ○ ○
      ○ ○ — — — — — — ○ ○ — — ○ ○ — — — — — — ○ ○ — —     07 ←
→ 06  — — ○ ○ ○ ○ ○ ○ — — ○ ○ — — ○ ○ ○ ○ ○ ○ — — ○ ○
      ○ ○ — — — — — — ○ ○ — — ○ ○ — — — — — — ○ ○ — —     05 ←
→ 04  ○ ○ ○ ○ ○ ○ ○ ○ ○ ○ — — ○ ○ ○ ○ ○ ○ ○ ○ ○ ○ — —
      — — — — — — — — — — ○ ○ — — — — — — — — — — ○ ○     03 ←
→ 02  ○ ○ ○ ○ ○ ○ ○ ○ ○ ○ — — ○ ○ ○ ○ ○ ○ ○ ○ ○ ○ — —
      — — — — — — — — — — ○ ○ — — — — — — — — — — ○ ○     01 ←
```

Treppenfläche

aus Sulzbach-Rosenberg

In Runden:
Maschenanschlag durch 14
teilbar.

```
--OOOOOOOO--OO   28 ←
--OOOOOOOO--OO   27 ←
-------OO--OO    26 ←
-------OO--OO    25 ←
OOOOOO--OO--OO   24 ←
OOOOOO--OO--OO   23 ←
----OO--OO----   22 ←
----OO--OO----   21 ←
OO--OO--OOOOOO   20 ←
OO--OO--OOOOOO   19 ←
OO--OO--------   18 ←
OO--OO--------   17 ←
OO--OOOOOOOO--   16 ←
OO--OOOOOOOO--   15 ←
OO--------OO--   14 ←
OO--------OO--   13 ←
OOOOOOOO--OO--   12 ←
OOOOOOOO--OO--   11 ←
------OO--OO--   10 ←
------OO--OO--   09 ←
OOOO--OO--OOOO   08 ←
OOOO--OO--OOOO   07 ←
--OO--OO------   06 ←
--OO--OO------   05 ←
--OO--OOOOOOOO   04 ←
--OO--OOOOOOOO   03 ←
--OO--------OO   02 ←
--OO--------OO   01 ←
```

Hin- und Rückreihen:
Maschenanschlag durch 14
teilbar + 2 Randmaschen.

```
→ 28   OO--------OO--
       --OOOOOOOO--OO
→ 26   OOOOOOOO--OO--
       -------OO--OO
→ 24   ------OO--OO--
       OOOOOO--OO--OO
→ 22   OOOO--OO--OOOO
       ----OO--OO----
→ 20   --OO--OO------
       OO--OO--OOOOOO
→ 18   --OO--OOOOOOOO
       OO--OO--------
→ 16   --OO--------OO
       OO--OOOOOOOO--
→ 14   --OOOOOOOO--OO
       OO--------OO--
→ 12   --------OO--OO
       OOOOOOOO--OO--
→ 10   OOOOOO--OO--OO
       ------OO--OO--
→ 08   ----OO--OO----
       OOOO--OO--OOOO
→ 06   OO--OO--OOOOOO
       --OO--OO------
→ 04   OO--OO--------
       --OO--OOOOOOOO
→ 02   OO--OOOOOOOO--
       --OO--------OO
```

Flechtmuster

aus Konnersreuth

In Runden: Maschenanschlag durch 16
teilbar.
Zwischenrunden

```
8 — — 8 — — 8 — ○○○○○○○ —   19 ←
8 — — 8 — — 8 — — — — — — — —   17 ←
8 — — 8 — — 8 — ○○○○○○○ —   15 ←
8 — — 8 — — 8 — — — — — — — —   13 ←
8 — — 8 — — 8 — ○○○○○○○ —   11 ←
○○○○○○○ — 8 — — 8 — — 8 —   09 ←
— — — — — — — 8 — — 8 — — 8 —   07 ←
○○○○○○○ — 8 — — 8 — — 8 —   05 ←
— — — — — — — 8 — — 8 — — 8 —   03 ←
○○○○○○○ — 8 — — 8 — — 8 —   01 ←
```

Hin- und Rückreihen: Maschenanschlag durch
16 teilbar + 1 + 2 Randmaschen.

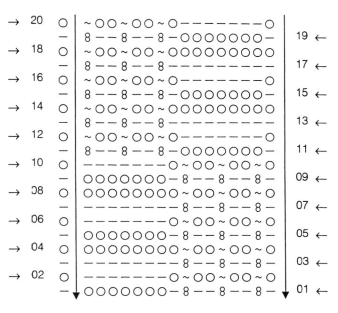

```
→ 20  O | ~○○~○○~○ — — — — — — — ○
   —    | 8 — — 8 — — 8 — ○○○○○○○ —   19 ←
→ 18  O | ~○○~○○~○○○○○○○○○
   —    | 8 — — 8 — — 8 — — — — — — — —   17 ←
→ 16  O | ~○○~○○~○ — — — — — — — ○
   —    | 8 — — 8 — — 8 — ○○○○○○○ —   15 ←
→ 14  O | ~○○~○○~○○○○○○○○○
   —    | 8 — — 8 — — 8 — — — — — — — —   13 ←
→ 12  O | ~○○~○○~○ — — — — — — — ○
   —    | 8 — — 8 — — 8 — ○○○○○○○ —   11 ←
→ 10  O | — — — — — — — ○~○○~○○~○
   —    | ○○○○○○○ — 8 — — 8 — — 8 —   09 ←
→ 08  O | ○○○○○○○~○○~○○~○
   —    | — — — — — — — 8 — — 8 — — 8 —   07 ←
→ 06  O | — — — — — — — ○~○○~○○~○
   —    | ○○○○○○○ — 8 — — 8 — — 8 —   05 ←
→ 04  O | ○○○○○○○~○○~○○~○
   —    | — — — — — — — 8 — — 8 — — 8 —   03 ←
→ 02  O | — — — — — — — ○~○○~○○~○
   —    | ○○○○○○○ — 8 — — 8 — — 8 —   01 ←
```

Gesellschaftstour

Juliane Pauker

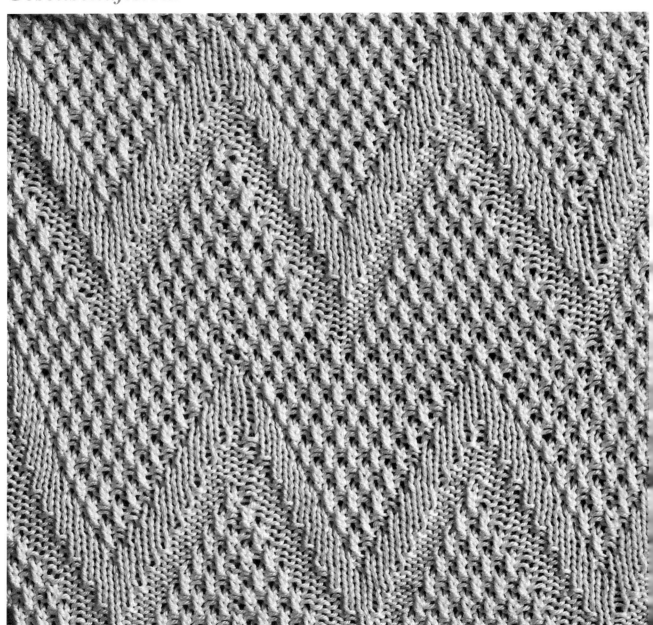

In Runden:
Maschenanschlag durch 20 teilbar.
Muster ab 4. Runde wiederholen.

```
8 − 8 − 8 − 8 − 8 − 8 − 8 − 8 − 8 − 8 −        51 ←
8 − 8 − 8 − 8 − 8 − 8 − 8 − 8 − 8 − 8 −        50 ←
8 − 8 − 8 − 8 − 8 − 8 − 8 − 8 − 8 − 8 −        49 ←
− 8 − 3 − 8 − 8 − 8 − 8 − 8 − 8 − 8 − O        48 ←
− 8 − 3 − 8 − 8 − 8 − 8 − 8 − 8 − 8 − O        47 ←
− 8 − 3 − 8 − 8 − 8 − 8 − 8 − 8 − 8 − O        46 ←
O − 8 − 8 − 8 − 8 − 8 − 8 − 8 − 8 − O O        45 ←
O − 8 − 8 − 8 − 8 − 8 − 8 − 8 − 8 − O O        44 ←
O − 8 − 8 − 8 − 8 − 8 − 8 − 8 − 8 − O O        43 ←
O O − 3 − 8 − 8 − 8 − 8 − 8 − 8 − O O O        42 ←
O O − 3 − 8 − 8 − 8 − 8 − 8 − 8 − O O O        41 ←
O O − 3 − 8 − 8 − 8 − 8 − 8 − 8 − O O O        40 ←
O O O − 8 − 8 − 8 − 8 − 8 − O O O −            39 ←
O O O − 8 − 8 − 8 − 8 − 8 − O O O −            38 ←
O O O − 8 − 8 − 8 − 8 − 8 − O O O −            37 ←
− O O O − 8 − 8 − 8 − 8 − O O O − −            36 ←
− O O O − 8 − 8 − 8 − 8 − O O O − −            35 ←
− O O O − 8 − 8 − 8 − 8 − O O O − −            34 ←
− − O O O − 8 − 8 − 8 − O O O − − −            33 ←
− − O O O − 8 − 8 − 8 − O O O − − −            32 ←
− − O O O − 8 − 8 − 8 − O O O − − −            31 ←
− − − O O O − 8 − 8 − 8 − O O O − − − 8        30 ←
− − − O O O − 8 − 8 − 8 − O O O − − − 8        29 ←
− − − O O O − 8 − 8 − 8 − O O O − − − 8        28 ←
8 − − − O O O − 8 − 8 − O O O − − − 8 −        27 ←
8 − − − O O O − 8 − 8 − O O O − − − 8 −        26 ←
8 − − − O O O − 8 − 8 − O O O − − − 8 −        25 ←
− 8 − − − O O O − 8 − O O O − − − 8 − 8        24 ←
− 8 − − − O O O − 8 − O O O − − − 8 − 8        23 ←
− 8 − − − O O O − 8 − O O O − − − 8 − 8        22 ←
8 − 8 − − − O O O − O O O − − − 8 − 8 −        21 ←
8 − 8 − − − O O O − O O O − − − 8 − 8 −        20 ←
8 − 8 − − − O O O − O O O − − − 8 − 8 −        19 ←
− 8 − 8 − − − O O O O − − − 8 − 8 − 8          18 ←
− 8 − 8 − − − O O O O − − − 8 − 8 − 8          17 ←
− 8 − 8 − − − O O O O − − − 8 − 8 − 8          16 ←
8 − 8 − 8 − − − O O O − − − 8 − 8 − 8 −        15 ←
8 − 8 − 8 − − − O O O − − − 8 − 8 − 8 −        14 ←
8 − 8 − 8 − − − O O O − − − 8 − 8 − 8 −        13 ←
− 8 − 8 − 8 − − − O − − − 8 − 8 − 8 − 8        12 ←
− 8 − 8 − 8 − − − O − − − 8 − 8 − 8 − 8        11 ←
− 8 − 8 − 8 − − − O − − − 8 − 8 − 8 − 8        10 ←
8 − 8 − 8 − 8 − − − − − 8 − 8 − 8 − 8 −        09 ←
8 − 8 − 8 − 8 − − − − − 8 − 8 − 8 − 8 −        08 ←
8 − 8 − 8 − 8 − − − − − 8 − 8 − 8 − 8 −        07 ←
− 8 − 8 − 8 − 8 − − − 8 − 8 − 8 − 8 − 8        06 ←
− 8 − 8 − 8 − 8 − − − 8 − 8 − 8 − 8 − 8        05 ←
− 8 − 8 − 8 − 8 − − − 8 − 8 − 8 − 8 − 8        04 ←
8 − 8 − 8 − 8 − 8 − 8 − 8 − 8 − 8 − 8 −        03 ←
8 − 8 − 8 − 8 − 8 − 8 − 8 − 8 − 8 − 8 −        02 ←
8 − 8 − 8 − 8 − 8 − 8 − 8 − 8 − 8 − 8 −        01 ←
```

Hin- und Rückreihen:
Maschenanschlag durch 20 teilbar + 2 Randmaschen.
Muster ab 4. Reihe wiederholen.

```
         8 − 8 − 8 − 8 − 8 − 8 − 8 − 8 − 8 − 8 −        51 ←
→ 50     ~ O ~ O ~ O ~ O ~ O ~ O ~ O ~ O ~ O ~ O
         8 − 8 − 8 − 8 − 8 − 8 − 8 − 8 − 8 − 8 −        49 ←
→ 48     O ~ O ~ O ~ O ~ O ~ O ~ O ~ O ~ O ~ O −
         − 8 − 8 − 8 − 8 − 8 − 8 − 8 − 8 − 8 − O        47 ←
→ 46     O ~ O ~ O ~ O ~ O ~ O ~ O ~ O ~ O ~ O −
         O − 8 − 8 − 8 − 8 − 8 − 8 − 8 − 8 − O O        45 ←
→ 44     − O ~ O ~ O ~ O ~ O ~ O ~ O ~ O ~ O − −
         O − 8 − 8 − 8 − 8 − 8 − 8 − 8 − 8 − O O        43 ←
→ 42     − − O ~ O ~ O ~ O ~ O ~ O ~ O ~ O − −
         O O − 8 − 8 − 8 − 8 − 8 − 8 − 8 − O O O        41 ←
→ 40     − − O ~ O ~ O ~ O ~ O ~ O ~ O ~ O − − −
         O O O − 8 − 8 − 8 − 8 − 8 − O O O −            39 ←
→ 38     − − − O ~ O ~ O ~ O ~ O ~ O ~ O − − − O
         O O O − 8 − 8 − 8 − 8 − 8 − O O O −            37 ←
→ 36     O ~ − − − O ~ O ~ O ~ O ~ O − − − O ~ O
         − O O O − 8 − 8 − 8 − 8 − O O O − −            35 ←
→ 34     O ~ − − − O ~ O ~ O ~ O ~ O − − − O O
         − − O O O − 8 − 8 − 8 − O O O − − −            33 ←
→ 32     O O − − − O ~ O ~ O ~ O − − − O O O
         − − O O O − 8 − 8 − 8 − O O O − − −            31 ←
→ 30     O O O − − − O ~ O ~ O − − − O O O ~
         − − − O O O − 8 − 8 − 8 − O O O − − − 8        29 ←
→ 28     O O O − − − O ~ O ~ O − − − O O O ~
         8 − − − O O O − 8 − 8 − O O O − − − 8 −        27 ←
→ 26     ~ O O O − − − O ~ O − − − O O O ~ O
         8 − − − O O O − 8 − 8 − O O O − − − 8 −        25 ←
→ 24     O ~ O O O − − − O ~ O − − − O O O ~ O
         − 8 − − − O O O − 8 − O O O − − − 8 − 8        23 ←
→ 22     O ~ O O O − − − O ~ O − − − O O O ~ O −
         8 − 8 − − − O O O − O O O − − − 8 − 8 −        21 ←
→ 20     ~ O ~ O O O − − − O − − − O O O ~ O ~ O
         8 − 8 − − − O O O − O O O − − − 8 − 8 −        19 ←
→ 18     O ~ O ~ O O O − − − − − − O O O ~ O ~ O
         − 8 − 8 − − − O O O O − − − 8 − 8 − 8          17 ←
→ 16     O ~ O ~ O O O − − − − − O O O ~ O ~ O −
         8 − 8 − 8 − − − O O O − − − 8 − 8 − 8 −        15 ←
→ 14     ~ O ~ O ~ O O O − − − O O O ~ O ~ O ~ O
         8 − 8 − 8 − − − O O O − − − 8 − 8 − 8 −        13 ←
→ 12     O ~ O ~ O ~ O O O − O O O ~ O ~ O ~ O ~
         − 8 − 8 − 8 − − − O − − − 8 − 8 − 8 − 8        11 ←
→ 10     O ~ O ~ O ~ O O O O O O ~ O ~ O ~ O ~
         8 − 8 − 8 − 8 − − − − − 8 − 8 − 8 − 8 −        09 ←
→ 08     ~ O ~ O ~ O ~ O O O O O ~ O ~ O ~ O ~ O
         8 − 8 − 8 − 8 − − − − − 8 − 8 − 8 − 8 −        07 ←
→ 06     O ~ O ~ O ~ O ~ O O O ~ O ~ O ~ O ~ O ~
         − 8 − 8 − 8 − 8 − − − 8 − 8 − 8 − 8 − 8        05 ←
→ 04     O ~ O ~ O ~ O ~ O O O ~ O ~ O ~ O ~ O ~
         8 − 8 − 8 − 8 − 8 − 8 − 8 − 8 − 8 − 8 −        03 ←
→ 02     ~ O ~ O ~ O ~ O ~ O ~ O ~ O ~ O ~ O ~ O
         8 − 8 − 8 − 8 − 8 − 8 − 8 − 8 − 8 − 8 −        01 ←
```

Dreieckerl aus Konnersreuth

In Runden:
Maschenanschlag durch 8 teilbar.
Zwischenrunden

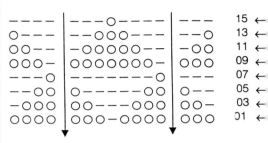

– – – –	– – – O – – – –	– – –	15 ←
O – – –	– – O O O – – –	– – O	13 ←
O O – –	– O O O O O – –	– O O	11 ←
O O O –	O O O O O O O –	O O O	09 ←
– – – O	– – – – – – – O	– – –	07 ←
– – O O	O – – – – – O O	O – –	05 ←
– O O O	O O – – – O O O	O O –	03 ←
O O O O	O O O – O O O O	O O O	01 ←

Hin- und Rückreihen:
Maschenanschlag durch 8 teilbar
+ 7 + 2 Randmaschen.
Zwischenreihen

Viereckerl aus Luditz

In Runden:
Maschenanschlag
durch 8 teilbar.

O O – – – O O O	12 ←
O – – – – – O O	11 ←
– – – O – – – O	10 ←
– – O O O – – –	09 ←
– O O O O O – –	08 ←
O O O O O O O –	07 ←
– O O O O O – –	06 ←
– – O – – – – –	05 ←
– – – O – – – O	04 ←
O – – – – – O O	03 ←
O O – – – O O O	02 ←
O O O – O O O O	01 ←

Hin- und Rückreihen:
Maschenanschlag durch 8 teilbar
2 Randmaschen.

→ 12	– – O O O – – –	
	O – – – – – O O	11 ←
→ 10	O O O – O O O –	
	– – O O O – – –	09 ←
→ 08	O – – – – – O O	
	O O O O O O O –	07 ←
→ 06	O – – – – – O O	
	– – O O O – – –	05 ←
→ 04	O O O – O O O –	
	O – – – – – O O	03 ←
→ 02	– – O O O – – –	
	O O O – O O O O	01 ←

Viereckerl

aus Konnersreuth

In Runden:
Maschenanschlag durch 8 teilbar.

```
−OOOOO−O−OOOOO−O   16 ←
−OOOOO−O−OOOOO−O   15 ←
O−OOO−OOO−OOO−OO   14 ←
O−OOO−OOO−OOO−OO   13 ←
OO−O−OOOOO−O−OOO   12 ←
OO−O−OOOOO−O−OOO   11 ←
OOO−OOOOOOO−OOOO   10 ←
OOO−OOOOOOO−OOOO   09 ←
OO−O−OOOOO−O−OOO   08 ←
OO−O−OOOOO−O−OOO   07 ←
O−OOO−OOO−OOO−OO   06 ←
O−OOO−OOO−OOO−OO   05 ←
−OOOOO−O−OOOOO−O   04 ←
−OOOOO−O−OOOOO−O   03 ←
OOOOOOO−OOOOOOO−   02 ←
OOOOOOO−OOOOOOO−   01 ←
```

Hin- und Rückreihen:
Maschenanschlag durch 8 teilbar + 2 Randmaschen.

```
→ 16   O−−−−−O−O−−−−−O−
       −OOOOO−O−OOOOO−O   15 ←
→ 14   −O−−−O−−−O−−−O−−
       O−OOO−OOO−OOO−OO   13 ←
→ 12   −−O−O−−−−−O−O−−−
       OO−O−OOOOO−O−OOO   11 ←
→ 10   −−−O−−−−−−−O−−−−
       OOO−OOOOOOO−OOOO   09 ←
→ 08   −−O−O−−−−−O−O−−−
       OO−O−OOOOO−O−OOO   07 ←
→ 06   −O−−−O−−−O−−−O−−
       O−OOO−OOO−OOO−OO   05 ←
→ 04   O−−−−−O−O−−−−−O−
       −OOOOO−O−OOOOO−O   03 ←
→ 02   −−−−−−−O−−−−−−−O
       OOOOOOO−OOOOOOO−   01 ←
```

Gerade Spitzwecktour Juliane Pauker

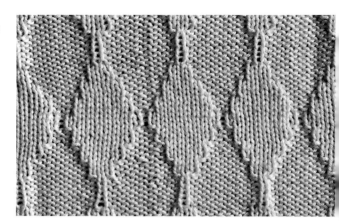

In Runden:
Maschenanschlag
durch 10 teilbar.

Hin- und Rückreihen:
Maschenanschlag durch 10 teilbar
+ 2 Randmaschen.

In Runden:

```
— — — — ○ — — — — —   27 ←
— — — — ○ — — — — —   26 ←
— — — — ○ — — — — —   25 ←
— — — ○ ○ ○ — — — —   24 ←
— — — ○ ○ ○ — — — —   23 ←
— — — ○ ○ ○ — — — —   22 ←
— — ○ ○ ○ ○ ○ — — —   21 ←
— — ○ ○ ○ ○ ○ — — —   20 ←
— — ○ ○ ○ ○ ○ — — —   19 ←
— ○ ○ ○ ○ ○ ○ ○ — —   18 ←
— ○ ○ ○ ○ ○ ○ ○ — —   17 ←
— ○ ○ ○ ○ ○ ○ ○ — —   16 ←
○ ○ ○ ○ ○ ○ ○ ○ ○ —   15 ←
○ ○ ○ ○ ○ ○ ○ ○ ○ —   14 ←
○ ○ ○ ○ ○ ○ ○ ○ ○ —   13 ←
— ○ ○ ○ ○ ○ ○ ○ — —   12 ←
— ○ ○ ○ ○ ○ ○ ○ — —   11 ←
— ○ ○ ○ ○ ○ ○ ○ — —   10 ←
— — ○ ○ ○ ○ ○ — — —   09 ←
— — ○ ○ ○ ○ ○ — — —   08 ←
— — ○ ○ ○ ○ ○ — — —   07 ←
— — — ○ ○ ○ — — — —   06 ←
— — — ○ ○ ○ — — — —   05 ←
— — — ○ ○ ○ — — — —   04 ←
— — — — ○ — — — — —   03 ←
— — — — ○ — — — — —   02 ←
— — — — ○ — — — — —   01 ←
```

Hin- und Rückreihen:

```
→ 28   ○ ○ ○ ○ — ○ ○ ○ ○ ○
       — — — — ○ — — — — —   27 ←
→ 26   ○ ○ ○ ○ — ○ ○ ○ ○ ○
       — — — — ○ — — — — —   25 ←
→ 24   ○ ○ ○ — — — ○ ○ ○ ○
       — — ○ ○ ○ — — — — —   23 ←
→ 22   ○ ○ ○ — — — ○ ○ ○ ○
       — — ○ ○ ○ ○ ○ — — —   21 ←
→ 20   ○ ○ — — — — — ○ ○ ○
       — — ○ ○ ○ ○ ○ — — —   19 ←
→ 18   ○ — — — — — — — ○ ○
       — ○ ○ ○ ○ ○ ○ ○ — —   17 ←
→ 16   ○ — — — — — — — ○ ○
       ○ ○ ○ ○ ○ ○ ○ ○ ○ —   15 ←
→ 14   — — — — — — — — — ○
       ○ ○ ○ ○ ○ ○ ○ ○ ○ —   13 ←
→ 12   ○ — — — — — — — ○ ○
       — ○ ○ ○ ○ ○ ○ ○ — —   11 ←
→ 10   ○ — — — — — — — ○ ○
       — — ○ ○ ○ ○ ○ — — —   09 ←
→ 08   ○ ○ — — — — — ○ ○ ○
       — — ○ ○ ○ ○ ○ — — —   07 ←
→ 06   ○ ○ ○ — — — ○ ○ ○ ○
       — — — ○ ○ ○ — — — —   05 ←
→ 04   ○ ○ ○ — — — ○ ○ ○ ○
       — — — — ○ — — — — —   03 ←
→ 02   ○ ○ ○ ○ — ○ ○ ○ ○ ○
       — — — — ○ — — — — —   01 ←
```

Viereckerl
aus Luditz

In Runden: Maschenanschlag durch 14 teilbar.

```
-----○○○○○○○○○○   10 ←
-----○○○○○○○○○○   09 ←
------○○○○-○○○○   08 ←
------○○○---○○○   07 ←
------○○-----○○   06 ←
------○-------○   05 ←
------○○-----○○   04 ←
------○○○---○○○   03 ←
-----○○○○-○○○○   02 ←
-----○○○○○○○○○○   01 ←
```

Hin- und Rückreihen:
Maschenanschlag durch 14 teilbar + 5
+ 2 Randmaschen.

```
→ 10  ○○○○○ │ ──────────○○○○○   09 ←
       ─────   ○○○○○○○○○○─────
→ 08  ○○○○○ │ ───○──────○○○○○   07 ←
       ─────   ○○○──○○○─────
→ 06  ○○○○○ │ ─────────○─────   05 ←
       ─────   ○─────────○────
→ 04  ○○○○○ │ ──○○○○○─○○○○○   03 ←
       ─────   ○○○──○○○─────
→ 02  ○○○○○ │ ────○────○○○○○   01 ←
       ─────   ○○○○○○○○○○─────
```

In Runden: Maschenanschlag durch 9
teilbar. Muster ab Runde 3 wiederholen.

```
--○○○----   06 ←
-○○-○○---   05 ←
○○---○○--   04 ←
○--○--○-   03 ←
--○○○----   02 ←
-○○○○○---   01 ←
```

Hin- und Rückreihen: Maschenanschlag
durch 9 teilbar + 2 Randmaschen.
Muster ab Runde 3 wiederholen.

```
→ 06  ○○───○○○○
       ─○○─○○───   05 ←
→ 04  ──○○○──○○
       ○──○──○──   03 ←
→ 02  ○○───○○○○
       ─○○○○○───   01 ←
```

Wellenfläche
aus Sulzbach-Rosenberg

Windradl

In Runden:
Maschenanschlag durch
16 teilbar.
Zwischenrunden.

```
O O O O O O — O — O — — — — —   27 ←
O O O O O — O — O — O — — — —   25 ←
O O O O — O — — O O — O — — —   23 ←
O O O — O — — O O O — O — — —   21 ←
O O — O — — — O O O O — O — —   19 ←
O — O — — — — O O O O O — O —   17 ←
— O — — — — — O O O O O O — O   15 ←
O — O O O O O O — — — — — — O —   13 ←
— O — O O O O O — — — — — O — O   11 ←
— — O — O O O O — — — — — O — O O   09 ←
— — — O — O O O — — — O — O O O   07 ←
— — — — O — O O — — O — O O O O   05 ←
— — — — — O — O — O — O O O O O   03 ←
— — — — — — O — O — O O O O O O   01 ←
```

Hin- und Rückreihen:
Maschenanschlag durch 16
teilbar + 2 Randmaschen.
Zwischenreihen.

Waben

aus Konnersreuth

In Runden:
Maschenanschlag durch 8 teilbar.
Muster ab Runde 3 wiederholen.

```
– – – – – – – –   14 ←
– – – – – – – –   13 ←
○○⊘○○○○○           12 ←
○○⊘○○○○○           11 ←
○○⊘○○○○○           10 ←
○○⊘○○○○○           09 ←
– – – – – – – –   08 ←
– – – – – – – –   07 ←
○○○○○○⊘⊘           06 ←
○○○○○○⊘⊘           05 ←
○○○○○○⊘⊘           04 ←
○○○○○○⊘⊘           03 ←
– – – – – – – –   02 ←
– – – – – – – –   01 ←
```

Hin- und Rückreihen:
Maschenanschlag durch 8 teilbar
+ 2 Randmaschen. Muster
ab 3. Reihe wiederholen.

```
→ 14   ○○○○○○○○
       – – – – – – – –   13 ←
→ 12   – – ⊘⊘ – – – –
       ○○⊘⊘○○○○           11 ←
→ 10   – – ⊘⊘ – – – –
       ○○⊘⊘○○○○           09 ←
→ 08   ○○○○○○○○
       – – – – – – – –   07 ←
→ 06   – – – – – – ⊘⊘
       ○○○○○○⊘⊘           05 ←
→ 04   – – – – – – ⊘⊘
       ○○○○○○⊘⊘           03 ←
→ 02   ○○○○○○○○
       – – – – – – – –   01 ←
```

Lochflächen

Schräge Löcher
aus Konnersreuth

In Runden:
Maschenanschlag durch 8 teilbar.
Zwischenrunden

```
O O | V / O O O O O O | V /   23 ←
O O | O V / O O O O O | O O   21 ←
O O | O O V / O O O O | O O   19 ←
V / | O O O O O O V / | O O   17 ←
O V | / O O O O O O V | / O   15 ←
O O | V / O O O O O O | V /   13 ←
O O | O O O O V / O O | O O   11 ←
O O | O O O O O V / O | O O   09 ←
V / | O O O O O O V / | O O   07 ←
O O | O O V / O O O O | O O   05 ←
O O | O O O V / O O O | O O   03 ←
O O | O O O O V / O O | O O   01 ←
```

Hin- und Rückreihen:
Maschenanschlag durch 8 teilbar + 4 +
2 Randmaschen.
Zwischenreihen

Schräge Rauten
aus Luditz

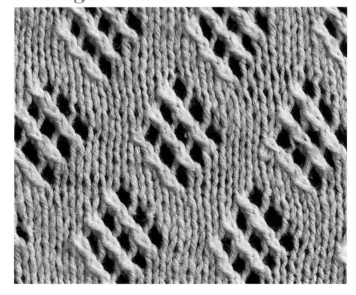

Hin- und Rückreihen:
Maschenanschlag durch 9 teilbar +
2 Randmaschen.
Zwischenreihen

```
O O O O O | O O O V / O O O O | O O O O   19 ←
V / O O O | O O V / V / O O O | O O V /   17 ←
O V / O O | O V / V / V / O O | O V / O   15 ←
V / O O O | O O V / V / O O O | O O V /   13 ←
O O O O O | O O O V / O O O O | O O O O   11 ←
O O O V / | O O O O O O O V / | O O O O   09 ←
O O V / V | / O O O O O V / V | / O O O   07 ←
O V / V / | V / O O O V / V / | V / O O   05 ←
O O V / V | / O O O O O V / V | / O O O   03 ←
O O O V / | O O O O O O O V / | O O O O   01 ←
```

Rauten in Viereckerln   aus Weiden

In Runden:
Maschenanschlag durch 16 teilbar.

```
– – – – – – – – O O O O O O O O   20 ←
– – – – – – – – O O O V / O O O   19 ←
– – – – – – – – O O O O O O O O   18 ←
– – – – – – – – O O V / V / O O   17 ←
– – – – – – – – O O O O O O O O   16 ←
– – – – – – – – O V / V / V / O   15 ←
– – – – – – – – O O O O O O O O   14 ←
– – – – – – – – O O V / V / O O   13 ←
– – – – – – – – O O O O O O O O   12 ←
– – – – – – – – O O O V / O O O   11 ←
O O O O O O O O – – – – – – – –   10 ←
O O O V / O O O – – – – – – – –   09 ←
O O O O O O O O – – – – – – – –   08 ←
O O V / V / O O – – – – – – – –   07 ←
O O O O O O O O – – – – – – – –   06 ←
O V / V / V / O – – – – – – – –   05 ←
O O O O O O O O – – – – – – – –   04 ←
O O V / V / O O – – – – – – – –   03 ←
O O O O O O O O – – – – – – – –   02 ←
O O O V / O O O – – – – – – – –   01 ←
```

Hin- und Rückreihen:
Maschenanschlag durch 16
teilbar + 2 Randmaschen.

```
→ 20  O O O O O O O O – – – – – – – –
      – – – – – – – – O O O V / O O O   19 ←
→ 18  O O O O O O O O – – – – – – – –
      – – – – – – – – O O V / V / O O   17 ←
→ 16  O O O O O O O O – – – – – – – –
      – – – – – – – – O V / V / V / O   15 ←
→ 14  O O O O O O O O – – – – – – – –
      – – – – – – – – O O V / V / O O   13 ←
→ 12  O O O O O O O O – – – – – – – –
      – – – – – – – – O O O V / O O O   11 ←
→ 10  – – – – – – – – O O O O O O O O
      O O O V / O O O – – – – – – – –   09 ←
→ 08  – – – – – – – – O O O O O O O O
      O O V / V / O O – – – – – – – –   07 ←
→ 06  – – – – – – – – O O O O O O O O
      O V / V / V / O – – – – – – – –   05 ←
→ 04  – – – – – – – – O O O O O O O O
      O O V / V / O O – – – – – – – –   03 ←
→ 02  – – – – – – – – O O O O O O O O
      O O O V / O O O – – – – – – – –   01 ←
```

Streublümchen aus Cham

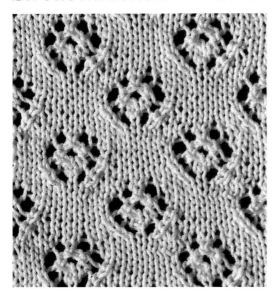

Hin- und Rückreihen (in Runden nicht möglich):
Maschenanschlag durch 12 teilbar + 13 + 2 Randmaschen.
Zwischenreihen

```
OOOOO/U │ /OOOOOOOOO/U │ /OOOOO      15 ←
OOOO/U/ │ V/OOOOOOO/U/ │ V/OOOO      13 ←
OOOV/OO │ O/×OOOOOV/OO │ O/×OOO      11 ←
OOOOV/O │ /×OOOOOOOV/O │ /×OOOO      09 ←
V/OOOOO │ OOOO/U/OOOOO │ OOOO/×      07 ←
OV/OOOO │ OOO/U/V/OOOO │ OOO/U/      05 ←
OO/×OOO │ OOV/OOO/×OOO │ OOV/OO      03 ←
O/×OOOO │ OOOV/O/×OOOO │ OOOV/O      01 ←
        ↓                ↓
```

Unnennbare Tour

Juliane Pauker

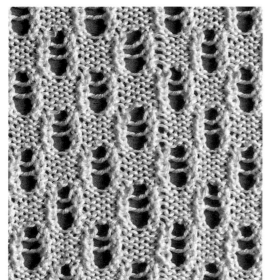

In Runden:
Maschenanschlag durch
8 teilbar.

```
----O-OO        12 ←
----×//×        11 ←
----O-OO        10 ←
----×//×        09 ←
----O-OO        08 ←
----×//×        07 ←
O-OO----        06 ←
×//×----        05 ←
O-OO----        04 ←
×//×----        03 ←
O-OO----        02 ←
×//×----        01 ←
```

Hin- und Rückreihen:
Maschenanschlag durch 8 teilbar
+ 2 Randmaschen.

```
→ 12   OOOO-O--
              ----×//×    11 ←
→ 10   OOOO-O--
              ----×//×    09 ←
→ 08   OOOO-O--
              ----×//×    07 ←
→ 06   -O--OOOO
       ×//×----          05 ←
→ 04   -O--OOOO
       ×//×----          03 ←
→ 02   -O--OOOO
       ×//×----          01 ←
```

Durchbrochene Vierecktour Juliane Pauker

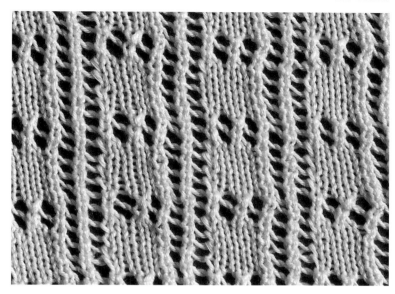

In Runden:
Maschenanschlag durch 8 teilbar.

```
⊃○○○○○○○   12 ←
⊃○○○×/×/   11 ←
⊃○○○○○○○   10 ←
⊃○○○×/×/   09 ←
⊃○○○○○○○   08 ←
⊃○○○×/×/   07 ←
⊃○○○○○○○   06 ←
⊃○○○×/×/   05 ←
⊃○○○○○○○   04 ←
×/×/×/×/   03 ←
○○⊂○○○○○   02 ←
×/×/×/×/   01 ←
```

Hin- und Rückreihen:
Maschenanschlag durch 8 teilbar +
2 Randmaschen.

```
→ 12   – – – – – – –
       ○○○○×/×/   11 ←
→ 10   – – – – – – –
       ○○○○×/×/   09 ←
→ C8   – – – – – – –
       ○○○○×/×/   07 ←
→ 06   – – – – – – –
       ○○○○×/×/   05 ←
→ 04   – – – – – – –
       ×/×/×/×/   03 ←
→ 02   – – – – – – –
       ×/×/×/×/   01 ←
```

Fischgrätlein aus Konnersreuth

Hin- und Rückreihen (in Runden nicht möglich):
Maschenanschlag durch 3 teilbar +
2 Randmaschen.

```
→ 02   / 2 –
       ○∨/   01 ←
```

Ringerl

aus Weiden

In Runden:
Maschenanschlag durch 4 teilbar.

○	○	○	8	06 ←
○	○	○	8	05 ←
–	–	–	8	04 ←
○	/	2	8	03 ←
–	–	–	8	02 ←
○	○	○	8	01 ←

Hin- und Rückreihen:
Maschenanschlag durch 4 teilbar + 1 +
2 Randmaschen.

→ 06	~	– – – ~		
	8	○○○ 8	05 ←	
→ 04	~	○○○ ~		
	8	– / 2 8	03 ←	
→ 02	~	○○○ ~		
	8	○○○ 8	01 ←	

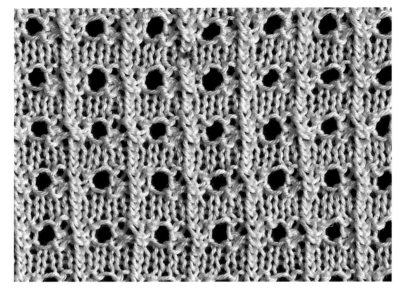

Gesäte Erbsenlöcher

Juliane Pauker

In Runden:
Maschenanschlag durch 4 teilbar.

○	○	○	○	05 ←
○	○	○	○	04 ←
○	○	○	○	03 ←
○	2	/	–	02 ←
○	–	–		01 ←

Hin- und Rückreihen: Maschenanschla[g]
durch 4 teilbar + 2 Randmaschen.

→ 10	– – – –	
	○○○○	09 ←
→ 08	– – – –	
	○ 2 / –	07 ←
→ 06	– ○○○	
	○○○○	05 ←
→ 04	– – – –	
	○○○○	03 ←
→ 02	– × / ○	
	○ – –	01 ←

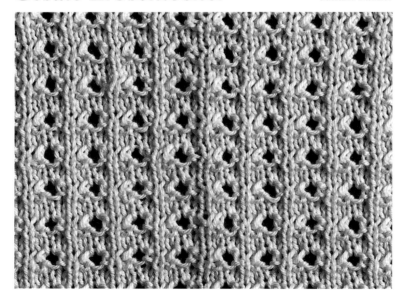

Aurikel
Nannette Höflich

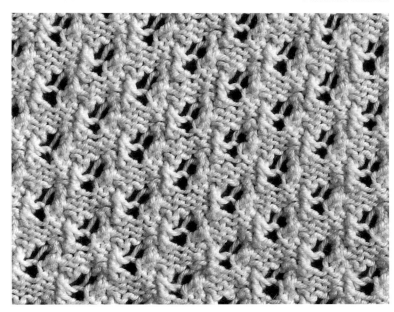

In Runden:
Maschenanschlag durch 8 teilbar.

```
----OO/×    08 ←
----∞/OO    07 ←
----OO/×    06 ←
----∞/OO    05 ←
OO/×----    04 ←
∞/OO----    03 ←
OO/×----    02 ←
∞/OO----    01 ←
```

Hin- und Rückreihen:
Maschenanschlag durch 8 teilbar +
2 Randmaschen.

```
→ 08 | OOOO--/2
       ----∞/OO | 07 ←
→ 06 | OOOO--/2
       ----∞/OO | 05 ←
→ 04 | --/2OOOO
       ∞/OO---- | 03 ←
→ 02 | --/2OOOO
       ∞/OO---- | 01 ←
```

Veilchen
Nannette Höflich

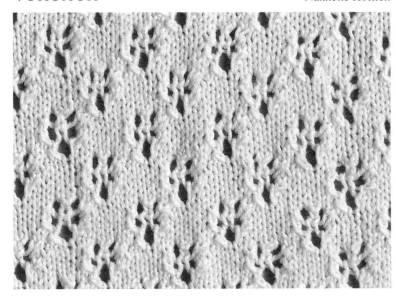

In Runden:
Maschenanschlag durch 9 teilbar.
Zwischenrunden rechts stricken.

```
O | OO×/O/×OO | 11 ←
O | OO∞/O/×OO | 09 ←
O | OOO∞/OOOO | 07 ←
O | /×OOOO×/O | 05 ←
O | /×OOOO∞/O | 03 ←
O | OOOOOOO∞/ | 01 ←
```

Hin- und Rückreihen:
Maschenanschlag durch 9 teilbar
+ 1 + 2 Randmaschen.
Rückreihen links stricken.

Tauperlen   Nannette Höflich

In Runden:
Maschenanschlag
durch 6 teilbar.

O	O	O	O	8	O	12	←
×	/	O	/	∞	O	11	←
O	O	O	O	8	O	10	←
×	/	O	/	∞	O	09	←
O	O	O	O	8	O	08	←
×	/	O	/	∞	O	07	←
O	8	O	O	O	O	06	←
/	∞	O	×	/	O	05	←
O	8	O	O	O	O	04	←
/	∞	O	×	/	O	03	←
O	8	O	O	O	O	02	←
/	∞	O	×	/	O	01	←

Hin- und
Rückreihen:
Maschenanschlag
durch 6 teilbar + 1
+ 2 Randmaschen.

→	12	–	–	–	–	–	~		–	
		O	×	/	O	/	∞		O	11 ←
→	10									
		–	–	–	–	–	~		–	
		O	×	/	O	/	∞		O	09 ←
→	08									
		–	–	–	–	–	~		–	
		O	×	/	O	/	∞		O	07 ←
→	06									
		–	–	~	–	–	–		–	
		O	/	∞	O	×	/		O	05 ←
→	04									
		–	–	~	–	–	–		–	
		O	/	∞	O	×	/		O	03 ←
→	02									
		–	–	~	–	–	–		–	
		O	/	∞	O	×	/		O	01 ←

Bienenschwarm   Nannette Höflich

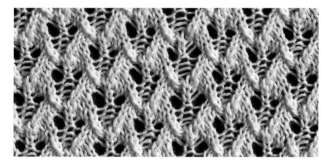

In Runden:
Maschenanschlag durch
10 teilbar. Muster
ab Runde 2
wiederholen.

D	O	O	/	O	/	O	O	Ƽ	–	09 ←
/	O	O	O	O	–	O	O	O	O	/ O	08 ←
/	O	O	∞	–	×	O	O	/	O	07 ←
/	O	O	∞	–	×	O	O	/	O	06 ←
/	O	O	Ƽ	–	D	O	O	/	O	05 ←
O	O	O	O	/	O	/	O	O	O	O	–	04 ←
×	O	O	/	O	/	O	O	∞	–	03 ←
×	O	O	/	O	/	O	O	∞	–	02 ←
×	O	O	/	O	/	O	O	∞	–	01 ←

→	08	–		D	O	O	/	O	/	O	O	Ƽ	–		09 ←
		–		/	–	–	–	–	O	–	–	–	–	/	–		
→	06	O		/	O	O	∞	–	×	O	O	/	O		07 ←
		–		/	–	–	2	O	2	–	–	/	–		
→	04	O		/	O	O	Ƽ	–	D	O	O	/	O		05 ←
		O		–	–	–	–	/	–	/	–	–	–	–	O		
→	02	–		×	O	O	/	O	/	O	O	∞	–		03 ←
		O		2	–	–	/	–	/	–	–	2	O		
		–		×	O	O	/	O	/	O	O	∞	–		01 ←

Hin- und Rückreihen: Maschenanschlag durch
10 teilbar + 1 + 2 Randmaschen. Muster ab Rei-
he 2 wiederholen.

Wanzen und Käfer

Gitterwanzen

Hin- und Rückreihen:
Maschenanschlag durch 4 teilbar + 3 +
2 Randmaschen.
Zwischenreihen

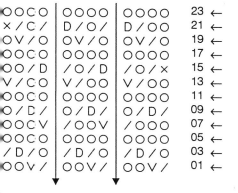

O /		U / O /	×	03 ←
V /		O / U /	O	01 ←
× ×			×	

Stiefmütterchen

In Runden: Maschenanschlag durch 4
teilbar + 8 Maschen. Zwischenrunden

O O C O	O O O O	O O O O	23 ←
× / C /	D / O /	D / O O	21 ←
O V / O	O V / O	O V / O	19 ←
O O C O	O O O O	O O O O	17 ←
O O / D	/ O / D	/ O / ×	15 ←
V / C O	V / O O	V / O O	13 ←
O O C O	O O O O	O O O O	11 ←
O / D /	O / D /	O / D /	09 ←
O O C V	/ O O V	/ O O O	07 ←
O O C O	O O O O	O O O O	05 ←
/ D / O	/ D / O	/ D / O	03 ←
O O V /	O O V /	O O V /	01 ←

Hin- und Rückreihen:
Maschenanschlag durch 4 teilbar
+ 8 + 2 Randmaschen.
Zwischenreihen

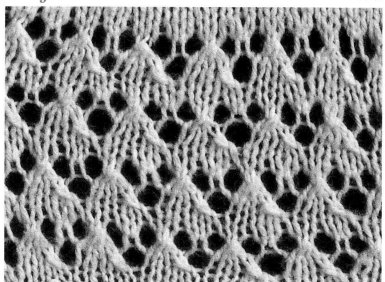

Schneebeeren

Nannette Höflich

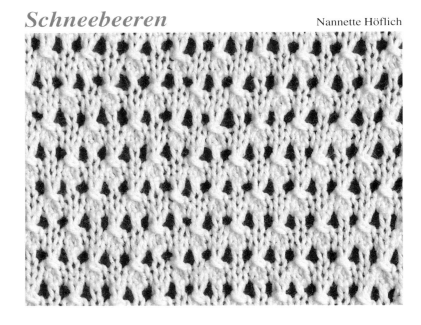

In Runden:
Maschenanschlag durch 4 teilbar.

○ ○ ○ ○	08	←
○ ○ ○ ○	07	←
○ ○ ○ ○	06	←
/ ○ / U	05	←
○ ○ ○ ○	04	←
○ ○ ○ ○	03	←
○ ○ ○ ○	02	←
U / ○ /	01	←

Hin- und Rückreihen:
Maschenanschlag durch 4 teilbar
+ 3 + 2 Randmaschen.

→ 08	−	− − − −	− −		
	○	○ ○ ○ ○	○ ○	07	←
→ 06	−	− − − −	− −		
	V	/ ○ / U	/ ○	05	←
→ 04	−	− − − −	− −		
	○	○ ○ ○ ○	○ ○	03	←
→ 02	−	− − − −	− −		
	○	/ U / ○	/ ×	01	←

Versetzte Wanzen

aus Luditz

In Runden:
Maschenanschlag durch 6 teilbar.
Zwischenrunden

/ D / ○ ○ ○	03	←
○ ○ ○ / D /	01	←

Hin- und Rückreihen:
Maschenanschlag durch 6 teilbar +
2 Randmaschen.
Zwischenreihen

Spinnengewebtour
Juliane Pauker

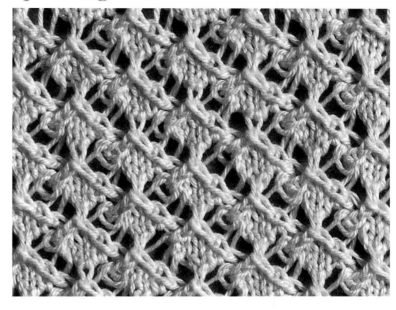

In Runden: Maschenanschlag
durch 8 teilbar.
⊝ Letzte Masche der 5. Runde auf die
   1. Nadel der 6. Runde heben.

```
/ O O O O O / U ⊝   06 ←
V / O O O / × O      05 ←
O V / O / × O O      04 ←
O O / U / O O O      03 ←
O / × O V / O O      02 ←
/ × O O O V / O      01 ←
```

Hin- und Rückreihen: Maschenanschlag
durch 8 teilbar + 2 + 2 Randmaschen.

```
→  06   ∀ | / − − − − − / ∃ | /
        O | V / O O O / × O | O   05 ←
→  04   − | − ∀ / − / 2 − −   | −
        O | O O / U / O O O | O   03 ←
→  02   − | − / 2 − ∀ / − −   | −
        O | / × O O O V / O | O   01 ←
```

Versetzte Wanzen
aus Undorf

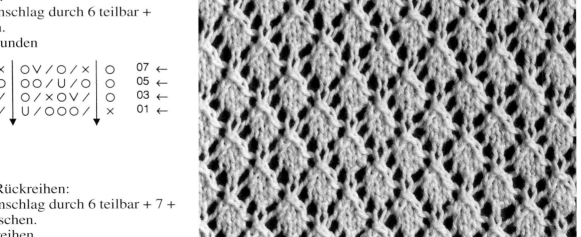

In Runden:
Maschenanschlag durch 6 teilbar +
7 Maschen.
Zwischenrunden

```
O V / O / ×  | O V / O / ×  | O   07 ←
O O / U / O  | O O / U / O  | O   05 ←
O / × O V /  | O / × O V /  | O   03 ←
V / O O O /  | U / O O O /  | ×   01 ←
```

Hin- und Rückreihen:
Maschenanschlag durch 6 teilbar + 7 +
2 Randmaschen.
Zwischenreihen

Große und kleine Wanzen   aus Weiden

In Runden:
Maschenanschlag durch 6 teilbar.
⊕ Die 1. Masche der 7. Reihe auf die
  letzte Nadel der 6. Runde stricken.
  Zwischenrunden

U / ○○○ / ⊕	07 ←
○○ / U / ○	05 ←
○ / × ○ V /	03 ←
/ × ○○○○	01 ←

Hin- und Rückreihen: Maschenanschlag
durch 6 teilbar + 2 + 2 Randmaschen.
Zwischenreihen

→ 08	−	− − − − − −	−		
		/	U / ○○○ /	×	07 ←
→ 06	−	− − − − − −	−		
		○	○○ / U / ○	○	05 ←
→ 04	−	− − − − − −	−		
		○	○ / × ○ V /	○	03 ←
→ 02	−	− − − − − −	−		
		○	/ × ○○○○	○	01 ←

Streifenwanzen   aus Luditz

In Runden:
Maschenanschlag durch 9 teilbar.
Zwischenrunden

− ○○ / U / ○○ −	07 ←
− ○ / × ○ V / ○ −	05 ←
− V / ○○○ / × −	03 ←
− ○ V / ○ / × ○ −	01 ←

Hin- und Rückreihen:
Maschenanschlag durch 9 teilbar +
2 Randmaschen.
Zwischenreihen.

Große Streifenwanzen aus Pölling

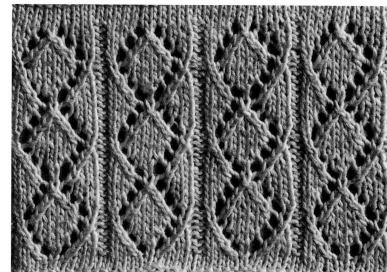

In Runden:
Maschenanschlag durch 11 teilbar.
Zwischenrunden

```
-- │ OOO/U/OOO-- │ 11 ←
-- │ OO/×OV/OO-- │ 09 ←
-- │ O/×OOOV/O-- │ 07 ←
-- │ V/OOOOO/×-- │ 05 ←
-- │ OV/OOO/×O-- │ 03 ←
-- │ OOV/O/×OO-- │ 01 ←
```

Hin- und Rückreihen:
Maschenanschlag durch 11 teilbar + 2 +
2 Randmaschen.
Zwischenreihen.

Kleine Streifenwanzen aus Pölling

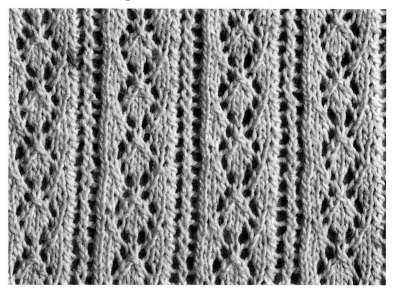

In Runden:
Maschenanschlag durch 13 teilbar.
Zwischenrunden rechts.

```
8 │ /VOO/U/OOV/8 │ 07 ←
8 │ /VO/×OV/OV/8 │ 05 ←
8 │ /VV/OOO/×V/8 │ 03 ←
8 │ OVOV/O/×OV/8 │ 01 ←
```

Hin- und Rückreihen:
Maschenanschlag durch 13 teilbar + 1 +
2 Randmaschen.
Zwischenreihen links.

Kleine Streifenwanzen
mit Linksstreifen aus Konnersreuth

In Runden:
Maschenanschlag durch 10 teilbar.
Zwischenrunden

```
– – – │ V O / O / O ×– – –│ 05 ←
– – – │ O O / U / O O– – –│ 03 ←
– – – │ V / O O O / ×– – –│ 01 ←
        ↓                ↓
```

Hin- und Rückreihen:
Maschenanschlag durch 10 teilbar
+ 3 + 2 Randmaschen.
Zwischenreihen

Streifenwanzen
und Schleier aus Neustadt

In Runden:
Maschenanschlag durch 17 teilbar.
Zwischenrunden

```
– – × / – – │ O O O O / U / O O O O– – × / – –│ 15 ←
– – / × – – │ O O O / × O V / O O O– – / × – –│ 13 ←
– – × / – – │ O O / × O O O V / O O– – × / – –│ 11 ←
– – / × – – │ O / × O O O O O V / O– – / × – –│ 09 ←
– – × / – – │ V / O O × / O O O / ×– – × / – –│ 07 ←
– – / × – – │ O V / O O O O O / × O– – / × – –│ 05 ←
– – × / – – │ O O V / O O O / × O O– – × / – –│ 03 ←
– – / × – – │ O O O V / O / × O O O– – / × – –│ 01 ←
              ↓                        ↓
```

Hin- und Rückreihen:
Maschenanschlag durch 17 teilbar
+ 6 + 2 Randmaschen.
Zwischenreihen

Glatte Wanzen mit Blitzmodel

aus Konnersreuth

In Runden:
Maschenanschlag durch 20 teilbar + 21 Maschen.
Zwischenrunden rechts stricken.

```
V / V / V / O O O O O  | O O O O / × / × / U / V / V / O O O O O | O O O O / × / × / ×      17 ←
O V / V / V / O O O O   | O O O / × / × / × O V / V / V / O O O O | O O O / × / × / × O      15 ←
O O V / V / V / O O O   | O O / × / × / × O O O V / V / V / O O O | O O / × / × / × O O      13 ←
O O O V / V / V / O O   | O / × / × / × O O O O O V / V / V / O O | O / × / × / × O O O      11 ←
O O O O O / × / × / U   | / V / V / O O O O O O O O / × / × / U   | / V / V / O O O O        09 ←
O O O O / × / × / × O   | V / V / V / O O O O O / × / × / × O     | V / V / V / O O O O      07 ←
O O O / × / × / × O O   | O V / V / V / O O O O O / × / × / × O O | O V / V / V / O O O      05 ←
O O / × / × / × O O O   | O O V / V / V / O O O / × / × / × O O O | O O V / V / V / O O      03 ←
O / × / × / × O O O O   | O O O V / V / V / O / × / × / × O O O O | O O O V / V / V / O      01 ←
```

Hin- und Rückreihen:
Maschenanschlag durch 20 teilbar + 21 + 2 Randmaschen.
Zwischenreihen links stricken.

Viereck und Schlängeltour

Juliane Pauker

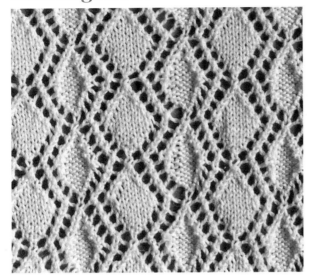

In Runden: Maschenanschlag durch 14 teilbar.

```
○○○————————○○○○      16 ←
/×/————————/×/D⊖     15 ←
○○○○————————○○○○○     14 ←
×/×/——————/×/×○      13 ←
○○○○○————○○○○○        12 ←
○×/×/————/×/×○○       11 ←
○○○○○○—○○○○○○         10 ←
○○×/×/—/×/×○○○        09 ←
○○○○○○○○○○○○○○         08 ←
○○○/×/D/×/○○○○        07 ←
○○○○○—○○○○○○          06 ←
○○/×/×—×/×/○○○        05 ←
○○○○○———○○○○○         04 ←
○/×/×———×/×/○○        03 ←
○○○○—————○○○○○        02 ←
/×/×—————×/×/○        01 ←
```

⊖ Die letzte Masche der 14. Runde nicht abstricken, sondern auf die 1. Nadel der 15. Runde heben.

Hin- und Rückreihen:
Maschenanschlag durch 14 teilbar + 3 +
2 Randmaschen.

```
→ 16  — — | — — — ○○○○○○ — — — — | —
      / D | /×/ ———————— /×/D | /   15 ←
→ 14  — — | — — — — ○○○○○ — — — | —
      ○○  | ×/×/ —————— /×/×○ | ○   13 ←
→ 12  — — | — — — — — ○○○ — — — — | —
      ○○  | ○×/×/ ——— /×/×○○ | ○   11 ←
→ 10  — — | — — — — — ○ — — — — — | —
      ○○  | ○○×/×/ — /×/×○○○ | ○   09 ←
→ 08  — — | — — — — — — — — — — — | —
      ○○  | ○○○/×/D/×/○○○○ | ○   07 ←
→ 06  — — | — — — — — ○ — — — — — | —
      ○○  | ○○/×/×—×/×/○○○ | ○   05 ←
→ 04  — — | — — — — ○○○ — — — — | —
      ○○  | ○/×/×———×/×/○○ | ○   03 ←
→ 02  — — | — — — — ○○○○○ — — — | —
      ○○  | /×/×—————×/×/○ | ○   01 ←
```

Genädelte Wanzen aus Pölling

In Runden:
Maschenanschlag durch 10 teilbar + 11 Maschen.
Zwischenrunden

```
- - / × / U │ / V / - - - / × / U │ / V / - -   19 ←
O / × / × - │ V / V / O / × / × - │ V / V / O   17 ←
O O / × - - │ - V / O O O / × - - │ - V / O O   15 ←
O / × - - - │ - - V / O / × - - │ - - V / O     13 ←
V / - - - │ - - - / U / - - - │ - - - / ×       11 ←
O V / - - - │ - - / × O V / - - - │ - - / × O   09 ←
V / V / - - │ - / × / U / V / - - │ - / × / ×   07 ←
- V / V / O │ / × / × - V / V / O │ / × / × -   05 ←
- - V / O O │ O / × - - - V / O O │ O / × - -   03 ←
- - - V / O │ / × - - - - - V / O │ / × - - -   01 ←
```

Hin- und Rückreihen:
Maschenanschlag durch 10 teilbar
+ 11 + 2 Randmaschen.
Zwischenreihen

In Runden:
Maschenanschlag durch 12 teilbar + 13 Maschen.
Zwischenreihen

```
V / O O O O O │ O O O O / U / O O O O O │ O O O O / ×   19 ←
- V / O O O O │ O O O / × - V / O O O O │ O O O / × -   17 ←
- - V / O O O │ O O / × - - - V / O O O │ O O / × - -   15 ←
- - - V / O O │ O / × - - - - - V / O O │ O / × - - -   13 ←
- - - - V / O │ / × - - - - - - - V / O │ / × - - - -   11 ←
O O O O O / U │ / O O O O O O O / U │ / O O O O O       09 ←
O O O / × - │ V / O O O O O O O / × - │ V / O O O O     07 ←
O O C / × - - │ - V / O O O O O / × - - │ - V / O O O   05 ←
O O / × - - - │ - - V / O O O / × - - - │ - - V / O O   03 ←
O / × - - - - │ - - - V / O / × - - - - │ - - - V / O   01 ←
```

Hin- und Rückreihen:
Maschenanschlag durch 12 teilbar + 13 + 2
Randmaschen.
Zwischenreihen

Geteilte Wanzen aus Luditz

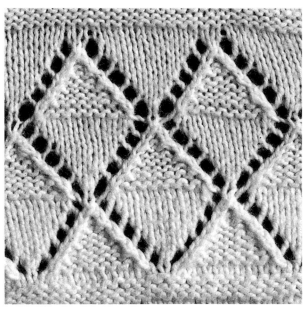

Halbverwendetes Viereck Juliane Pauker

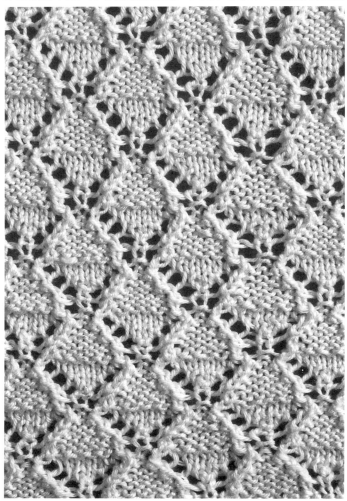

In Runden:
Maschenanschlag durch 10 teilbar.

```
○○○○ ─ ○○○○○        16 ←
○○ / × ─ ∞ / ○○○     15 ←
○○○ ─ ─ ○○○○         14 ←
○ / × ─ ─ ─ ∞ / ○○   13 ←
○○ ─ ─ ─ ─ ─ ○○○     12 ←
/ × ─ ─ ─ ─ ─ ∞ / ○  11 ←
○○ ─ ─ ─ ─ ─ ○○○     10 ←
/ × ─ ─ ─ ─ ∞ / ○    09 ←
○○○○○○○○○ ─          08 ←
∞ / ○○○○○ / × ─      07 ←
─ ○○○○○○○ ─ ─        06 ←
─ ∞ / ○○○ / × ─ ─    05 ←
─ ─ ○○○○○ ─ ─ ─      04 ←
─ ─ ∞ / ○ / × ─ ─ ─  03 ←
─ ─ ○○○○○ ─ ─ ─      02 ←
─ ─ ∞ / ○ / × ─ ─ ─  01 ←
```

Hin- und Rückreihen:
Maschenanschlag durch 10 teilbar
+ 2 Randmaschen.

```
→ 16  ─ ─ ─ ─ ○ ─ ─ ─ ─ ─
      ○○ / × ─ ∞ / ○○○      15 ←
→ 14  ─ ─ ─ ○○○ ─ ─ ─ ─
      ○ / × ─ ─ ─ ∞ / ○○    13 ←
→ 12  ─ ─ ○○○○○ ─ ─ ─
      / × ─ ─ ─ ─ ─ ∞ / ○   11 ←
→ 10  ─ ─ ○○○○○ ─ ─ ─
      / × ─ ─ ─ ─ ∞ / ○     09 ←
→ 08  ─ ─ ─ ─ ─ ─ ─ ─ ○
      ∞ / ○○○○○ / × ─       07 ←
→ 06  ○ ─ ─ ─ ─ ─ ─ ○○
      ─ ∞ / ○○○ / × ─ ─     05 ←
→ 04  ○○ ─ ─ ─ ─ ─ ○○○
      ─ ─ ∞ / ○ / × ─ ─ ─   03 ←
→ 02  ○○ ─ ─ ─ ─ ─ ○○○
      ─ ─ ∞ / ○ / × ─ ─ ─   01 ←
```

Durchbrochene Wanzen

In Runden:
Maschenanschlag durch 12 teilbar
+ 13 Maschen.
Zwischenrunden rechts stricken.

Hin- und Rückreihen:
Maschenanschlag durch 12 teilbar
+ 13 + 2 Randmaschen.
Zwischenreihen links stricken.

```
O / × / × / U /   | V / V / O / × / × / U /   | V / V / O    19 ←
O O / × / × O V   | / V / O O O / × / × O V   | / V / O O    17 ←
O / × / × O O O   | V / V / O / × / × O O O   | V / V / O    15 ←
O O / × O O O O   | O V / O O O / × O O O O   | O V / O O    13 ←
O / × O O O O O   | O O V / O / × O O O O O   | O O V / O    11 ←
V / V / V / O /   | × / × / U / V / V / O /   | × / × / ×    09 ←
O V / V / O O O   | / × / × O V / V / O O O   | / × / × O    07 ←
O O V / V / O /   | × / × O O O V / V / O /   | × / × O O    05 ←
O O O V / O O O   | / × O O O O O V / O O O   | / × O O O    03 ←
O O O O V / O /   | × O O O O O O O V / O /   | × O Q O O    01 ←
```

Kleine und große Wanzen   aus Luditz

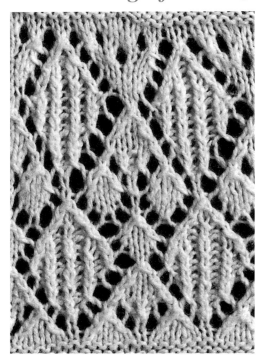

In Runden:
Maschenanschlag durch 12 teilbar
+ 13 Maschen.

```
8 - 8 - O O O O │ O - 8 - 8 - 8 - O O O O │ O - 8 - 8   36 ←
8 - 8 - / × O V │ / - 8 - 8 - 8 - / × O V │ / - 8 - 8   35 ←
8 - 8 O O O O O │ O O 8 - 8 - 8 O O O O O │ O O 8 - 8   34 ←
8 - 8 / × O O O │ V / 8 - 8 - 8 / × O O O │ V / 8 - 8   33 ←
8 - O O O O - O │ O O O - 8 - O O O O - O │ O O O - 8   32 ←
8 - / U / O - O │ / U / - 8 - / U / O - O │ / U / - 8   31 ←
8 O O O O O O   │ O O O O 8 O O O O O O   │ O O O O 8   30 ←
8 / × O V / O / │ × O V / 8 / × O V / O / │ × O V / 8   29 ←
O O O O O O O   │ O O O O O O O O O O O O │ O O O O O   28 ←
V / O O O / U / │ O O O / U / O O O / U / │ O O O / ×   27 ←
- O O O O O O   │ O O O O O O O O O O O O │ O O O O -   26 ←
- V / O / × O V │ / O / × - V / O / × O V │ / O / × -   25 ←
- 8 O O O O O   │ O O O 8 - 8 O O O O O   │ O O O 8 -   24 ←
- 8 V / O O O O │ O / × 8 - 8 V / O O O O │ O / × 8 -   23 ←
- 8 - O O O O   │ O O - 8 - O O O O O     │ O O - 8 -   22 ←
- 8 - V / O O O │ / × - 8 - 8 - V / O O O │ / × - 8 -   21 ←
- 8 - 8 - O O O │ - 8 - 8 - 8 - O O O     │ - 8 - 8 -   20 ←
- 8 - 8 - / U / │ - 8 - 8 - 8 - / U /     │ - 8 - 8 -   19 ←
- 8 - 8 O O O O │ O 8 - 8 - 8 O O O O     │ O 8 - 8 -   18 ←
- 8 - 8 / × O V │ / 8 - 8 - 8 / × O V     │ / 8 - 8 -   17 ←
- 8 - O O O O O │ O O - 8 - O O O O O     │ O O - 8 -   16 ←
- 8 - / × O O O │ V / - 8 - 8 - / × O O O │ V / - 8 -   15 ←
- 8 O O O O - O │ O O O 8 - 8 O O O O - O │ O O O 8 -   14 ←
- 8 / U / O - O │ / U / 8 - 8 / U / O - O │ / U / 8 -   13 ←
- O O O O O O O │ O O O - O O O O O O O   │ O O O O -   12 ←
- / × O V / O / │ × O V / - / × O V / O / │ × O V / -   11 ←
O O O O O O O   │ O O O O O O O O O O O O │ O O O O O   10 ←
V / O O O / U / │ O O O / U / O O O / U / │ O O O / ×   09 ←
8 O O O O O O   │ O O O O O O O O O O O O │ O O O O 8   08 ←
8 V / O / × O V │ / O / × O V / O / × O V │ / O / × 8   07 ←
8 - O O O O O   │ O O O - 8 - O O O O O   │ O O O - 8   06 ←
8 - V / O O O O │ O / × - 8 - V / O O O O │ O / × - 8   05 ←
8 - 8 O O O O   │ O O 8 - 8 - 8 O O O O   │ O O 8 - 8   04 ←
8 - 8 V / O O O │ / × 8 - 8 - 8 V / O O O │ / × 8 - 8   03 ←
8 - 8 - 8 O O O │ 8 - 8 - 8 - 8 - 8 O O O │ 8 - 8 - 8   02 ←
8 - 8 - 8 / U / │ 8 - 8 - 8 - 8 - 8 / U / │ 8 - 8 - 8   01 ←
```

Hin- und Rückreihen:
Maschenanschlag durch 12 teilbar + 13 + 2 Randmaschen.

```
→ 36   ~ O ~ O − − − −   − O ~ O ~ O ~ O − − − −   − O ~ O ~
       8 − 8 − / × O V   / − 8 − 8 − 8 − / × O V   / − 8 − 8    35 ←
→ 34   ~ O ~ − − − − −   − − ~ O ~ O ~ − − − −     − − ~ O ~
       8 − 8 / × O O O   V / 8 − 8 − 8 / × O O O   V / 8 − 8    33 ←
→ 32   ~ O − − − − O −   − − − O ~ O − − − − O −   − − − O ~
       8 − / U / O − O   / U / − 8 − / U / O − O   / U / − 8    31 ←
→ 30   ~ − − − − − − −   − − − − − − − − − − − −   − − − − ~
       8 / × O V / O /   × O V / 8 / × O V / O /   × O V / 8    29 ←
→ 28   − − − − − − − −   − − − − − − − − − − − −   − − − − −
       V / O O O / U /   O O O / U / O O O / U /   O O O / ×    27 ←
→ 26   O − − − − − − −   − − − − − − − − − − − −   − − − − O
       − V / O / × O V   / O / × − V / O / × O V   / O / × −    25 ←
→ 24   O ~ − − − − − −   − − − ~ O ~ − − − − − −   − − ~ O
       − 8 V / O O O O   O / × 8 − 8 V / O O O O   O / × 8 −    23 ←
→ 22   O ~ O − − − − −   − − O ~ O ~ O − − − −     − − O ~ O
       − 8 − V / O O O   / × − 8 − 8 − V / O O O   / × − 8 −    21 ←
→ 20   O ~ O ~ O − − −   O ~ O ~ O ~ O ~ O − − −   O ~ O ~ O
       − 8 − 8 − / U /   − 8 − 8 − 8 − 8 − / U /   − 8 − 8 −    19 ←
→ 18   O ~ O ~ − − − −   − ~ O ~ O ~ O ~ − − − −   − ~ O ~ O
       − 8 − 8 / × O V   / 8 − 8 − 8 − 8 / × O V   / 8 − 8 −    17 ←
→ 16   O ~ O − − − − −   − − O ~ O ~ O − − − −     − − O ~ O
       − 8 − / × O O O   V / − 8 − 8 − / × O O O   V / − 8 −    15 ←
→ 14   O ~ − − − − O −   − − − ~ O ~ − − − − O −   − − − ~ O
       − 8 / U / O − O   / U / 8 − 8 / U / O − O   / U / 8 −    13 ←
→ 12   O − − − − − − −   − − − − O − − − − − − −   − − − − O
       − / × O V / O /   × O V / − / × O V / O /   × O V / −    11 ←
→ 10   − − − − − − − −   − − − − − − − − − − − −   − − − − −
       V / O O O / U /   O O O / U / O O O / U /   O O O / ×    09 ←
→ 08   ~ − − − − − − −   − − − − − − − − − − − −   − − − − ~
       8 V / O / × O V   / O / × O V / O / × O V   / O / × 8    07 ←
→ 06   ~ O − − − − − −   − − − O ~ O − − − − − −   − − − O ~
       8 − V / O O O O   O / × 8 − V / O O O O     O / × 8      05 ←
→ 04   ~ O ~ − − − − −   − − ~ O ~ O ~ − − − − −   − − ~ O ~
       8 − 8 V / O O O   / × 8 − 8 − 8 V / O O O   / × 8 − 8    03 ←
→ 02   ~ O ~ O ~ − − −   ~ O ~ O ~ O ~ O ~ − − −   ~ O ~ O ~
       8 − 8 − 8 / U /   8 − 8 − 8 − 8 − 8 / U /   8 − 8 − 8    01 ←
                            ↓                         ↓
```

Wanzen und Käfer aus Konnersreuth

In Runden:
Maschenanschlag durch 8 teilbar.

```
○○○○○○○○      18 ←
/ ○○○○○ / U ⊖   17 ←
○○○○○○○○      16 ←
V / ○○○ / × ○    15 ←
− ○○○○○ − ○     14 ←
− V / ○ / × − 8    13 ←
− ○○○○○ − ○     12 ←
− V / ○ / × − 8    11 ←
− ○○○○○ − ○     10 ←
− V / ○ / × − 8    09 ←
− ○○○○○ − ○     08 ←
− V / ○ / × − ○    07 ←
− ○○○○○ − ○     06 ←
− ○ / U / ○ − ○    05 ←
− ○○○○○ − ○     04 ←
− / × ○ V / − ○    03 ←
○○○○○○○○      02 ←
/ × ○○○ V / ○    01 ←
```

⊖ letzte Masche der 16. Runde auf die 1.
Nadel der 17. Runde heben.

Hin- und Rückreihen: Maschenanschlag
durch 8 teilbar + 9 + 2 Randmaschen.

```
→ 18    −  |− − − − − − −  |− − − − − − −
        V  |/ ○○○○○ / U  |/ ○○○○○ / ×    17 ←
→ 16    −  |− − − − − − −  |− − − − − − −
        ○  |V / ○○○ / × ○  |V / ○○○ / × ○    15 ←
→ 14    −  |○ − − − − − ○ −  |○ − − − − − ○ −
        8  |− V / ○ / × − 8  |− V / ○ / × − 8    13 ←
→ 12    −  |○ − − − − − ○ −  |○ − − − − − ○ −
        8  |− V / ○ / × − 8  |− V / ○ / × − 8    11 ←
→ 10    −  |○ − − − − − ○ −  |○ − − − − − ○ −
        8  |− V / ○ / × − 8  |− V / ○ / × − 8    09 ←
→ 08    −  |○ − − − − − ○ −  |○ − − − − − ○ −
        ○  |− V / ○ / × − ○  |− V / ○ / × − ○    07 ←
→ 06    −  |○ − − − − − ○ −  |○ − − − − − ○ −
        ○  |− ○ / U / ○ − ○  |− ○ / U / ○ − ○    05 ←
→ 04    −  |○ − − − − − ○ −  |○ − − − − − ○ −
        ○  |− / × ○ V / − ○  |− / × ○ V / − ○    03 ←
→ 02    −  |− − − − − − −  |− − − − − − −
        ○  |/ × ○○○ V / ○  |/ × ○○○ V / ○    01 ←
```

Schuppenwanzen

Nannette Höflich

In Runden:
Maschenanschlag
durch 18 teilbar
+ 19 Maschen.
Zwischenrunden

Hin- und
Rückreihen:
Maschenanschlag
durch 18 teilbar
+ 19 + 2 Rand-
maschen.
Zwischenreihen

```
OOO/U/OOOOO    OO/U/OOOOO/U/OOOOO    OO/U/OOO      39 ←
OO/×OV/O/O/    O/×OV/OOO/×OV/O/O/    O/×OV/OO      37 ←
O/×OOOV/  U    /×OOOV/O/×OOOV/  U    /×OOOV/O      35 ←
O/OOOOO/V-×    /OOOOO/O/OOOOO/V-×    /OOOOO/O      33 ←
×/OOO/  -V-×   -  /OOO/U/OOO/  -V-×  -  /OOO/×     31 ←
O×/O/  --V-×   --  /O/×OV/O/  --V-×  --  /O/×O     29 ←
OO×/  --OV-×   O--  /×OOOV/  --OV-×  O--  /×OO     27 ←
OOO/--OOV-×    OO--/OOOOO/--OOV-×    OO--/OOO      25 ←
OO/--OOOV-×    OOO--/OOO/--OOOV-×    OOO--/OO      23 ←
O/--OOOOV-×    OOOO--/O/--OOOOV-×    OOOO--/O      21 ←
OOOO/U/OOOO    O/U/OOOOOOO/U/OOOO    O/U/OOOO      19 ←
O/O/×OV/OOO    /×OV/O/O/O/×OV/OOO    /×OV/O/O      17 ←
V /×OOOV/O/    ×OOOV/  U  /×OOOV/O/  ×OOOV/  ×     15 ←
-×/OOOOO/O/    OOOOO/V-×/OOOOO/O/    OOOOO/V-      13 ←
-×-  /OOO/U/   OOO/  -V-×-  /OOO/U/  OOO/  -V-     11 ←
-×--  /O/×OV   /O/  --V-×--  /O/×OV  /O/  --V-     09 ←
-×O--  /×OOO   V/  --OV-×O--  /×OOO  V/  --OV-     07 ←
-×OO--/OOOO    O/--OOV-×OO--/OOOO    O/--OOV-      05 ←
-×OOO--/OOO    /--OOOV-×OOO--/OOO    /--OOOV-      03 ←
-×OOOO--/O/    --OOOOV-×OOOO--/O/    --OOOOV-      01 ←
```

103

Blüten und Blätter

Großes Rosenblatt

Nannette Höflich

In Runden:
Maschenanschlag durch 11 teilbar.

Hin- und Rückreihen:
Maschenanschlag durch 11 teilbar + 1 + 2 Randmaschen.

In Runden		Hin- und Rückreihen		
○○○○ 8 ○○○○○○	28 ←	→ 28 —		
/ ○○○ ∞ × ○○○ / ○	27 ←	○ ─	/ ○○○ ∞ × ○○○ / ○	27 ←
○○○○ 8 ○○○○○○	26 ←	→ 26 —		
/ ○○○ ∞ × ○○○ / ○	25 ←	○ ─	/ ○○○ ∞ × ○○○ / ○	25 ←
○○○○○ × ○○○○○	24 ←	→ 24 —	───── 2 ─────	
/ ○○○○○○○○ / ∨ ⊖	23 ←	○	/ ○○○○○○○○ / ∨	23 ←
○○○○○○○○○ 8	22 ←	→ 22 —		
× / ○○○○○○ / ∞	21 ←		× / ○○○○○○ / ∞ ○	21 ←
○○○○○○○○○ 8	20 ←	→ 20 —		
× ○ / ○○○○ / ○ ∞	19 ←		× ○ / ○○○○ / ○ ∞ ○	19 ←
○○○○○○○○○ 8	18 ←	→ 18 —		
× ○○ / ○○○ / ○○ ∞	17 ←		× ○○ / ○○○ / ○○ ∞ ○	17 ←
○○○○○○○○○ 8	16 ←	→ 16 —		
× ○○○ / ○ / ○○○ ∞	15 ←		× ○○○ / ○ / ○○○ ∞ ○	15 ←
○○○○○○○○○ 8	14 ←	→ 14 —		
× ○○○ / ○ / ○○○ ∞	13 ←		× ○○○ / ○ / ○○○ ∞ ○	13 ←
○○○○○○○○○ 8	12 ←	→ 12 —		
× ○○○ / ○ / ○○○ ∞	11 ←		× ○○○ / ○ / ○○○ ∞ ○	11 ←
× ○○○○○○○○○ ⊕	10 ←	→ 10 —	2 ───────	
○○○○ / ∨ / ○○○○○	09 ←	○	○○○○ / ∨ / ○○○○○	09 ←
○○○○ 8 ○○○○○○	08 ←	→ 08 —		
○○○ / ∞ × / ○○○○	07 ←	○	○○○ / ∞ × / ○○○○	07 ←
○○○○ 8 ○○○○○○	06 ←	→ 06 —		
○○ / ○ ∞ × ○ / ○○○	05 ←	○	○○ / ○ ∞ × ○ / ○○○	05 ←
○○○○ 8 ○○○○○○	04 ←	→ 04 —		
○ / ○○ ∞ × ○○ / ○○	03 ←	○	○ / ○○ ∞ × ○○ / ○○	03 ←
○○○○ 8 ○○○○○○	02 ←	→ 02 —		
/ ○○○ ∞ × ○○○ / ○	01 ←	○	/ ○○○ ∞ × ○○○ / ○	01 ←

⊕ 1. Masche rechts an die letzte Nadel der 9. Runde stricken.

⊖ Letzte Masche der 22. Runde nicht abstricken, sondern auf die 1. Nadel der 23. Runde heben und überzogen abnehmen.

Versetztes Rosenlaub

In Runden:
Maschenanschlag durch 10 teilbar.
Zwischenrunden

V O O / O / O O × –	13 ←
V O O / O / O O × –	11 ←
V O O / O / O O × –	09 ←
O O O / U / O O O O	07 ←
O O / × O V / O O O	05 ←
O / × O O O V / O O	03 ←
/ × O O O O O V / O	01 ←

Hin- und Rückreihen: Maschenanschlag
durch 10 teilbar + 1 + 2 Randmaschen

→ 14	O	– – – – – – – – – O		
	–	V O O / O / O O × –	13 ←
→ 12	O	– – – – – – – – – O		
	–	V O O / O / O O × –	11 ←
→ 10	O	– – – – – – – – – O		
	–	V O O / O / O O × –	09 ←
→ 08	–	– – – – – – – – – –		
	O	O O O / U / O O O O	07 ←
→ 06	–	– – – – – – – – – –		
	O	O O / × O V / O O O	05 ←
→ 04	–	– – – – – – – – – –		
	O	O / × O O O V / O O	03 ←
→ 02	–	– – – – – – – – – –		
	O	/ × O O O O O V / O	01 ←

Durchbrochenes Rosenlaub

aus Pölling

In Runden:
Maschenanschlag durch
16 teilbar.
Zwischenrunden

Hin- und Rückreihen:
Maschenanschlag durch
16 teilbar + 15 +
2 Randmaschen.
Zwischenreihen

```
× / V / V / V  │ / V / V / O / V − × / V / V / V │ / V / V / O / V   23 ←
× O / V / V /  │ V / V / O / O V − × O / V / V /  │ V / V / O / O V   21 ←
× O O / V / V  │ / V / O / O O V − × O O / V / V  │ / V / O / O O V   19 ←
× O O O / V /  │ V / O / O O O V − × O O O / V /  │ V / O / O O O V   17 ←
× O O O O / V  │ / O / O O O O V − × O O O O / V  │ / O / O O O O V   15 ←
× O O O O O /  │ O / O O O O O V − × O O O O O /  │ O / O O O O O V   13 ←
V / V / O / V  │ − × / V / V / V / V / O / V │ − × / V / V / O        11 ←
O V / O / O V  │ − × O / V / V / V / V / O / O V │ − × O / V / V /    09 ←
V / O / O O V  │ − × O O / V / V / V / O / O O V │ − × O O / V / O    07 ←
O O / O O O V  │ − × O O O / V / V / O / O O O V │ − × O O O / V /    05 ←
O / O O O O V  │ − × O O O O / V / O / O O O O V │ − × O O O O / O    03 ←
/ O O O O O V  │ − × O O O O O / O / O O O O O V │ − × O O O O O /    01 ←
```

Rosenblatt und Schleier
aus Konnersreuth

In Runden:
Maschenanschlag durch 19 teilbar.
Zwischenrunden

```
/ × − V / U / × − V /       O − − / × − − O   07 ←
/ × − V / × O V / × − V /   O − − V / − − O   05 ←
/ O − O / × O O O V / O − O / O − − / × − − O   03 ←
/ O / × O O O O O V / O /   O − − V / − − O   01 ←
```

Hin- und Rückreihen:
Maschenanschlag durch 19 teilbar
+ 2 Randmaschen.
Zwischenreihen

Großes Rosenlaub
aus Konnersreuth

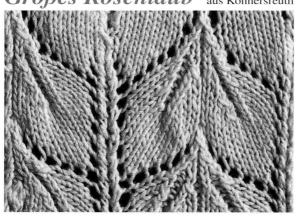

In Runden:
Maschenanschlag durch 28 teilbar.

```
O O O O O O O O O O O O O O O O O O O O O O O O O O / ×         12 ←
/ O O O O O × O O O / U / O O O V O O O O O / V / O            11 ←
O O O O O O O O O O O O − O O O O O O O O O O O O / ×          10 ←
/ O O O O O O O O O / U − U / O O O O O O O O / V / O          09 ←
O O O O O O O O − O − O − O O O O O O O O O O O / ×            08 ←
/ O O O O O O O / V − × − V − × / O O O O O O / V / O          07 ←
O O O O O O O O − O O − O O − O O O O O O O O O / ×            06 ←
/ O O O O O / O V − × O − O V − × O / O O O O O / V / O        05 ←
O O O O O O O − O O O − O O O − O O O O O O O O / ×            04 ←
/ O O O / O O V − × O O − O O V − × O O / O O O / V / O        03 ←
O O O O O O O − O O O O − O O O O − O O O O O O O − ×          02 ←
/ O / O O O V − × O O O − O O O V − × O O O / O / V / O        01 ←
```

Hin- und Rückreihen: Maschenanschlag durch 28
teilbar + 2 Randmaschen.

```
→ 12    − − − − − − − − − − − − − − − − − − − − − − − − − / 2
        / O O O O O × O O O / U / O O O V O O O O O / V / O      11 ←
→ 10    − − − − − − − − − − − O − − − − − − − − − − − / 2
        / O O O O O O O O / U − U / O O O O O O O O / V / O      09 ←
→ 08    − − − − − − − − − O − O − O − − − − − − − − / 2
        / O O O O O O O / V − × − V − × / O O O O O O / V / O    07 ←
→ 06    − − − − − − − − O − − O − − O − − − − − / 2
        / O O O O O / O V − × O − O V − × O / O O O O O / V / O  05 ←
→ 04    − − − − − − − O − − − O − − − O − − − − − − / 2
        / O O O / O O V − × O O − O O V − × O O / O O O / V / O  03 ←
→ 02    − − − − − − − O − − − − O − − − − O − − − − − / 2
        / O / O O O V − × O O O − O O O V − × O O O / O / V / O  01 ←
```

Kleine Rosenblätter

Nannette Höflich

In Runden: Maschenanschlag durch 12 teilbar. Letzte Masche der 6. Runde verschränkt stricken.

```
U / O O O O O O O O /      10 ←
8 U 8 / O O O O O O /      09 ←
8 O U O 8 / O O O O /      08 ←
8 O O U O O 8 / O O O /    07 ←
O O O O U O O O O / O /    06 ←
/ O O O O O O O O / U      05 ←
/ O O O O O O / 8 U 8      04 ←
/ O O O O O / 8 O U O 8    03 ←
/ O O O / 8 O O U O O 8    02 ←
/ O / O O O O U O O O O    01 ←
```

Hin- und Rückreihen:
Maschenanschlag durch
12 teilbar + 13 + 2 Randmaschen.

```
→ 10   – – – – – / Ⴢ /    │ – – – – – – – – / Ⴢ /    │ – – – – –
       O O O O / 8 U 8     │ / O O O O O O O / 8 U 8   │ / O O O O      09 ←
       – – – / ~ – Ⴢ –     │ ~ / – – – – – / ~ – Ⴢ –   │ ~ / – – –
→ 08   O O / 8 O O U O     │ O 8 / O O O / 8 O O U O   │ O 8 / O O      07 ←
       – / – – – – Ⴢ –     │ – – – / – / – – – – Ⴢ –   │ – – – / –
→ 06   V / O O O O O O     │ O O O / U / O O O O O O   │ O O O / V      05 ←
       ∀ ~ / – – – – –     │ – – / ~ Ⴢ ~ / – – – – –   │ – – / ~ ∀
→ 04   V O 8 / O O O O     │ O / 8 O U O 8 / O O O O   │ O / 8 O V      03 ←
       ∀ – – ~ / – – –     │ / ~ – – Ⴢ – – ~ / – – –   │ / ~ – – ∀
→ 02   V O O O O / O /     │ O O O O U O O O O / O /   │ O O O O V      01 ←
```

Kaiserkronen

Juliane Pauker

In Runden:
Maschenanschlag durch 14 teilbar.

```
OOOOO---OOOOO        24 ←
OO/O×---∞O/OOO       23 ←
OOOOO---OOOOO        22 ←
OO/O×---∞O/OOO       21 ←
OOOO----OOOOO        20 ←
O/O×-----∞O/OO       19 ←
OOOO----OOOOO        18 ←
O/O×-----∞O/OO       17 ←
OOO------OOOO        16 ←
/O×------∞O/O        15 ←
OOO------OOOO        14 ←
/O×-------∞O/O       13 ←
-OOOOOOOOOO--        12 ←
-∞O/OOOO/O×--        11 ←
-OOOOOOOOOO--        10 ←
-∞O/OOOO/O×--        09 ←
--OOOOOOOO---        08 ←
--∞O/OOO/O×---       07 ←
--OOOOOOOO---        06 ←
--∞O/OOO/O×---       05 ←
---OOOOOOO----       04 ←
---∞O/O/O×----       03 ←
---OOOOOOO----       02 ←
---∞O/O/O×----       01 ←
```

Hin- und Rückreihen:
Maschenanschlag durch 14 teilbar + 1 + 2 Randmaschen.

```
→ 24   -  |-----OOO-----|
       O  |OO/O×---∞O/OOO|   23 ←
→ 22   -  |-----OOO-----|
       O  |OO/O×---∞O/OOO|   21 ←
→ 20   -  |----OOOOO----|
       O  |O/O×-----∞O/OO|   19 ←
→ 18   -  |----OOOOO----|
       O  |O/O×-----∞O/OO|   17 ←
→ 16   -  |---OOOOOOO----|
       O  |/O×------∞O/O|   15 ←
→ 14   -  |---OOOOOOO----|
       O  |/O×------∞O/O|   13 ←
→ 12   O  |O-----------OO|
       -  |-∞O/OOOO/O×--|   11 ←
→ 10   O  |O-----------OO|
       -  |-∞O/OOOO/O×--|   09 ←
→ 08   O  |OO---------OOO|
       -  |--∞O/OOO/O×---|   07 ←
→ 06   O  |OO---------OOO|
       -  |--∞O/OOO/O×---|   05 ←
→ 04   O  |OOO-------OOOO|
       -  |---∞O/O/O×----|   03 ←
→ 02   O  |OOO-------OOOO|
       -  |---∞O/O/O×----|   01 ←
```

Mittlere Helmtour

Juliane Pauker

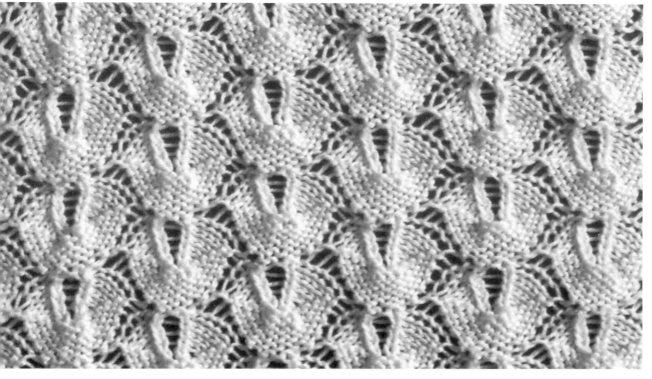

In Runden:
Maschenanschlag durch 18 teilbar.

Hin- und Rückreihen: Maschenanschlag durch 18 teilbar + 2 Randmaschen.

In Runden		Hin- und Rückreihen	
`– – – – – – – / ∞ × / – – – – – – –`	12 ←	→ 12 `O O O O O O O / ƨ ƨ / O O O O O O O`	
`– – – – – – / O ∞ × O / – – – – – –`	11 ←	`– – – – – – / O ∞ × O / – – – – – –`	11 ←
`– – – – – / O O ∞ × O O / – – – – –`	10 ←	→ 10 `O O O O O / – – ƨ ƨ – – / O O O O O`	
`– – – – / O O O ∞ × O O O / – – – –`	09 ←	`– – – – / O O O ∞ × O O O / – – – –`	09 ←
`– – – / O O O O ∞ × O O O O / – – –`	08 ←	→ 08 `O O O / – – – – ƨ ƨ – – – – / O O O`	
`– – / O O O O O ∞ × O O O O O / – –`	07 ←	`– – / O O O O O ∞ × O O O O O / – –`	07 ←
`× / – – – – – – – – – – – – – / ∞`	06 ←	→ 06 `ƨ / O O O O O O O O O O O O / ƨ`	
`× O / – – – – – – – – – – – / O ∞`	05 ←	`× O / – – – – – – – – – – – / O ∞`	05 ←
`× O O / – – – – – – – – – / O O ∞`	04 ←	→ 04 `ƨ – – / O O O O O O O O O / – – ƨ`	
`× O O O / – – – – – – – / O O O ∞`	03 ←	`× O O O / – – – – – – – / O O O ∞`	03 ←
`× O O O O / – – – – – / O O O O ∞`	02 ←	→ 02 `ƨ – – – – / O O O O O O / – – – – ƨ`	
`× O O O O O / – – – / O O O O O ∞`	01 ←	`× O O O O O / – – – – / O O O O O ∞`	01 ←

111

Kapern

Nannette Höflich

In Runden:
Maschenanschlag durch 12 teilbar.
Die letzte Masche der 9. Runde
rechts verschränkt stricken.
Muster ab 2. Runde wiederholen.

○○○∞×○○○ / ⅍ /	09	←
/ ○○○○○○○○ / ∞×	08	←
/ ○○○○○ / 8∞×8	07	←
/ ○○○○ / 8○∞×○8	06	←
/ ⅍ / ○○○∞×○○○	05	←
∞× / ○○○○○○○○ /	04	←
8∞×8 / ○○○○○ /	03	←
8○∞×○8 / ○○○○ /	02	←
○○○∞×○○○ / ○○ /	01	←

Strickt sich leicht ein.

Hin- und Rückreihen: Maschenanschlag durch 12 teilbar +
2 Randmaschen. Muster ab 2. Reihe wiederholen. Arbeit mit 4.
oder 8. Reihe beenden.

→ 08	×○○○ / ⅍	⅄ / ○○○∞×○○○ / ⅍	⅄ / ○○○∞	09	←
	– – – – / ℓ	ℓ / – – – – – – – / ℓ	ℓ / – – – –		
→ 06	○○○ / 8∞	×8 / ○○○○○○ / 8∞	×8 / ○○○	07	←
	– – / ~ – ℓ	ℓ – ~ / – – – – / ~ – ℓ	ℓ – ~ / – –		
→ 04	○ / ○○○∞	×○○○ / ⅍ / ○○○∞	×○○○ / ○	05	←
	ℓ / – – – –	– – – – / ℓ ℓ / – – – –	– – – – / ℓ		
→ 02	×8 / ○○○	○○○ / 8∞×8 / ○○○	○○○ / 8∞	03	←
	ℓ – ~ / – –	– – / ~ – ℓ ℓ – ~ / – –	– – / ~ – ℓ		
	×○○○ / ○	○ / ○○○∞×○○○ / ○	○ / ○○○∞	01	←

Donner und Blitz

Nannette Höflich

In Runden:
Maschenanschlag durch 14 teilbar.

```
∞ × / O O O O O O O O / O      12 ←
  ∞ × O / O O O O O O / O      11 ←
O ∞ × O O / O O O O O / O      10 ←
O O ∞ × O O O / O O O O / O    09 ←
O O O ∞ × O O O O / O O / O    08 ←
O O O O ∞ × O O O O | | | O    07 ←
/ O O O O O O O O / ∞ ×        06 ←
/ O O O O O O O / O ∞ × O      05 ←
/ O O O O O O / O O ∞ × O O    04 ←
/ O O O O / O O O ∞ × O O O    03 ←
/ O O / O O O O ∞ × O O O O    02 ←
| | O O O O O ∞ × O O O O O    01 ←
```

In der Mitte der beiden abgenomme-
nen Maschen den Faden locker las-
sen.
Letzte Masche der 12. Runde auf die
1. Nadel der 13. Runde heben, mit der
1. Masche der 13. Runde verschränkt
zusammenstricken, dann 4 rechts, 2
rechts zusammenstricken, usw.

Hin- und Rückreihen:
Maschenanschlag durch 14 teilbar + 7 + 2 Randmaschen.

```
→ 12   — — — — — / Ƨ    2 / — — — — — — — — / Ƨ
       O O O O / O ∞    × O / O O O O O O O O / O ∞    11 ←
→ 10   — — — / — — Ƨ    2 — — / — — — — — — / — — Ƨ
       O O / O O O ∞    × O O O / O O O O / O O O ∞    09 ←
→ 08   — / — — — — Ƨ    2 — — — — / — — / — — — Ƨ
       | O O O O O ∞    × O O O O O | | | O O O O O ∞  07 ←
→ 06   2 / — — — — —    — — — — — / Ƨ 2 / — — — — —
       × O / O O O O    O O O O / O ∞ × O / O O O O    05 ←
→ 04   2 — — / — — —    — — — / — — Ƨ 2 — — / — — —
       × O O O / O O    O O / O O O ∞ × O O O / O O    03 ←
→ 02   2 — — — — / —    — / — — — — Ƨ 2 — — — — / —
       × O O O O O |    | O O O O O ∞ × O O O O O |    01 ←
```

Fischschuppentour

Juliane Pauker

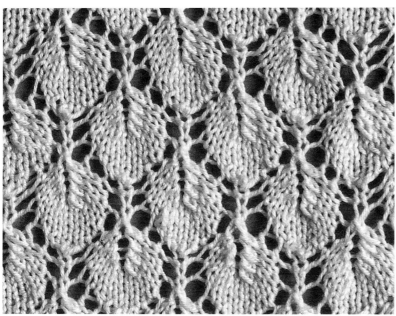

In Runden:
Maschenanschlag durch 11 teilbar.
Muster ab 2. Runde wiederholen.

```
∞ ○ ○ ○ /  ℅   / ○ ○ ○ × ⊕      17 ←
○ ○ ○ ○ ○ ○ ○ ○ ○ ○ ○            16 ←
○ ○ ○ / ○ / ○ ○ ○ ○ ○            15 ←
○ ○ ○ ○ ○ ○ ○ ○ ○ ○ ○            14 ←
○ ○ / ∞ / ○ ○ ○ ○                13 ←
      ○ ○ × ∞ ○ ○ ○ ○            12 ←
○ / ○ × ∞ ○ / ○ ○ ○              11 ←
○ ○ ○ × ∞ ○ ○ ○                  10 ←
/ ○ ○ ○ × ∞ ○ ○ ○ /   ℅          09 ←
○ ○ ○ ○ ○ ○ ○ ○ ○ ○ ○            08 ←
/ ○ ○ ○ ○ ○ ○ ○ ○ / ○            07 ←
○ ○ ○ ○ ○ ○ ○ ○ ○ ○ ○     ⊖      06 ←
∞ / ○ ○ ○ ○ ○ ○ /         ⊕      05 ←
  ∞ ○ ○ ○ ○ ○ ○ ×                04 ←
∞ ○ / ○ ○ ○ ○ / ○ ×              03 ←
∞ ○ ○ ○ ○ ○ ○ ○ ○ ×              02 ←
∞ ○ ○ ○ /   ℅ / ○ ○ ○ ×          01 ←
```

⊕ 1. Masche der 5. Runde (auch
  bei 17. Runde) rechts an die
  letzte Nadel der vorhergehenden
  Runde stricken.

⊖ Letzte Masche der 5. Runde auf
  die 1. Nadel der 6. Runde heben

Hin- und Rückreihen:
Maschenanschlag durch 11 teilbar + 2 + 2 Randmaschen.

```
→ 16   −  | − − − − − − − − − − | −
       ○ ○ | ○ ○ ○ / ○ / ○ ○ ○ ○ ○ |        15 ←
→ 14   − − | − − − − − − − − −
       ○ ○ | ○ ○ / ∞ / ○ ○ ○ ○ |            13 ←
→ 12   − − | − − 2 ƨ − − − − −
       ○ ○ | ○ / ○ × ∞ ○ / ○ ○ ○ |          11 ←
→ 10   − − | − − − 2 ƨ − − − − −
          ℅ | / ○ ○ ○ × ∞ ○ ○ ○ / | ○ ○     09 ←
→ 08   −  | − − − − − − − − − − | −
       ○ | / ○ ○ ○ ○ ○ ○ ○ ○ / ○ | ○        07 ←
→ 06      | − − − − − − − − − − | − −
       ∞ / ○ ○ ○ ○ ○ / | ○ ○                05 ←
→ 04   −  | ƨ − − − − − 2 | −
       ○ | ∞ ○ / ○ ○ ○ ○ / ○ × | ○          03 ←
→ 02   −  | ƨ − − − − − − − 2 | −
       ○ | ∞ ○ ○ ○ / ℅ / ○ ○ ○ × | ○        01 ←
```

114

℅ Aus 1 Masche 2 Maschen (1 rechts,
  1 verschränkt) stricken.

Tulpen

aus Konnersreuth

In Runden:
Maschenanschlag durch 16 teilbar.
Zwischenrunden

```
          OOOO / O / OOOO — — U — —        19 ←
           OOO / O / OOO — — O U O — —      17 ←
            OO / O / OO — — OO U OO — —      15 ←
             O / O / O — — OO × O V OO — —   13 ←
              / O / — — OO × OOO V OO — —    11 ←
             U — — OOOO / O / OOOO — —       09 ←
           O U O — — OOO / O / OOO — —       07 ←
          OO U OO — — OO / O / OO — —        05 ←
        OO × O V OO — — O / O / O — —        03 ←
      OO × OOO V OO — — / O / — —            01 ←
```

Hin- und Rückreihen:
Maschenanschlag durch
16 teilbar + 17 +
2 Randmaschen.
Zwischenreihen

```
O / OOOO — — U   | — — OOOO / O / OOOO — — U          | — — OOOO / O     19 ←
O / OOO — — O U  | O — — OOO / O / OOO — — O U         | O — — OOO / O    17 ←
O / OO — — OO U  | OO — — OO / O / OO — — OO U          | OO — — OO / O    15 ←
O / O — — OO × O | OO — — O / O / O — — OO × O          | V OO — — O / O   13 ←
O / — — OO × OO  | O V OO — — / O / — — OO × OO         | O V OO — — / O   11 ←
V — — OOOO / O   | / OOOO — — U — — OOOO / O            | / OOOO — — ×     09 ←
V O — — OOO / O  | / OOO — — O U O — — OOO / O          | / OOO — — O ×    07 ←
V OO — — OO / O  | / OO — — OO U OO — — OO / O           | / OO — — OO ×    05 ←
O V OO — — O / O | / O — — OO × O V OO — — O / O         | / O — — OO × O   03 ←
OO V OO — — / O  | / — — OO × OOO V OO — — / O           | / — — OO × OO    01 ←
                 ↓                                      ↓
```

115

Tulpen mit verschränkten Maschen

Nannette Höflich

In Runden:
Maschenanschlag durch 18 teilbar.

```
                       8 — — 8 8 — — — O 8 O — — — 8 8 — —    24 ←
                       ⅋ — — 8 8 — — — / 8 / — — — 8 8 — —    23 ←
                     8 8 8 — — 8 8 — — O 8 O — — 8 8 — —      22 ←
                     8 ⅋ 8 — — 8 8 — — / 8 / — — 8 8 — —      21 ←
                   8 8 — 8 8 — — 8 8 — O 8 O — 8 8 — —        20 ←
                   8 8 3 8 8 — — 8 8 — / 8 / — 8 8 — —        19 ←
                 8 8 — — 8 8 — — 8 8 O 8 O 8 8 — —            18 ←
                 8 8 — 3 — 8 8 — — 8 8 / 8 / 8 8 — —          17 ←
               8 8 — — — — 8 8 — — 8 O 8 O 8 — —              16 ←
               8 8 — — 3 — — 8 8 — — 8 / 8 / 8 — —            15 ←
             8 8 — — — — — 8 8 — — O 8 O — —                  14 ←
             8 8 — — — 3 — — 8 8 — — / 8 / — —                13 ←
           8 8 — — — O 8 O — — — 8 8 — — 8 — —                12 ←
           8 8 — — — / 8 / — — — 8 8 — — ⅋ — —                11 ←
             8 8 — — O 8 O — — 8 8 — — 8 8 8 — —              10 ←
             8 8 — — / 8 / — — 8 8 — — 8 ⅋ 8 — —              09 ←
               8 8 — O 8 O — 8 8 — — 8 8 — 8 8 — —            08 ←
               8 8 — / 8 / — 8 8 — — 8 8 3 8 8 — —            07 ←
                 8 8 O 8 O 8 8 — — 8 8 — — — 8 8 — —          06 ←
                 8 8 / 8 / 8 8 — — 8 8 — 3 — 8 8 — —          05 ←
                   8 O 8 O 8 — — 8 8 — — — — 8 8 — —          04 ←
                   8 / 8 / 8 — — 8 8 — — 3 — — 8 8 — —        03 ←
                     O 8 O — — 8 8 — — — — — — 8 8 — —        02 ←
                     / 8 / — — 8 8 — — — 3 — — — 8 8 — —      01 ←
```

Strickt sich stark ein.

Hin- und Rückreihen
Maschenanschlag
durch 18 teilbar +
12 + 2 Randmaschen

```
→ 24  O ~ — O O O ~ ~ O O │ ~ O O ~ ~ O O O — ~ — O O O ~ ~ O O │ ~ O
      — 8 / — — 8 8 — —   │ ⅋ — — 8 8 — — — / 8 / — — 8 8 — —      │ ∞ —   23 ←
→ 22  O ~ — O O ~ ~ O O ~ │ ~ ~ O O ~ ~ O O — — — O O ~ ~ O O ~   │ ~ O
      — 8 / — — 8 8 — — 8 │ ⅋ 8 — — 8 8 — — / 8 / — — 8 8 — — 8    │ ∞ —   21 ←
→ 20  O ~ — O ~ ~ O O ~ ~ │ O ~ ~ O O ~ ~ O — — — O ~ ~ O O ~ ~   │ O O
      — 8 / — 8 8 — — 8 8 │ 3 8 8 — — 8 8 — / 8 / — 8 8 — — 8 8    │ 2 —   19 ←
→ 18  O ~ — ~ ~ O O ~ ~ O │ O O ~ ~ O O ~ ~ — — ~ ~ O O ~ ~ O     │ O O
      — 8 / 8 8 — — 8 8 — │ 3 — 8 8 — — 8 8 / 8 / 8 8 — — 8 8 —    │ 2 —   17 ←
→ 16  O ~ — ~ O O ~ ~ O O │ O O O ~ ~ O O ~ — — ~ — ~ O O ~ ~ O O │ O O
      — 8 / 8 — — 8 8 — — │ 3 — — 8 8 — — 8 / 8 / 8 — — 8 8 — —    │ 2 —   15 ←
→ 14  O ~ — O O ~ ~ O O O │ O O O O ~ ~ O O — — — O O ~ ~ O O O    │ O O
      — 8 / — — 8 8 — — — │ 3 — — — 8 8 — — / 8 / — — 8 8 — —      │ 2 —   13 ←
→ 12  O ~ O O ~ ~ O O O — │ ~ — O O O ~ ~ O O ~ O O ~ ~ O O O —    │ ~ O
      — ∞ — — 8 8 — — — / │ 8 / — — — 8 8 — ⅋ — — 8 8 — — — /      │ 8 —   11 ←
→ 10  O ~ ~ O O ~ ~ O O — │ ~ — O O ~ ~ O O ~ ~ ~ O O ~ ~ O O —    │ ~ O
      — ∞ 8 — — 8 8 — — / │ 8 / — — 8 8 — 8 ⅋ 8 — — 8 8 — — /      │ 8 —   09 ←
→ 08  O O ~ ~ O O ~ ~ O — │ ~ — O ~ ~ O O ~ ~ O ~ ~ O O ~ ~ O —    │ ~ O
      — 2 8 8 — — 8 8 — / │ 8 / — 8 8 — — 8 8 3 8 8 — — 8 8 — /    │ 8 —   07 ←
→ 06  O O O ~ ~ O O ~ ~ — │ ~ — ~ ~ O O ~ ~ O O O ~ ~ O O ~ ~ —    │ ~ O
      — 2 — 8 8 — — 8 8 / │ 8 / 8 8 — — 8 8 — 3 — 8 8 — — 8 8 /    │ 8 —   05 ←
→ 04  O O O O ~ ~ O O ~ ~ │ ~ — ~ O O ~ ~ O O O O O ~ ~ O O ~ ~    │ ~ O
      — 2 — — 8 8 — — 8 / │ 8 / 8 — — 8 8 — — 3 — — 8 8 — — 8 /    │ 8 —   03 ←
→ 02  O O O O O ~ ~ O O — │ ~ — O O ~ ~ O O O O O O O ~ ~ O O —    │ ~ O
      — 2 — — — 8 8 — — / │ 8 / — — 8 8 — — — 3 — — — 8 8 — — /    │ 8 —   01 ←
```

Flämmchen

aus Pölling

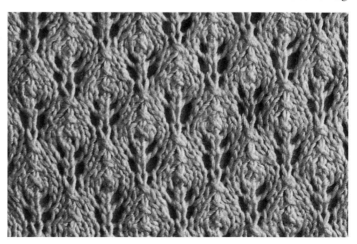

In Runden
Maschenanschlag durch 8 teilbar + 9 Maschen.
Zwischenrunden

```
O / O O U O │ O / O / O O U O │ O / O   11 ←
O / O O U O │ O / O / O O U O │ O / O   09 ←
O / O O U O │ O / O / O O U O │ O / O   07 ←
V O O / O / │ O O U O O / O / │ O O ×   05 ←
V O O / O / │ O O U O O / O / │ O O ×   03 ←
V O O / O / │ O O U O O / O / │ O O ×   01 ←
```

Hin- und Rückreihen:
Maschenanschlag durch 8 teilbar + 9 + 2
Randmaschen.
Zwischenreihen

Floras Gaben

Nannette Höflich

Erscheinungsbild in Runden

Erscheinungsbild in Hin- und Rückreihen

In Runden(schräg):
Maschenanschlag durch 22 teilbar.

```
− ○ ○ / × − 8 8 8 − − 8 8 − − ○ 8 ○ − − 8 8      10 ←
− V / ○ ○ − 8 3 8 − − 8 8 − − / 8 / − − 8 8      09 ←
− ○ ○ / × − 8 8 − 8 8 − − 8 8 − ○ 8 ○ − 8 8      08 ←
− V / ○ ○ − 8 8 3 8 8 − − 8 8 − − / 8 / − 8 8      07 ←
− ○ ○ / × − 8 8 − − − 8 8 − − 8 8 ○ 8 ○ 8 8      06 ←
− V / ○ ○ − 8 8 − 3 − 8 8 − − 8 8 / 8 / 8 8      05 ←
− ○ ○ / × − 8 8 − − − − − 8 8 − − 8 ○ 8 ○ 8      04 ←
− V / ○ ○ − 8 8 − − 3 − − 8 8 − − 8 / 8 / 8      03 ←
− ○ ○ / × − 8 8 − − − − − − − 8 8 − − ○ 8 ○      02 ←
− V / ○ ○ − 8 8 − − − 3 − − − 8 8 − − / 8 /      01 ←
```

Hin- und Rückreihen (gerade):
Maschenanschlag durch 40 teilbar + 1 + 2 Randmaschen.

```
→ 10 │ ○ − − / 2 ○ ~ ~ ○ ○ − ~ − ○ ○ ~ ~ ○ ○ ~ ~ ~ ○ ○ ~ ~ ~ ○ ○ ~ ~ ○ ○ − − ~ ○ ○ ~ ~ │ ○
       │ − V / ○ ○ − 8 8 − − / 8 / − − 8 8 − − 8 3 8 − − 8 3 8 − − 8 8 − − / 8 / − − 8 8 │ −     09 ←
→ C8 │ ○ − − / 2 ○ ~ ~ ○ − ~ − ○ ~ ~ ○ ○ ~ ~ ○ ~ ~ ○ ○ ~ ~ ○ ~ ~ ○ ○ ~ ~ ○ − ~ − ○ ~ ~ │ ○
       │ − V / ○ ○ − 8 8 − / 8 / − 8 8 − − 8 8 3 8 8 − − 8 8 3 8 8 − − 8 8 − / 8 / − 8 8 │ −     07 ←
→ C6 │ ○ − − / 2 ○ ~ ~ − ~ − − ~ ~ ○ ○ ~ ~ ○ ○ ○ ~ ~ ○ ○ ~ ~ ○ ○ ○ ~ ~ ○ ○ ~ ~ − ~ − ~ ~ │ ○
       │ − V / ○ ○ − 8 8 / 8 / 8 8 − − 8 8 − 3 − 8 8 − − 8 8 − 3 − 8 8 − − 8 8 / 8 / 8 8 │ −     05 ←
→ 04 │ ○ − − / 2 ○ ~ − ~ − − ~ ○ ○ ~ ~ ○ ○ ○ ○ ○ ~ ~ ○ ○ ~ ~ ○ ○ ○ ○ ○ ~ ~ ○ ○ − ~ − ~ ~ │ ○
       │ − V / ○ ○ − 8 / 8 / 8 − − 8 8 − − 3 − − 8 8 − − 8 8 − − 3 − − 8 8 − − 8 / 8 / 8 │ −     03 ←
→ 02 │ ○ − − / 2 ○ − ~ − ○ ○ ~ ~ ○ ○ ○ ○ ○ ○ ○ ~ ~ ○ ○ ~ ~ ○ ○ ○ ○ ○ ○ ○ ~ ~ ○ ○ − ~ − │ ○
       │ − V / ○ ○ − / 8 / − − 8 8 − − − 3 − − − 8 8 − − 8 8 − − − 3 − − − 8 8 − − / 8 / │ −     01 ←
```

119

Blütenzweig

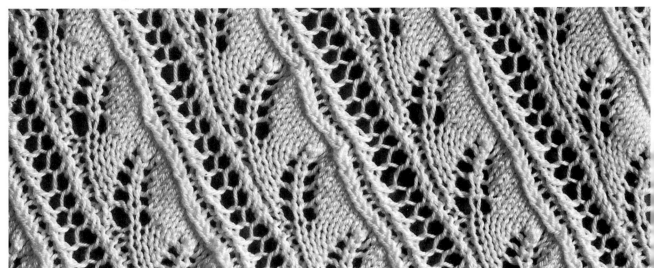

Erscheinungsbild in Runden

Blütenzweig gerade

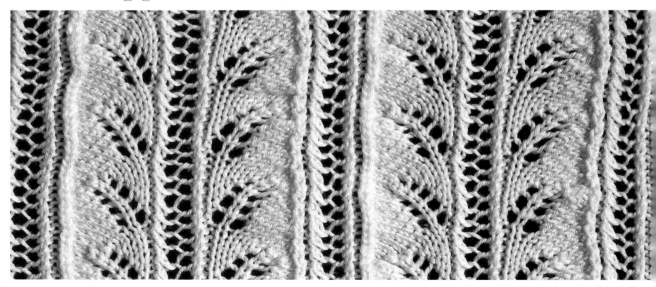

Erscheinungsbild in Hin- und Rückreihen

In Runden (schräg):
Maschenanschlag durch 17 teilbar.

```
 OOOOOOOOOO∞−OO/×−      10 ←
OOOO/O/OOOO∞−∞/OO−      09 ←
 OOOOOOOOOO∞−OO/×−      08 ←
OOO/O/OOOOO∞−∞/OO−      07 ←
 OOOOOOOOOO∞−OO/×−      06 ←
OO/O/OOOOOO∞−∞/OO−      05 ←
 OOOOOOOOOO∞−OO/×−      04 ←
O/O/OOOOOOO∞−∞/OO−      03 ←
 OOOOOOOOOO∞−OO/×−      02 ←
/O/OOOOOOOO∞−∞/OO−      01 ←
```

Hin- und Rückreihen (gerade):
Maschenanschlag durch 34 teilbar + 6 + 2 Randmaschen.

```
10  O−−/2O │ ℰ−−−−−−−−−−O−−/2O−−−−−−−−−−ℰ  O−−/2O
    −∞/OO− │ ℰOOOO/O/OOOO−∞/OO−OOOO/O/OOOO∞−∞/OO−      09 ←
08  O−−/2O │ ℰ−−−−−−−−−O−−/2O−−−−−−−−−ℰ  O−−/2O
    −∞/OO− │ ℰOOOOO/O/OOO−∞/OO−OOO/O/OOOOO∞−∞/OO−      07 ←
06  O−−/2O │ ℰ−−−−−−−−O−−/2O−−−−−−−−ℰ  O−−/2O
    −∞/OO− │ ℰOOOOOO/O/OO−∞/OO−OO/O/OOOOOO∞−∞/OO−      05 ←
04  O−−/2O │ ℰ−−−−−−−O−−/2O−−−−−−−ℰ  O−−/2O
    −∞/OO− │ ℰOOOOOOO/O/O−∞/OO−O/O/OOOOOOO∞−∞/OO−      03 ←
02  O−−/2O │ ℰ−−−−−−O−−/2O−−−−−−ℰ  O−−/2O
    −∞/OO− │ ℰOOOOOOOO/O/−∞/OO−/O/OOOOOOOO∞−∞/OO−      01 ←
```

ℰ'   2 Maschen rechts abheben, beide Maschen an linke Nadel heben, rechts zusammenstricken.

ℰ   2 Maschen rechts abheben, beide Maschen an linke Nadel heben und links zusammenstricken.

121

Blumenstrauß Höflich

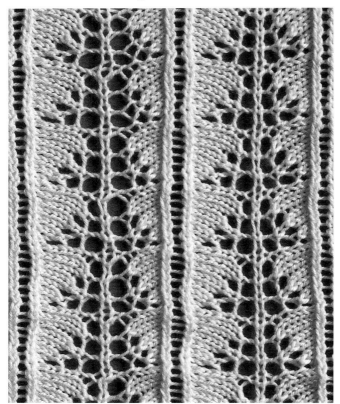

In Runden:
Maschenanschlag durch 17 teilbar.

```
○○○○○○○∞×○○○○○○○          07 ←
○○○○○○○○∞×○○○○○○○○        06 ←
/○/○/○/○○∞×○○/○/○/○/○      05 ←
○○○○○○○∞×○○○○○○○          04 ←
/○/○○○○∞×○○○○/○/○          03 ←
○○○○○○○∞×○○○○○○○          02 ←
/○○○○○○∞×○○○○○○/○          01 ←
```

Hin- und Rückreihen:
Maschenanschlag durch 17 teilbar +
2 Randmaschen.

```
→ 14   2 − − − − − − − − − − − − − − − − −  2
       × ○  ○○○○○○○○○○○○○○○○○  ○∞    13 ←
→ 12   2 − − / − / − / − / − / − / − / − − 2
       × ○○○          ○○○○○○○          ○○○∞    11 ←
→ 10   2 − − − −      / − / − / − /      − − − − 2
       × ○○○○○        ○○○        ○○○○○∞    09 ←
→ 08   2 − − − −       / − /      − − − − − 2
       ×        ○○○○○○○○○○○○○○○○○        ∞    07 ←
→ 06   2 − − − − − − − − − − − − − − − − − 2
       × ○○/○/○/○/○/○/○/○○∞    05 ←
→ 04   2 − − −          ○○/○/○/          − − − 2
       × ○○○○         /○/○/○/         ○○○○∞    03 ←
→ 02   2 − − − − −        − − −        − − − − − 2
       × ○○○○○○        /○/        ○○○○○○∞    01 ←
```

Bäumchen und Schuppen

Bäumel und Schleier

aus Konnersreuth

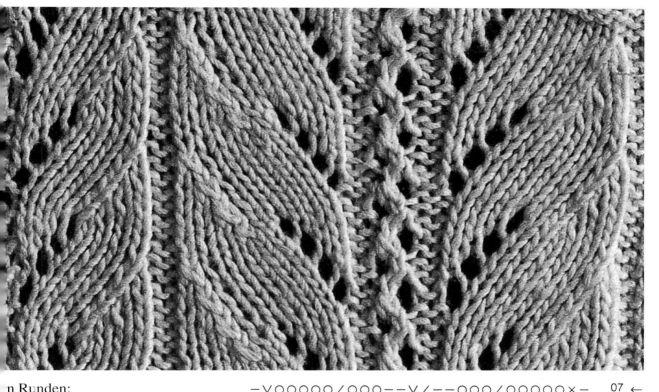

n Runden:
Maschenanschlag durch
28 teilbar.
Zwischenrunden

```
−∨○○○○○/○○○−−∨/−−○○○/○○○○○×−   07 ←
−○∨○○○○○/○○−−/×−−○○/○○○○○×○−   05 ←
−○○∨○○○○○/○−−∨/−−○/○○○○○×○○−   03 ←
−○○○∨○○○○○/−−/×−−/○○○○○×○○○−   01 ←
```

Hin- und Rückreihen:
Maschenanschlag
durch 28 teilbar + 2 +
2 Randmaschen.

```
→ 08  ○ │ ○−−−−−−−−−−○○−−○○−−−−−−−−−−○ │ ○
      −   │ −∨○○○○○/○○○−−∨/−−○○○/○○○○○×−   │ −    07 ←
→ 06  ○ │ ○−−−−−−−−−−○○−−○○−−−−−−−−−−○ │ ○
      −   │ −○∨○○○○○/○○−−/×−−○○/○○○○○×○−   │ −    05 ←
→ 04  ○ │ ○−−−−−−−−−−○○−−○○−−−−−−−−−−○ │ ○
      −   │ −○○∨○○○○○/○−−∨/−−○/○○○○○×○○−   │ −    03 ←
→ 02  ○ │ ○−−−−−−−−−−○○−−○○−−−−−−−−−−○ │ ○
      −   │ −○○○∨○○○○○/−−/×−−/○○○○○×○○○−   │ −    01 ←
```

Bäumel

aus Konnersreuth

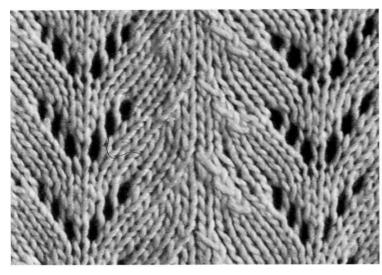

In Runden
Maschenanschlag durch 17 teilbar.
Zwischenrunden

```
V O O O O / O O O O O / O O O O ×      05 ←
O V O O O O / O O O / O O O O × O      03 ←
O O V O O O O / O / O O O O × O O      01 ←
```

Hin- und Rückreihen:
Maschenanschlag durch 17 teilbar +
2 Randmaschen.
Zwischenreihen

Bäumel mit linken Streifen

aus Pölling

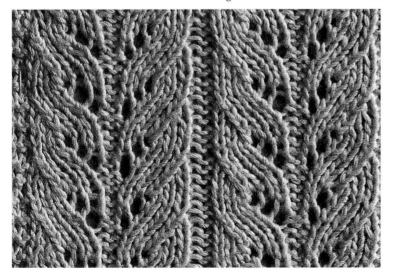

In Runden:
Maschenanschlag durch 16 teilbar.
Zwischenrunden

```
− − │ V O O / O O − − O O / O O × − − │  05
− − │ O V O O / O − − O / O O × O − − │  03
− − │ O O V O O / − − / O O × O O − − │  01
```

Hin- und Rückreihen:
Maschenanschlag durch 16 teilbar + 2 +
2 Randmaschen.
Zwischenreihen

124

Bäumel mit linken Maschen

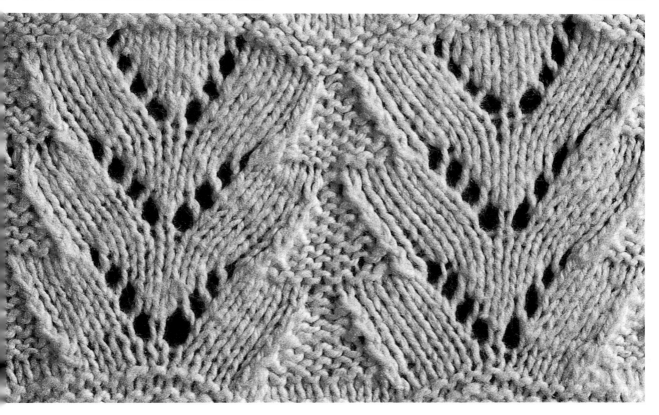

In Runden:
Maschenanschlag durch 20 teilbar.
Zwischenrunden

○○○/○○○○×−∨○○○○/○○○○   07 ←
○○/○○○○×−−−∨○○○○/○○○   05 ←
○/○○○○×−−−−−∨○○○○/○○   03 ←
/○○○○×−−−−−−−∨○○○○/○   01 ←

Hin- und Rückreihen
Maschenanschlag durch 20 teilbar + 1 +
2 Randmaschen.

→ 08	−	−−−−−−−−−○−−−−−−−−−	
	○	○○○/○○○○×−∨○○○○/○○○○	07 ←
→ 06	−	−−−−−−−○○○−−−−−−−−−	
	○	○○/○○○○×−−−∨○○○○/○○○	05 ←
→ 04	−	−−−−−−○○○○○−−−−−−−−	
	○	○/○○○○×−−−−−∨○○○○/○○	03 ←
→ 02	−	−−−−−○○○○○○○−−−−−−−	
	○	/○○○○×−−−−−−−∨○○○○/○	01 ←

Umgekehrte Laubtour

Juliane Pauker

In Runden:
Maschenanschlag durch 24 teilbar.

∨	○	○	○	○	/	○	○	○	–	–	○	○	○	/	○	○	○	○	×	○	○	/	×		04 ←
○	∨	○	○	○	○	/	○	○	–	–	○	○	/	○	○	○	○	×	○	×	/	○	○		03 ←
○	○	∨	○	○	○	○	/	○	–	–	○	/	○	○	○	○	×	○	○	○	○	/	×		02 ←
○	○	○	∨	○	○	○	○	/	–	–	/	○	○	○	○	×	○	○	○	×	/	○	○		01 ←

Hin- und Rückreihen:
Maschenanschlag durch 24
teilbar + 1 + 2 Randmaschen.

→ 04

→ 02

∀	–	–	–	–	/	–	–	–	○	○	–	–	–	/	–	–	–	–	2	–	–	/	2		–
○	∨	○	○	○	○	/	○	○	–	–	○	○	/	○	○	○	○	×	○	×	/	○	○	○	03
–	–	∀	–	–	–	–	/	–	○	○	–	/	–	–	–	–	2	–	–	–	–	/	2		–
○	○	○	∨	○	○	○	○	/	–	–	/	○	○	○	○	×	○	○	○	×	/	○	○	○	01

Palmbaum

Nannette Höflich

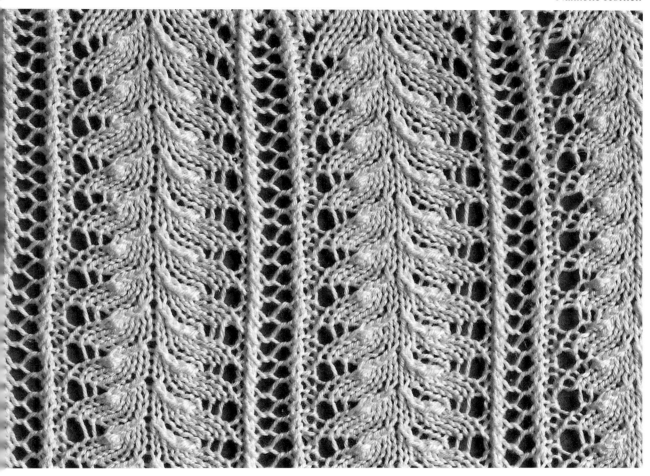

n Runden:
Maschenanschlag durch 22 teilbar.

Hin- und Rückreihen:
Maschenanschlag durch 22 teilbar
- 1 + 2 Randmaschen.

OOO / OOO × ∞ OOO / OOO − OO / × −	04 ←
OO / OOO × OO ∞ OOO / OO − V / OO −	03 ←
O / OOO × OOOO ∞ OOO / O − OO / × −	02 ←
/ OOO × OOOOOO ∞ OOO / − V / OO −	01 ←

→ 04	O ⎮ − − − / − − − 2 S − − − / − − − O − − / 2 O	
	− ⎮ OO / OOO × OO ∞ OOO / OO − V / OO −	03 ←
→ 02	O − / − − − 2 − − − − S − − − / − O − − / 2 O	
	− / OOO × OOOOOO ∞ OOO / − V / OO −	01 ←

127

Achazientour

Juliane Pauker

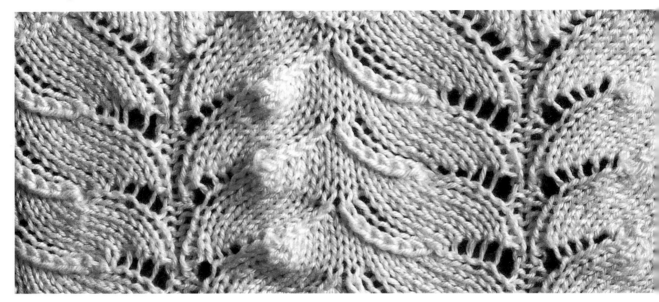

In Runden:
Maschenanschlag
durch 30 teilbar.

```
○○○○○○/○○○○○○×∞○○○○○○/○○○○○○——    07 ←
○○○○○/○○○○○○×○○∞○○○○○○/○○○○○——     06 ←
○○○○/○○○○○○×○○○○∞○○○○○○/○○○○——      05 ←
○○○/○○○○○○×○○○○○○∞○○○○○○/○○○——       04 ←
○○/○○○○○○×○○○○○○○○∞○○○○○○/○○——        03 ←
○/○○○○○○×○○○○○○○○○○∞○○○○○○/○——         02 ←
/○○○○○○×○○○○○○○○○○○○∞○○○○○○/——          01 ←
```

Hin- und Rückreihen:
Maschenanschlag
durch 30 teilbar +
2 Randmaschen.

```
→ 14  ——————/—————— 2 Ƨ ——————/——————○○
      ○○○○○/○○○○○○×○○∞○○○○○○/○○○○○——        13 ←
→ 12  ————/—————— 2 ———— Ƨ —————/————○○
      ○○○/○○○○○○×○○○○○○∞○○○○○○/○○○——          11 ←
→ 10  ——/—————— 2 ———————— Ƨ ——————/——○○
      ○/○○○○○○×○○○○○○○○○○∞○○○○○○/○——            09 ←
→ 08  /—————— 2 ———————————— Ƨ ——————/○○
      ○○○○○○/○○○○○○×∞○○○○○○/○○○○○○——             07 ←
→ 06  —————/—————— 2——Ƨ —————/—————○○
      ○○○○/○○○○○○×○○○○∞○○○○○○/○○○○——            05 ←
→ 04  ———/—————— 2 ———— Ƨ ——————/———○○
      ○○/○○○○○○×○○○○○○○○∞○○○○○○/○○——             03 ←
→ 02  —/—————— 2 ———————— Ƨ ——————/—○○
      /○○○○○○×○○○○○○○○○○○○∞○○○○○○/——              01 ←
```

128

Korinthische Säule

Nannette Höflich

In Runden: Maschenanschlag durch 20 teilbar.

```
−○○/×−∨○○○/○○○○○○○○      10 ←
−∨/○○−○∨○○○/○○○○○○○       09 ←
−○○/×−○○∨○○○/○○○○○○       08 ←
−∨/○○−○○○∨○○○/○○○○○○      07 ←
−○○/×−○○○○∨○○○/○○○○○      06 ←
−∨/○○−○○○○○∨○○○/○○○○      05 ←
−○○/×−○○○○○○∨○○○/○○○      04 ←
−∨/○○−○○○○○○○∨○○○/○○      03 ←
−○○/×−○○○○○○○○∨○○○/○      02 ←
−∨/○○−○○○○○○○○○∨○○○/       01 ←
```

Hin- und Rückreihen:
Maschenanschlag durch
20 teilbar + 6 + 2 Randmaschen.

```
→ 10 │○−−/2○∀−−−/−−−−−−−−−−│○−−/2○
      −∨/○○−○∨○○○/○○○○○○○○  −∨/○○−   09 ←
→ 08 │○−−/2○−−∀−−−/−−−−−−−│○−−/2○
      −∨/○○−○○○∨○○○/○○○○○○  −∨/○○−   07 ←
→ 06 │○−−/2○−−−−∀−−−/−−−−−│○−−/2○
      −∨/○○−○○○○○∨○○○/○○○○  −∨/○○−   05 ←
→ 04 │○−−/2○−−−−−−∀−−−/−−−│○−−/2○
      −∨/○○−○○○○○○○∨○○○/○○  −∨/○○−   03 ←
→ 02 │○−−/2○−−−−−−−−∀−−−/−│○−−/2○
      −∨/○○−○○○○○○○○○∨○○○/  −∨/○○−   01 ←
      ↓                    ↓
```

129

Baum mit Lochstreifen

aus Pölling

In Runden:
Maschenanschlag durch 24 teilbar.

```
− O − 8 8 − − 8 8 − − 8 8 − − 8 8 − O − O O O O   08 ←
− × − 8 8 − − 8 / − − / 8 − − 8 8 − V − O O O O   07 ←
− O − − 8 8 − − 8 − 8 − − 8 8 − − O − O − O O     06 ←
− × − − 8 8 − − / − − / − − 8 8 − − V − V / / ×   05 ←
− O 8 − − 8 8 − − − − − − 8 8 − − 8 O − O O O O   04 ←
− × 8 − − 8 8 − / − − / 8 − − 8 8 − − 8 V − O O O O 03 ←
− O 8 8 − − 8 8 − − − − 8 8 − − 8 8 O − O − O O   02 ←
− × 8 8 − − 8 8 / − − / 8 8 − − 8 8 V − V / / ×   01 ←
```

Hin- und Rückreihen:
Maschenanschlag
durch 24 teilbar + 4 +
2 Randmaschen.

```
→ 08   − − − − │ O − O ~ ~ O O ~ ~ O O ~ ~ O O ~ ~ O − O − − − − │
       O O O O │ − × − 8 8 − − 8 / − − / 8 − − 8 8 − V − O O O O │ 07 ←
→ 06   − O − − │ O − O O ~ ~ O O ~ O O ~ O O ~ ~ O O − O − O − − │
       V / / × │ − × − − 8 8 − − / − − / − − 8 8 − − V − V / / × │ 05 ←
→ 04   − − − − │ O − ~ O O ~ ~ O O O O O O ~ ~ O O ~ − O − − − − │
       O O O O │ − × 8 − − 8 8 − / − − / 8 − − 8 8 − − 8 V − O O O O │ 03 ←
→ 02   − O − − │ O − ~ ~ O O ~ ~ O O O O ~ ~ O O ~ ~ − O − O − − │
       V / / × │ − × 8 8 − − 8 8 / − − / 8 8 − − 8 8 V − V / / × │ 01 ←
```

Baum
aus Luditz

In Runden:
Maschenanschlag durch 12 teilbar.
Zwischenrunden

```
O │ ╱ – 8 – 8 3 8 – 8 – ╱ O │ 03 ←
O │ ╱ 8 – 8 – D – 8 – 8 ╱ O │ 01 ←
```

Hin- und Rückreihen:
Maschenanschlag durch 12 teilbar + 1 +
2 Randmaschen.
Die verschränkten Maschen in den Rückreihen
links verschränkt abstricken.

Paulinarand
Anna Knaur

In Runden:
Maschenanschlag durch 13 teilbar.
Zwischenrunden

```
O O O O ╱ U ╱ O O O O – – 09 ←
O O O ╱ O U O ╱ O O O – – 07 ←
O O ╱ O O U O O ╱ O O – – 05 ←
O ╱ O O O U O O O ╱ O – – 03 ←
╱ O O O O U O O O O ╱ – – 01 ←
```

Hin- und Rückreihen:
Maschenanschlag durch 13 teilbar + 2 +
2 Randmaschen.

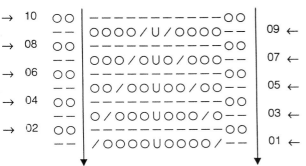

```
→ 10   O O │ – – – – – – – – – – O O │
       – –  │                    │
→ 08   O O │ O O O O ╱ U ╱ O O O O – – │ 09 ←
       – –  │ – – – – – – – – – – O O │
→ 06   O O │ O O O ╱ O U O ╱ O O O – – │ 07 ←
       – –  │ – – – – – – – – – – O O │
→ 04   O O │ O O ╱ O O U O O ╱ O O – – │ 05 ←
       – –  │ – – – – – – – – – – O O │
→ 02   O O │ O ╱ O O O U O O O ╱ O – – │ 03 ←
       – –  │ – – – – – – – – – – O O │
            │ ╱ O O O O U O O O O ╱ – – │ 01 ←
```

Schuppenmodel mit Fischtgrätlein

aus Luditz

In Runden:
Maschenanschlag durch 17 teilbar.
Jede Runde mustern.

O O / × O O O O O O O O O O / ×	08 ←
V / O O O O O / D / O O O V / O O	07 ←
O O / × O O O O O O O O O O / ×	06 ←
V / O O O O / O D O / O O V / O O	05 ←
O O / × O O O O O O O O O O / ×	04 ←
V / O O O / O O D O O / O V / O O	03 ←
O O / × O O O O O O O O O O / ×	02 ←
V / O O / O O O D O O O / V / O O	01 ←

Hin- und Rückreihen:
Maschenanschlag durch 17 teilbar +
2 Randmaschen.
Jede Reihe mustern.

→ 08	– – / 2 – – – – – – – – – – / 2		
	V / O O O O O / D / O O O V / O O	07 ←
→ 06	– – / 2 – – – – – – – – – – / 2		
	V / O O O O / O D O / O O V / O O	05 ←
→ 04	– – / 2 – – – – – – – – – – / 2		
	V / O O O / O O D O O / O V / O O	03 ←
→ 02	– – / 2 – – – – – – – – – – / 2		
	V / O O / O O O D O O O / V / O O	01 ←

Schuppenmodel mit Fenster aus Luditz

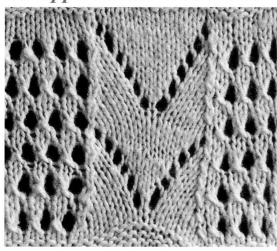

In Runden:
Maschenanschlag durch 25 teilbar.
Zwischenrunden

O O O O O O O O O × / O O O O O O O O O O / V	11 ←
V / V / V / V / V / × O / O O O O O O O O / O V	09 ←
O O O O O O O O O × O O / O O O O O O O / O O V	07 ←
V / V / V / V / V / × O O O / O O O O O / O O O V	05 ←
O O O O O O O O O × O O O O / O O O / O O O O V	03 ←
V / V / V / V / V / × O O O O O / O / O O O O O V	01 ←

Hin- und Rückreihen:
Maschenanschlag durch 25 teilbar + 2 Randmaschen.
Zwischenreihen

Schöner Schuppenmodel

aus Konnersreuth

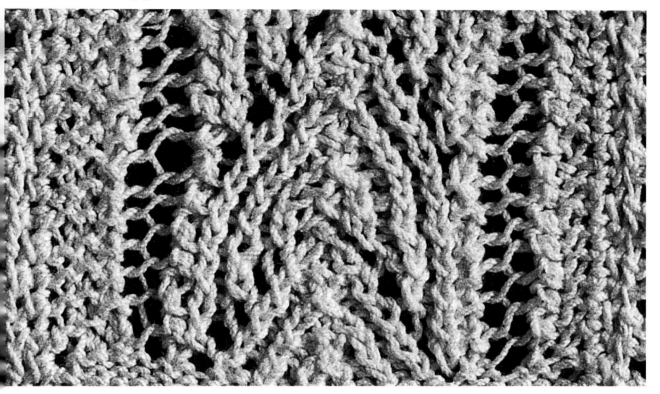

In Runden:
Maschenanschlag durch 17 teilbar.

Hin- und Rückreihen:
Maschenanschlag durch 17 teilbar + 4 +2 Randmaschen

```
8 – 3 – 8 O O O 8 – 8 – 8 2 / O O    12 ←
8 – 3 – 8 / U / 8 – 8 – 8 O O / 2    11 ←
8 – 3 – O 8 O 8 O – 8 – 8 2 / O O    10 ←
8 – 3 – / 8 3 8 / – 8 – 8 O O / 2    09 ←
8 – 3 O 8 – – – 8 O 8 – 8 2 / O O    08 ←
8 – 3 / 8 – U – 8 / 8 – 8 O O / 2    07 ←
8 – O 8 – 8 O 8 – 8 O – 8 2 / O O    06 ←
8 – / 8 – 8 3 8 – 8 / – 8 O O / 2    05 ←
8 O 3 – 8 – – – 8 – 8 O 8 2 / O O    04 ←
8 / 3 – 8 – U – 8 – 8 / 8 O O / 2    03 ←
O 8 – 8 – 8 O 8 – 8 – 8 O 2 / O O    02 ←
/ 8 – 8 – 8 U 8 – 8 – 8 / O O / 2    01 ←
```

```
→ 12   × / – –  | ~ O ~ O ~ – – – – ~ O ~ O ~ × / – –
       O O / 2  | 8 – 8 – 8 / U / 8 – 8 – 8 O O / 2    11 ←
→ 10   × / – –  | ~ O ~ O – ~ – ~ – O ~ O ~ × / – –
       O O / 2  | 8 – 8 – / 8 3 8 / – 8 – 8 O O / 2    09 ←
→ 08   × / – –  | ~ O ~ – ~ O O O ~ – ~ O ~ × / – –
       O O / 2  | 8 – 8 / 8 – U – 8 / 8 – 8 O O / 2    07 ←
→ 06   × / – –  | ~ O – ~ O ~ – ~ O ~ – O ~ × / – –
       O O / 2  | 8 – / 8 – 8 3 8 – 8 / – 8 O O / 2    05 ←
→ 04   × / – –  | ~ – ~ O ~ O O O ~ O ~ – – × / – –
       O O / 2  | 8 / 8 – 8 – U – 8 – 8 / 8 O O / 2    03 ←
→ 02   × / – –  | – ~ O ~ O ~ – ~ O ~ O ~ – × / – –
       O O / 2  | / 8 – 8 – 8 U 8 – 8 – 8 / O O / 2    01 ←
```

Schuppenmodel aus Luditz

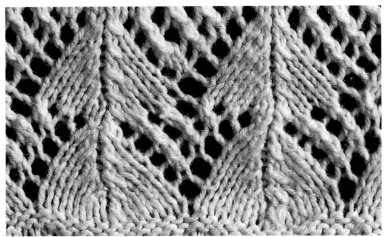

In Runden:
Maschenanschlag durch 11 teilbar.
Zwischenrunden

```
V / V / V / V / O / ×     09 ←
V O / V / V / O / O ×     07 ←
V O O / V / O / O O ×     05 ←
V O O O / O / O O O ×     03 ←
V O O O O / O O O O O     01 ←
```

Hin- und Rückreihen:
Maschenanschlag durch 11 teilbar +
2 Randmaschen.
Zwischenreihen

Bäumchen aus Luditz

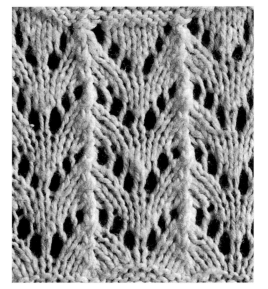

In Runden:
Maschenanschlag durch 12 teilbar.
Zwischenrunden

```
O V / V / O O │ O / V / V O V / V / O O │ O / V / V O     11 ←
V / V / V / O │ / V / V / D / V / V / O │ / V / V / ×     09 ←
V O / V / O O │ O / V / O D O / V / O O │ O / V / O ×     07 ←
V O O / V / O │ / V / O O D O O / V / O │ / V / O O ×     05 ←
V O O O / O O │ O / O O O D O O O / O O │ O / O O O ×     03 ←
V O O O O / O │ / O O O O D O O O O / O │ / O O O O ×     01 ←
```

Hin- und Rückreihen:
Maschenanschlag durch 12 teilbar + 13 + 2 Randmaschen.
Zwischenreihen

134

Retteneggermodel

In Runden:
Maschenanschlag durch 14 teilbar.
Zwischenrunden

```
- × / O O O O O O / V - -      15 ←
- × O / O O O O O / O V - -    13 ←
- × O O / O O O / O O V - -    11 ←
- × O O O / O / O O O V - -    09 ←
O O O / V - - - × / O O O O    07 ←
O O / O V - - - × O / O O O    05 ←
O / O O V - - - × O O / O O    03 ←
/ O O O V - - - × O O O / O    01 ←
```

Hin- und Rückreihen:
Maschenanschlag durch 14 teilbar +
2 Randmaschen.

```
→ 16   O - - - - - - - - - - O O
       - × / O O O O O O / V - -      15 ←
→ 14   O - - - - - - - - - - O O
       - × O / O O O O O / O V - -    13 ←
→ 12   O - - - - - - - - - - O O
       - × O O / O O O / O O V - -    11 ←
→ 10   O - - - - - - - - - - O O
       - × O O O / O / O O O V - -    09 ←
→ 08   - - - - - O O O - - - - - -
       O O O / V - - × / O O O O      07 ←
→ 06   - - - - - O O O - - - - - -
       O O / O V - - - × O / O O O    05 ←
→ 04   - - - - - O O O - - - - - -
       O / O O V - - - × O O / O O    03 ←
→ 02   - - - - - O O O - - - - - -
       / O O O V - - - × O O O / O    01 ←
```

Kerne

Zwetschgenkern

Nannette Höflich

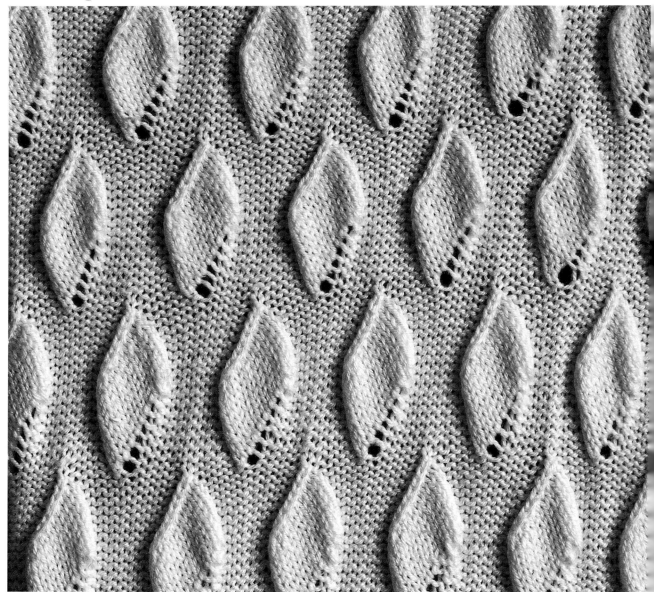

In Runden:
Maschenanschlag durch 10 teilbar.
Muster ab 2. Reihe wiederholen.

Hin- und Rückreihen:
Maschenanschlag durch 10 teilbar + 2 Randmaschen.
Muster ab 2. Reihe wiederholen.

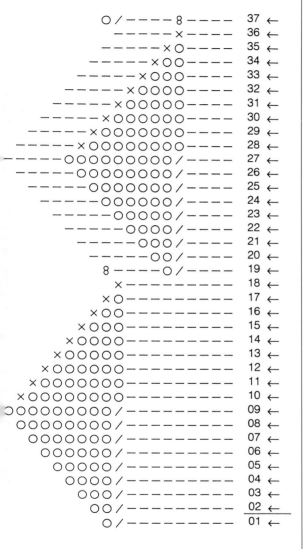

Mittlere Pfeilnummerierung (Hin- und Rückreihen):

```
→ 36        → 18
→ 34        → 16
→ 32        → 14
→ 30        → 12
→ 28        → 10
→ 26        → 08
→ 24        → 06
→ 22        → 04
→ 20        → 02
```

Rechtes Muster:

```
○ / ─ ─ ─ ─ 8 ─ ─ ─              37 ←
○ ○ ○ ○ ○ 2 ○ ○ ○ ○
─ ─ ─ ─ ─ × ○ ─ ─ ─              35 ←
○ ○ ○ ○ ○ 2 ─ ─ ○ ○ ○ ○
─ ─ ─ ─ ─ × ○ ○ ○ ─ ─ ─          33 ←
○ ○ ○ ○ ○ 2 ─ ─ ─ ○ ○ ○ ○
─ ─ ─ ─ ─ × ○ ○ ○ ○ ○ ─ ─ ─      31 ←
○ ○ ○ ○ ○ 2 ─ ─ ─ ─ ─ ○ ○ ○ ○
─ ─ ─ ─ ─ × ○ ○ ○ ○ ○ ○ ○ ─ ─ ─  29 ←
○ ○ ○ ○ ○ 2 ─ ─ ─ ─ ─ ─ ○ ○ ○ ○
─ ─ ─ ─ ─ ○ ○ ○ ○ ○ ○ ○ ○ / ─ ─ ─  27 ←
○ ○ ○ ○ ○ ─ ─ ─ ─ ─ ─ ─ / ○ ○ ○ ○
─ ─ ─ ─ ─ ○ ○ ○ ○ ○ ○ / ─ ─ ─    25 ←
○ ○ ○ ○ ○ ─ ─ ─ ─ ─ / ○ ○ ○ ○
─ ─ ─ ─ ─ ○ ○ ○ ○ ○ / ─ ─ ─      23 ←
○ ○ ○ ○ ○ ─ ─ ─ / ○ ○ ○ ○
─ ─ ─ ─ ─ ○ ○ ○ / ─ ─ ─          21 ←
○ ○ ○ ○ ○ ─ ─ / ○ ○ ○ ○
8 ─ ─ ─ ─ ○ / ─ ─ ─              19 ←
2 ○ ○ ○ ○ ○ ○ ○ ○
× ○ ─ ─ ─ ─ ─ ─ ─                17 ←
2 ─ ─ ○ ○ ○ ○ ○ ○ ○
× ○ ○ ○ ─ ─ ─ ─ ─ ─              15 ←
2 ─ ─ ─ ─ ○ ○ ○ ○ ○ ○
× ○ ○ ○ ○ ○ ─ ─ ─ ─ ─ ─          13 ←
2 ─ ─ ─ ─ ─ ─ ○ ○ ○ ○ ○
× ○ ○ ○ ○ ○ ○ ○ ─ ─ ─ ─ ─ ─      11 ←
2 ─ ─ ─ ─ ─ ─ ─ ○ ○ ○ ○ ○ ○ ○ ○
○ ○ ○ ○ ○ ○ ○ ○ / ─ ─ ─ ─ ─       09 ←
─ ─ ─ ─ ─ ─ ─ / ○ ○ ○ ○ ○ ○ ○ ○
○ ○ ○ ○ ○ ○ ○ / ─ ─ ─ ─ ─         07 ←
─ ─ ─ ─ ─ ─ / ○ ○ ○ ○ ○ ○ ○ ○
○ ○ ○ ○ ○ / ─ ─ ─ ─ ─             05 ←
─ ─ ─ ─ / ○ ○ ○ ○ ○ ○ ○ ○
○ ○ ○ / ─ ─ ─ ─ ─                 03 ←
─ ─ / ○ ○ ○ ○ ○ ○ ○ ○
○ / ─ ─ ─ ─ ─ ─                   01 ←
```

Zwetschgenkern

Nannette Höflich

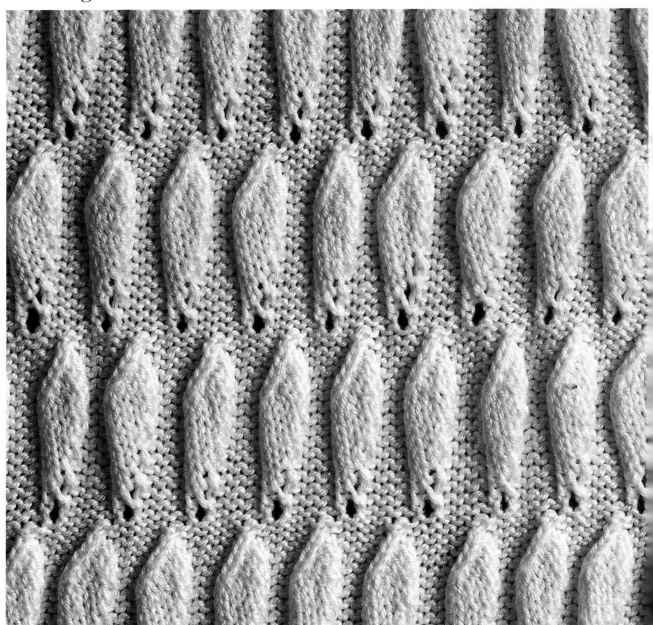

In Runden:
Maschenanschlag durch 5 teilbar.

```
        — — 2 — —      34 ←
        — — × — — —    33 ←
        — — × ○ — — —  32 ←
      — — × ○ ○ — — —  31 ←
    — — × ○ ○ ○ — — —  30 ←
  — — × ○ ○ ○ ○ — — —  29 ←
— — ○ ○ ○ ○ ○ / — — —  28 ←
— — ○ ○ ○ ○ ○ — — —    27 ←
— — ○ ○ ○ ○ / — — —    26 ←
— — ○ ○ ○ ○ — — —      25 ←
— — ○ ○ ○ / — — —      24 ←
— — ○ ○ ○ — — —        23 ←
— — ○ ○ / — — —        22 ←
— — ○ ○ — — —          21 ←
— — ○ / — — —          20 ←
— — ○ — — —            19 ←
— — / — — —            18 ←
      2 — — — —        17 ←
      × — — — — —      16 ←
    × ○ — — — — —      15 ←
  × ○ ○ — — — — —      14 ←
× ○ ○ ○ — — — — —      13 ←
× ○ ○ ○ ○ — — — — —    12 ←
○ ○ ○ ○ ○ / — — — — —  11 ←
○ ○ ○ ○ ○ — — — — —    10 ←
○ ○ ○ ○ / — — — — —    09 ←
○ ○ ○ ○ — — — — —      08 ←
○ ○ ○ / — — — — —      07 ←
○ ○ ○ — — — — —        06 ←
○ ○ / — — — — —        05 ←
○ ○ — — — — —          04 ←
○ / — — — — —          03 ←
○ — — — — —            02 ←
/ — — — — —            01 ←
```

Hin- und Rückreihen:
Maschenanschlag durch 5 teilbar + 2 Randmaschen.

```
→ 34                  ○ ○ × ○ ○
                      — — × — — —              33 ←
→ 32                  ○ ○ 2 — ○ ○ ○
                      — — × ○ ○ — — —          31 ←
→ 30                  ○ ○ 2 — — — ○ ○ ○
                      — — × ○ ○ ○ ○ — — —      29 ←
→ 28          ○ ○ — — — — — / ○ ○ ○
                      — — ○ ○ ○ ○ ○ — — —      27 ←
→ 26          ○ ○ — — — — / ○ ○ ○
                      — — ○ ○ ○ ○ — — —        25 ←
→ 24          ○ ○ — — — / ○ ○ ○
                      — — ○ ○ ○ — — —          23 ←
→ 22          ○ ○ — — / ○ ○ ○
                      — — ○ ○ — — —            21 ←
→ 20          ○ ○ — / ○ ○ ○
                      — — ○ — — —              19 ←
→ 18          ○ ○ / ○ ○ ○
                      2 — — — —                17 ←
→ 16          2 ○ ○ ○ ○ ○
                      × ○ — — — —              15 ←
→ 14          2 — — ○ ○ ○ ○ ○
                      × ○ ○ ○ — — — —          13 ←
→ 12          2 — — — — ○ ○ ○ ○ ○
              ○ ○ ○ ○ ○ / — — — —              11 ←
→ 10          — — — — — ○ ○ ○ ○ ○
              ○ ○ ○ ○ / — — — —                09 ←
→ 08          — — — — ○ ○ ○ ○
              ○ ○ ○ / — — — —                  07 ←
→ 06          — — — — ○ ○ ○ ○ ○
              ○ ○ / — — — —                    05 ←
→ 04          — — ○ ○ ○ ○ ○
              ○ / — — — —                      03 ←
→ 02          — ○ ○ ○ ○ ○
              / — — — —                        01 ←
```

Zwetschgentour

Anna Knauer

In Runden:
Maschenanschlag durch 8 teilbar.

Hin- und Rückreihen:
Maschenanschlag durch 8 teilbar + 2 Randmaschen.

Linke Tabelle (In Runden):

```
─ ─ ─              × ─ ─ ─ ─    24 ←
─ ─ ─             × ○ ─ ─ ─     23 ←
─ ─ ─            × ○ ○ ─ ─ ─    22 ←
─ ─ ─           × ○ ○ ○ ─ ─    21 ←
─ ─ ─          × ○ ○ ○ ○ ─ ─   20 ←
─ ─ ─        × ○ ○ ○ ○ ○ ─ ─ ─  19 ←
─ ─ ─      / ○ ○ ○ ○ ○ ─ ─ ─   18 ←
─ ─ ─       / ○ ○ ○ ○ ─ ─ ─    17 ←
─ ─ ─        / ○ ○ ○ ─ ─ ─     16 ←
─ ─ ─         / ○ ○ ─ ─ ─      15 ←
─ ─ ─          / ○ ─ ─ ─       14 ←
─ ─ ─           / ○ ─ ─ ─      13 ←
─ ─ ─ ─ ─ ─ ─           ×      12 ←
─ ─ ─ ─ ─ ─ ─          × ○     11 ←
─ ─ ─ ─ ─ ─ ─         × ○ ○    10 ←
─ ─ ─ ─ ─ ─ ─        × ○ ○ ○   09 ←
─ ─ ─ ─ ─ ─ ─       × ○ ○ ○ ○  08 ←
─ ─ ─ ─ ─ ─ ─      × ○ ○ ○ ○ ○ 07 ←
─ ─ ─ ─ ─ ─ ─    / ○ ○ ○ ○ ○   06 ←
─ ─ ─ ─ ─ ─ ─     / ○ ○ ○ ○    05 ←
─ ─ ─ ─ ─ ─ ─      / ○ ○ ○     04 ←
─ ─ ─ ─ ─ ─ ─       / ○ ○      03 ←
─ ─ ─ ─ ─ ─ ─        / ○       02 ←
─ ─ ─ ─ ─ ─ ─         / ○      01 ←
```

Rechte Tabelle (Hin- und Rückreihen):

```
→ 24    ○ ○ ○ 2 ○ ○ ○ ○
        ─ ─ ─ × ○ ─ ─ ─ ─    23 ←
→ 22    ○ ○ ○ 2 ─ ─ ○ ○ ○ ○
        ─ ─ ─ × ○ ○ ○ ─ ─ ─  21 ←
→ 20    ○ ○ ○ 2 ─ ─ ─ ○ ○ ○ ○
        ─ ─ ─ × ○ ○ ○ ○ ○ ─ ─ ─  19 ←
→ 18    ○ ○ ○ / ─ ─ ─ ─ ─ ○ ○ ○ ○
        ─ ─ ─ / ○ ○ ○ ○ ○ ─ ─ ─  17 ←
→ 16    ○ ○ ○ / ─ ─ ─ ○ ○ ○ ○
        ─ ─ ─ / ○ ○ ○ ─ ─ ─  15 ←
→ 14    ○ ○ ○ / ─ ─ ○ ○ ○ ○
        ─ ─ ─ / ○ ─ ─ ─ ─    13 ←
→ 12    ○ ○ ○ ○ ○ ○ ○ 2
        ─ ─ ─ ─ ─ ─ × ○      11 ←
→ 10    ○ ○ ○ ○ ○ ○ ○ 2 ─ ─
        ─ ─ ─ ─ ─ ─ × ○ ○ ○  09 ←
→ 08    ○ ○ ○ ○ ○ ○ ○ 2 ─ ─ ─
        ─ ─ ─ ─ ─ ─ × ○ ○ ○ ○  07 ←
→ 06    ○ ○ ○ ○ ○ ○ ○ / ─ ─ ─ ─ ─
        ─ ─ ─ ─ ─ ─ ─ / ○ ○ ○  05 ←
→ 04    ○ ○ ○ ○ ○ ○ ○ / ─ ─ ─
        ─ ─ ─ ─ ─ ─ ─ / ○ ○ ○  03 ←
→ 02    ○ ○ ○ ○ ○ ○ ○ / ─ ─
        ─ ─ ─ ─ ─ ─ ─ / ○    01 ←
```

Mandelkern

n Runden:
Maschenanschlag durch 7 teilbar.
Zwischenrunden 4, 6, 8 wie sie erscheinen.

```
-- │ ○○○○×    -- │ 07 ←
-- │ ○○○○×○   -- │ 05 ←
-- │ ○○○○×○○  -- │ 03 ←
-- │ ○-○-○○○○ -- │ 02 ←
-- │ ////×○○○ -- │ 01 ←
```

Hin- und Rückreihen:
Maschenanschlag durch 7 teilbar + 2 +
2 Randmaschen.
Zwischenreihen 4, 6, 8 wie sie erscheinen.

Mandelkern und Fischgrätlein aus Konnersreuth

In Runden:
Maschenanschlag durch 9 teilbar.

```
--            O--×/OO    14 ←
--            ×--OO/V    13 ←
--           OO--×/OO    12 ←
--           ×O--OO/V    11 ←
--          OOO--×/OO    10 ←
--          ×OO--OO/V    09 ←
--         OOOO--×/OO    08 ←
--         ×OOO--OO/V    07 ←
--        OOOOO--×/OO    06 ←
--        ×OOOO--OO/V    05 ←
--OOOOOO--×/OO            04 ←
--IIIIIIO--OO/V          03 ←
--            O--×/OO    02 ←
--            O--OO/V    01 ←
```

Hin- und Rückreihen: Maschenanschlag
durch 9 teilbar + 4 + 2 Randmaschen.

```
→ 14  2/--  | OO      -OO2/--
      OO/V  | --         ×--OO/V   13 ←
→ 12  2/--  | OO       --OO2/--
      OO/V  | --        ×O--OO/V   11 ←
→ 10  2/--  | OO      ---OO2/--
      OO/V  | --       ×OO--OO/V   09 ←
→ 08  2/--  | OO     ----OO2/--
      OO/V  | --      ×OOO--OO/V   07 ←
→ 06  2/--  | OO    -----OO2/--
      OO/V  | --    ×OOOO--OO/V    05 ←
→ 04  2/--  | OO-------OO2/--
      OO/V  | --IIIIIIO--OO/V      03 ←
→ 02  2/--  | OO       -OO2/--
      OO/V  | --        O--OO/V    01 ←
```

Griechische Tour

Nannette Höflich

In Runden:
Maschenanschlag durch 18 teilbar.
Muster ab 2. Runde wiederholen.

```
- - - - × - - - - o o o o o o o o    25 ←
- - - - × o - - - - o o o / V / o o o   24 ←
- - - - × o o - - - - o o o o ∞ o o o   23 ←
- - - - × o o o - - - - o o / × o ∞ / o o   22 ←
- - - o o o o - - - - - o o o o o ∞ 8 o o   21 ←
- - - o o o o / - - - - o / × o o o ∞ / o   20 ←
- - - o o o o - - - - 8 o o o o o o o   19 ←
- - - o o o - - - ∞ / o ∞ / o o / ×   18 ←
- - - - o o o - - - - - 8 o o o o o o o   17 ←
- - - - o o / - - - - - ∞ / o o o / ×  - -   16 ←
- - - - - o / - - - - - 8 o o o o o   15 ←
- - - - - o / - - - - - ∞ / o / × - -   14 ←
o o o o o o o o o - - - - × - - - -   13 ←
o o o / V / o o o - - - - × o - - - -   12 ←
o o o o ∞ o o o - - - - × o o - - - -   11 ←
o o / × o ∞ / o o - - - - × o o o - - - -   10 ←
o o o o o 8 o o - - - - - o o o o   09 ←
o / × o o o ∞ / o - - - - o o o o /   08 ←
8 o o o o o - - - o o o o /   07 ←
∞ / o ∞ / o o / × - - - o o o   06 ←
- 8 o o o o o - - - o o o   05 ←
- ∞ / o o o / × - - - - o o / -   04 ←
- - 8 o o o o - - - - - o o   03 ←
- - ∞ / o / × - - - - - o / -   02 ←
o o o o o o o o o - - - - o   01 ←
```

Hin- und Rückreihen:
Maschenanschlag durch 18 teilbar + 2 Randmaschen.
Muster ab 2. Reihe wiederholen.

```
        - - - - ×       - - - o o o o o o o o   25 ←
→ 24   o o o o 2 -      o o o o - - - / ∀ / - - -   
        - - - - × o o    - - - -  o o o o ∞ o o o   23 ←
→ 22   o o o o 2 - -    o o o o - - / 2 - 2 / - -   
        - - - o o o o o  - - - o o o o o 8 o o   21 ←
→ 20   o o o o - - -    / o o o o - / 2 - - - 2 / -  
        - - - o o o      - - - - 8 o o o o o o o   19 ←
→ 18   o o o o - - -    /  o o o 2 2 / - 2 / - - / 2  
        - - - o o o      - - - - 8 o o o o o o o   17 ←
→ 16   o o o o - -      /  o o o o o 2 / - - - / 2 o  
        - - - o o        - - - - - 8 o o o o -   15 ←
→ 14   o o o o - /      o o o o o o 2 / - / 2 o o  
        o o o o o o o o o  - - -       × - - - -   13 ←
→ 12   - - - / ∀ / - - - o o o o      2 - o o o o   
        o o o o ∞ o o o - - -         × o o - - -   11 ←
→ 10   - - / 2 - 2 / - - o o o o     2 - - o o o o  
        o o o o o o 8 o o - - - - o o o o - - -   09 ←
→ 08   - / 2 - - - 2 / - o o o o - - - - / o o o o  
        8 o o o o o -         o o o o - - -   07 ←
→ 06   2 / - 2 / - - / 2 o o o o    - - - / o o o o  
        - 8 o o o o o - - -        o o o - - -   05 ←
→ 04   o 2 / - - - / 2 o o o o       - - / o o o o  
        - - 8 o o o o - - - -        o o - -   03 ←
→ 02   o o 2 / - / 2 o o o o o       - / o o o o  
        o o o o o o o - - - -        o - - - -   01 ←
```

Zauberglöckchen

Nannette Höflich

In Runden:
Maschenanschlag durch 10 teilbar.

○○/× Das Fischgrätlein bei Runde 18 mit
Runde 2 beginnen. Bei der 35. Runde wieder mit Runde 1.

```
- - -                            - - - V / ○ ○   17 ←
- - -                            - - - ○ ○ / ×   16 ←
- - -                          2 - - V / ○ ○     15 ←
- - -                            - - - ○ ○ / ×   14 ←
- - -                    ∞       - - - V / ○ ○   13 ←
- - -                  ○ 8       - - - ○ ○ / ×   12 ←
- - -                  × ∞       - - - V / ○ ○   11 ←
- - -              ○ ○ ○ ∞       - - - ○ ○ / ×   10 ←
- - -              × ○ ○ ∞       - - - V / ○ ○   09 ←
- - -          ○ ○ ○ ○ ○ 8       - - - ○ ○ / ×   08 ←
- - -          × ○ ○ ○ ○ ∞       - - - V / ○ ○   07 ←
- - -      ○ ○ ○ ○ ○ ○ ○ 8       - - - ○ ○ / ×   06 ←
- - -      × ○ ○ ○ ○ ○ ○ ∞       - - - V / ○ ○   05 ←
- - -  ○ ○ ○ ○ ○ ○ ○ ○ ○ 8       - - - ○ ○ / ×   04 ←
- - -  × ○ ○ ○ ○ ○ ○ ○ ○ ∞       - - - V / ○ ○   03 ←
- - - 8 8 8 8 8 8 8 8 8 8 8 - - - ○ ○ / ×         02 ←
- - - / / / / / / / / / / / - - - V / ○ ○         01 ←
```

Hin- und Rückreihen:
Maschenanschlag durch 10 teilbar + 4 +
2 Randmaschen.

```
→ 34   - - / 2  ○ ○ ○                            ○ ○ ○ - - / 2
       V / ○ ○  - - -                            - - - V / ○ ○   33 ←
→ 32   - - / 2  ○ ○ ○                            × ○ ○ - - / 2
       V / ○ ○  - - -                8           - - - V / ○ ○   31 ←
→ 30   - - / 2  ○ ○ ○                2           ○ ○ ○ - - / 2
       V / ○ ○  - - -              ○ 8           - - - V / ○ ○   29 ←
→ 28   - - / 2  ○ ○ ○              2 2           ○ ○ ○ - - / 2
       V / ○ ○  - - -          ○ ○ ○ 8           - - - V / ○ ○   27 ←
→ 26   - - / 2  ○ ○ ○          2 - - 2           ○ ○ ○ - - / 2
       V / ○ ○  - - -      ○ ○ ○ ○ ○ 8           - - - V / ○ ○   25 ←
→ 24   - - / 2  ○ ○ ○      2 - - - - 2           ○ ○ ○ - - / 2
       V / ○ ○  - - -  ○ ○ ○ ○ ○ ○ ○ 8           - - - V / ○ ○   23 ←
→ 22   - - / 2  ○ ○ ○  2 - - - - - - 2           ○ ○ ○ - - / 2
       V / ○ ○  - - -  ○ ○ ○ ○ ○ ○ ○ ○ ○ 8       - - - V / ○ ○   21 ←
→ 20   - - / 2  ○ ○ ○  2 - - - - - - - - 2       ○ ○ ○ - - / 2
       V / ○ ○  - - - 8 8 8 8 8 8 8 8 8 8 - - -   - - - V / ○ ○   19 ←
→ 18   - - / 2  ○ ○ ○ / / / / / / / / / / ○ ○ ○ - - / 2
       V / ○ ○  - - -                            - - - V / ○ ○   17 ←
→ 16   - - / 2  ○ ○ ○                            ○ ○ ○ - - / 2
       V / ○ ○  - - -                          2 - - V / ○ ○     15 ←
→ 14   - - / 2  ○ ○ ○                ~           ○ ○ ○ - - / 2
       V / ○ ○  - - -                ∞           - - - V / ○ ○   13 ←
→ 12   - - / 2  ○ ○ ○              - ~           ○ ○ ○ - - / 2
       V / ○ ○  - - -              × ∞           - - - V / ○ ○   11 ←
→ 10   - - / 2  ○ ○ ○          - - - ~           ○ ○ ○ - - / 2
       V / ○ ○  - - -          × ○ ○ ∞           - - - V / ○ ○   09 ←
→ 08   - - / 2  ○ ○ ○      - - - - - ~           ○ ○ ○ - - / 2
       V / ○ ○  - - -      × ○ ○ ○ ○ ∞           - - - V / ○ ○   07 ←
→ 06   - - / 2  ○ ○ ○  - - - - - - - ~           ○ ○ ○ - - / 2
       V / ○ ○  - - -  × ○ ○ ○ ○ ○ ○ ∞           - - - V / ○ ○   05 ←
→ 04   - - / 2  ○ ○ ○  - - - - - - - - - ~       ○ ○ ○ - - / 2
       V / ○ ○  - - -  × ○ ○ ○ ○ ○ ○ ○ ○ ∞       - - - V / ○ ○   03 ←
→ 02   - - / 2  ○ ○ ○ ~ ~ ~ ~ ~ ~ ~ ~ ~ ~ ○ ○ ○ - - / 2
       V / ○ ○  - - - / / / / / / / / / / - - -   - - - V / ○ ○   01 ←
```

Allemande Trois

Nannette Höflich

In Runden:
Maschenanschlag durch 12 teilbar.

```
— — —      2      — — — ○ ○ / ×    14 ←
— — — —    U    — — — — ∨ / ○ ○    13 ←
— — — —  × ○ ∨  — — — ○ ○ / ×      12 ←
— — — — ○ ○ ○ ○ ○ — — — ∨ / ○ ○    11 ←
— — — — ○ ○ ○ ○ ○ — — — ○ ○ / ×    10 ←
— — — — 8 8 8 8 8 — — — — ∨ / ○ ○  09 ←
— — — — / / / / / — — — ○ ○ / ×    08 ←
— —      2      — —      2      — — ∨ / ○ ○  07 ←
— —    U    — — — —    U    — — ○ ○ / ×      06 ←
— —  × ○ ∨  — — — —  × ○ ∨  — — ∨ / ○ ○      05 ←
— — ○ ○ ○ ○ ○ — — — — ○ ○ ○ ○ ○ — — ○ ○ / ×  04 ←
— — ○ ○ ○ ○ ○ — — — — ○ ○ ○ ○ ○ — — ∨ / ○ ○  03 ←
— — 8 8 8 8 8 — — — — 8 8 8 8 8 — — ○ ○ / ×  02 ←
— — / / / / / — — — — / / / / / — — ∨ / ○ ○  01 ←
```

Hin- und Rückreihen:
Maschenanschlag durch
12 teilbar + 4 +
2 Randmaschen.

```
→ 14   — — / 2  |      ○ ○ ○      ×      ○ ○ ○ ○ — — / 2
       ∨ / ○ ○  |      — — — —    U    — — — — ∨ / ○ ○   13 ←
→ 12   — — / 2  |      ○ ○ ○ ○  2 — ∀  ○ ○ ○ ○ — — / 2
       ∨ / ○ ○  |      — — — — ○ ○ ○ ○ ○ — — — — ∨ / ○ ○ 11 ←
→ 10   — — / 2  |      ○ ○ ○ ○ — — — — ○ ○ ○ ○ — — / 2
       ∨ / ○ ○  |      — — — — 8 8 8 8 8 — — — — ∨ / ○ ○ 09 ←
→ 08   — — / 2  |      ○ ○ ○ ○ / / / / / ○ ○ ○ ○ — — / 2
       ∨ / ○ ○  | — —      2      — —      2      — — ∨ / ○ ○  07 ←
→ 06   — — / 2  | ○ ○    Ǝ    ○ ○ ○ ○    Ǝ    ○ ○ — — / 2
       ∨ / ○ ○  | — —  × ○ ∨  — — — —  × ○ ∨  — — ∨ / ○ ○   05 ←
→ 04   — — / 2  | ○ ○ — — — — ○ ○ ○ ○ — — — — ○ ○ — — / 2
       ∨ / ○ ○  | — — ○ ○ ○ ○ ○ — — — — ○ ○ ○ ○ ○ — — ∨ / ○ ○ 03 ←
→ 02   — — / 2  | ○ ○ ~ ~ ~ ~ ~ ○ ○ ○ ○ ~ ~ ~ ~ ~ ○ ○ — — / 2
       ∨ / ○ ○  | — — / / / / / — — — — / / / / / — — ∨ / ○ ○ 01 ←
```

147

Erdbeeren

Nannette Höflich

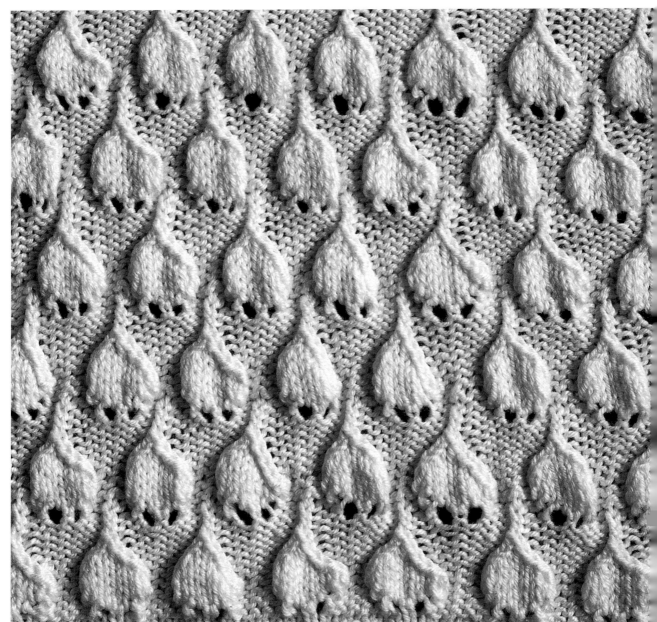

In Runden:
Maschenanschlag durch 7 teilbar.
Muster ab 3. Reihe wiederholen.

Hin- und Rückreihen:
Maschenanschlag durch 7 teilbar + 3 + 2 Randmaschen.
Muster ab 3. Reihe wiederholen.

```
/ O O O / − − 8 − − −        24 ←          → 24   O ~    │ O O O / − − − / O O    ~  │ O        ←
  / O / − − 8 − − −          23 ←             − 8  │ − − − / O / − −        8  │ −   23 ←
    − − − 8 − − −            22 ←          → 22   O ~    │ O O O O O O            ~  │ O        ←
    − − − ∞ − − −            21 ←             − 8  │ − − − − − −            ∞  │ −   21 ←
    − − − O ∞ − − −          20 ←          → 20   O      │ O O O O O O            −  │ − O        ←
    − − − × O ∞ − − −        19 ←             − −  ∞   ප │ − − − − − −        × O │ −   19 ←
    − − − × O O O ∞ − − −     18 ←          → 18   O O   − ප │ O O O O O O        2 − − │ O        ←
  − − − × O O O O O ∞ − − −   17 ←             − −  O O ∞ │ − − − − − −        × O O O │ −   17 ←
− − − O O O O O O O O O − − −  16 ←          → 16   O O   │ − − − O O O O O O − − − −    │ O        ←
− − − / O O O O O O O / − − −  15 ←             − −  │ O O O / − − − − − − / O O O O    │ −   15 ←
  − − − / O O O O O / − − −    14 ←          → 14   O O   │ − − / O O O O O O / − − −    │ O        ←
  8 − − / O O O / − − −        13 ←             − −  │ O / − − − 8 − − / O O    │ −   13 ←
    8 − − / O / − − −          12 ←          → 12   O O   │ / O O O ~ O O / −        │ O        ←
      8 − − − − − −            11 ←             − −  │ − − − 8 − − −            │ −   11 ←
      ∞ − − − − − −            10 ←          → 10   O O   │ O O O 2 O O O            │ O        ←
      O ∞ − − − − − −          09 ←             − −  │ − − − O ∞ − − −          │ −   09 ←
    × O ∞ − − − − − −          08 ←          → 08   O O   │ O O O 2 − 2 O O O        │ O        ←
    × O O O ∞ − − − − − −      07 ←             − −  │ − − − × O O O ∞ − − −    │ −   07 ←
  × O O O O O ∞ − − − − − −    06 ←          → 06   O O   │ O O O 2 − − − − 2 O O O  │ O        ←
O O O O O O O O O − − − − −    05 ←             − −  │ − − − O O O O O O O O O − − −│ −   05 ←
/ O O O O O O O / − − − − −    04 ←          → 04   O O   │ O O O / − − − − − − − / O O O │ O        ←
  / O O O O O / − − − − −      03 ←             − −  │ − − − / O O O O O / − − −    │ −   03 ←
    / O O O / − − − − −        02 ←          → 02   O O   │ O O O / − − − / O O O    │ O        ←
      / O / − − − − − −        01 ←             − −  │ − − − / O / − − −        │ −   01 ←
```

Nur am Ende der Arbeit den Stiel stricken.

Stiel (in Runden):

```
− − − 8 − − −        24 ←
− − − 8 − − −        23 ←
```

Stiel (Hin- und Rückreihen):

```
→ 24   O ~  │ O O O O O O ~ │ O
       − 8  │ − − − − − − 8 │ −    23 ←
```

Schwarzbeeren

Nannette Höflich

In Runden:
Maschenanschlag durch 6 teilbar.

```
– – – 2 – –      16 ←
– – – V – – –    15 ←
– – – × V – – –  14 ←
– – – × O O V – – – 13 ←
– – – O O O O O O – – – 12 ←
– – – / O O O O / – – – 11 ←
– – – / 8 – / – – –  10 ←
– – – / / – – –   09 ←
    2 – – – – –   08 ←
    V – – – – – – 07 ←
  × V – – – – – – 06 ←
× O O V – – – – – – 05 ←
O O O O O O – – – – – – 04 ←
/ O O O O / – – – – – – 03 ←
/ 8 – / – – – – – – 02 ←
/ / – – – – – – 01 ←
```

Hin- und Rückreihen:
Maschenanschlag durch 6 teilbar + 2 + 2 Randmaschen

```
→ 16  O | O O O O        ×    O | O        ←
    –   | – – – –     V    – – | –   15 ←
→ 14  O | O O O O    2 ∀   O O | O        ←
    –   | – – – –   × O O V  – – | –   13 ←
→ 12  O | O O O O – – – – O O | O        ←
    –   | – – – – / O O O O / – – | –   11 ←
→ 10  O | O O O O / ~ O / O O | O        ←
    –   | – – – –     / /     – – | –   09 ←
→ 08  O | O         ×    O O O O | O        ←
    –   |           V   – – – – – | –   07 ←
→ 06  O | O         2 ∀   O O O O O | O        ←
    –   | –   × O O V  – – – – – | –   05 ←
→ 04  O | O – – – – – O O O O O | O        ←
    –   | – / O O O O / – – – – | –   03 ←
→ 02  O | O / ~ O / O O O O O | O        ←
    –   | –     / /     – – – – – | –   01 ←
```

Pantoffeltour

Juliane Pauker

n Runden:
Maschenanschlag durch 8 teilbar.

Hin- und Rückreihen:
Maschenanschlag durch 8 teilbar + 2 Randmaschen.

```
− −     O O     − − − −    14 ←
− −     × ∞     − − − −    13 ←
− −    O O O O   − − − −    12 ←
− −   × O O ∞    − − − −    11 ←
− − O O O O O O  − − − −    10 ←
− − C 8 8 8 8 O  − − − −    09 ←
− − O / / / / O  − − − −    08 ←
− − − − − − −     O O       07 ←
− − − − − − −     × ∞       06 ←
− − − − − − −    O O O O     05 ←
− − − − − − −   × O O ∞      04 ←
− − − − − − O O O O O O      03 ←
− − − − − − O 8 8 8 8 O      02 ←
− − − − − − O / / / / O      01 ←
```

```
→ 14   O O     − −     O O O O
       − −     × ∞     − − − −    13 ←
→ 12   O O    − − − −   O O O O
       − −   × O O ∞    − − − −    11 ←
→ 10   O O − − − − − − O O O O
       − − O 8 8 8 8 O − − − −    09 ←
→ 08   O O − / / / / − O O O O
       − − − − − − −     O O      07 ←
→ 06   O O O O O O     2 ƨ        05 ←
       − − − − − −    O O O O     05 ←
→ 04   O O O O O O   2 − − ƨ
       − − − − − − O O O O O O    03 ←
→ 02   O O O O O O − ~ ~ ~ ~ −
       − − − − − − O / / / / O    01 ←
```

Schuh der Centrillon

Nannette Höflich

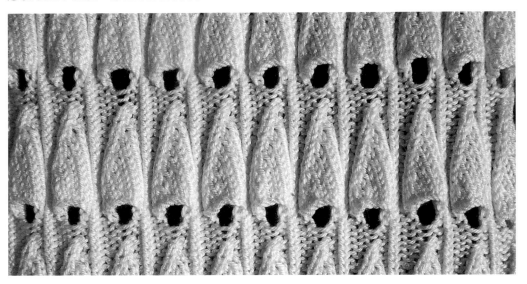

In Runden:
Maschenanschlag durch 5 teilbar.
Ab 2. Runde wiederholen.

```
      2 — 8 — —        19 ←
      × — — 8 — —      18 ←
    O O — — 8 — —      17 ←
    × O — — 8 — —      16 ←
  O O O — — 8 — —      15 ←
  × O O — — 8 — —      14 ←
O O O O — — 8 — —      13 ←
× O O O — — 8 — —      12 ←
O O O O O — — 8 — —    11 ←
× O O O O — — 8 — —    10 ←
O O O O O O — — 8 — —  09 ←
× O O O O O — — 8 — —  08 ←
O O O O O O — — 8 — —  07 ←
× O O O O O O — — 8 — —  06 ←
8 8 8 8 8 8 8 8 — — 8 — —  05 ←
/ / / / / / / — — 8 — —  04 ←
        — — 8 — —      03 ←
        — — 8 — —      02 ←
        — — 8 — —      01 ←
```

Strickt sich etwas breiter.

Hin- und Rückreihen:
Maschenanschlag durch 5 teilbar + 2 Randmaschen.
Ab Reihe 2 wiederholen.

```
              — — 8 — —
      → 18    O O ~ O O
              — — 8 — —
      → 16    O O ~ O O
              — — 8 — —
      → 14    O O ~ O O
              — — 8 — —
      → 12    O O ~ O O
              — — 8 — —
      → 10    O O ~ O O
              — — 8 — —
      → 08    O O ~ O O
              — — 8 — —
      → 06    O O ~ O O
              — — 8 — —
      → 04    O O ~ O O
              — — 8 — —
      → 02    O O ~ O O
              — — 8 — —
```

```
        2 — 8 — —          19 ←
        2 O O ~ O O
        O O — — 8 — —      17 ←
        2 — O O ~ O O
        O O O — — 8 — —    15 ←
        2 — — O O ~ O O
        O O O O — — 8 — —  13 ←
        2 — — — O O ~ O O
        O O O O O — — 8 — —  11 ←
        2 — — — — O O ~ O O
        O O O O O O — — 8 — —  09 ←
        2 — — — — — O O ~ O O
        O O O O O O — — 8 — —  07 ←
        2 — — — — — — O O ~ O O
        8 8 8 8 8 8 8 8 — — 8 — —  05 ←
        / / / / / / / O O ~ O O
        — — 8 — —        03 ←
        O O ~ O O
        — — 8 — —        01 ←
```

Pfauenmuster

Pfauenfeder

In Runden:
Maschenanschlag durch 13 teilbar.

```
OOƆOOOOOOOOOOO   04 ←
OOƆOOOOOOOOOOO   03 ←
OOƆOOOOOOOOOOO   02 ←
④ / Ɔ / O / O / O / 4   01 ←
```

④ = 4 Maschen verschränkt zusammenstricken
   (Häkelnadel).

4 = 4 Maschen rechts zusammenstricken
   (Häkelnadel).

Hin- und Rückreihen:
Maschenanschlag durch 13 teilbar +
2 Randmaschen.

```
→ 04   – – – – – – – – – – – – – –
       OOOOOOOOOOOOO   03 ←
→ 02   – – – – – – – – – – – – – –
       ④ / O / O / O / O / O / 4   01 ←
```

Pfauenfeder aus Konnersreuth

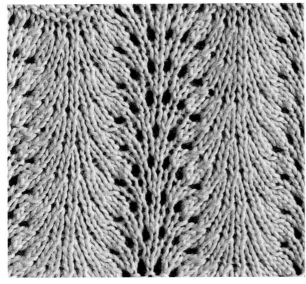

In Runden:
Maschenanschlag durch 18 teilbar.
Zwischenrunden

```
○○○○○○○○○○○○○○○○○○   03 ←
×××○/○/○/○/○/○/×××   01 ←
```

Hin- und Rückreihen:
Maschenanschlag durch 18 teilbar +
2 Randmaschen.
Zwischenreihen

Pfauenspiegel Nannette Höflich

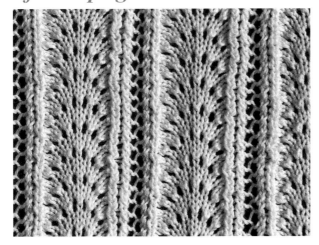

In Runden:
Maschenanschlag durch 17 teilbar.

```
×○○○○○○○○○○○○○○∞○○/×       04 ←
×○○○○○○○○○○○○○○○∞∨/○○      03 ←
×○○○○○○○○○○○○○○○○∞○○/×     02 ←
×○/○/○/○/○/○/○/○/○∞∨/○○    01 ←
```

Hin- und Rückreihen:
Maschenanschlag durch
17 teilbar + 4 +
2 Randmaschen.

```
→ 04   −−/2 |   2−−−−−−−−−−2       −−/2 |
       ∨/○○ |   ×○○○○○○○○○○○○○○○∞   ∨/○○ | 03
→ 02   −−/2 |   2−−−−−−−−−−−−−2     −−/2 |
       ∨/○○ |   ×○/○/○/○/○/○/○/○∞∨/○○ |   01
```

Diamantenmuster

Nannette Höflich

In Runden:
Maschenanschlag durch 22 teilbar.

|O O / × − Das Fischgrätlein bei Reihe 6
mit Reihe 2 beginnen.
Bei Reihe 11 das Fischgrätlein
wieder mit Reihe 1 beginnen.

```
— — — — — — — — — — — — — — — — — — V / O O −   05 ←
— — — — — — — — — — — — — — — — — — O O / × −   04 ←
× O O O O O O O O O O O O O O O O O ∞ − V / O O −   03 ←
× O O O O O I I I I I I I O O O O O ∞ −|O O / × −   02 ←
× O O O O O O O O O O O O O O O O O ∞ − V / O O −   01 ←
```

Hin- und Rückreihen:
Maschenanschlag
durch 22 teilbar + 6 +
2 Randmaschen.

```
→ 10  O − − / 2 O   O O O O O O O O O O O O O O O O O O   O − − / 2 O
      − V / O O −   — — — — — — — — — — — — — — — — —   − V / O O −     09 ←
→ 08  O − − / 2 O   2 — — — — — — — — — — — — — — 2   O − − / 2 O
      − V / O O −   × O O O O O I I I I I I I O O O O O ∞ − V / O O −     07 ←
→ 06  O − − / 2 O   2 — — — — — — — — — — — — 2   O − − / 2 O
      − V / O O −   — — — — — — — — — — — — — — — — —   − V / O O −     05 ←
→ 04  O − − / 2 O   O O O O O O O O O O O O O O O O O   O − − / 2 O
      − V / O O −   × O O O O O O O O O O O O O O O ∞   − V / O O −     03 ←
→ 02  O − − / 2 O   2 — — — — — I I I I I I — — — — 2 O − − / 2 O
      − V / O O −   ∞ O O O O O O O O O O O O O O O ∞   − V / O O −     01 ←
```

Tankredtour

Nannette Höflich

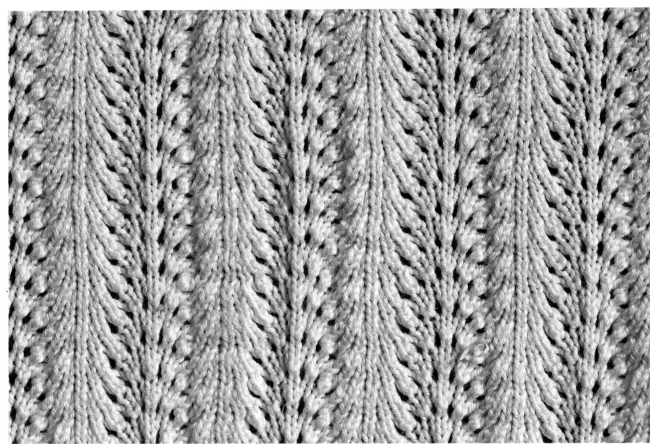

In Runden:
Maschenanschlag durch 11 teilbar.

Hin- und Rückreihen:
Maschenanschlag durch 11 teilbar +
2 Randmaschen.

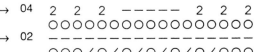

Reliefmuster

Belladonna

aus Pfreimd

In Runden:
Maschenanschlag durch 12 teilbar.

Hin- und Rückreihen:
Maschenanschlag durch 12 teilbar + 2 Randmaschen.

```
—   D   ————————   D   ————         28 ←
—— —————————————————— ———————        27 ←
—— D ——————————— D —————             26 ←
—/——/————————/——/———                 25 ←
—— D ——————————— D —————             24 ←
—/———/————————/—/———                 23 ←
—— D ——————————— D —————             22 ←
—/———/————————/——/——                 21 ←
—— D ——————————— D ————              20 ←
—/————/————————/——/—                 19 ←
——— ———————————————— ———             18 ←
—  /——/———————  /——/———              17 ←
—  —  ——————————  —  ————            16 ←
                                      15 ←
————— ———————  D —————— D —————       14 ←
————— ——————————————————— ——         13 ←
————— D ——————————— D ——             12 ←
————/——/————————/———/—               11 ←
————— D ——————————— D ——             10 ←
————/———/————————/——/                09 ←
————— D ——————————— D ——             08 ←
————/————/————————/——/               07 ←
————— D ——————————— D ——             06 ←
————/———/————————/———/—              05 ←
————— —————————————————— ———         04 ←
———  /—/—————  /—/—                  03 ←
———————————————————————————          02 ←
—————— ——————————— ————              01 ←
```

```
→ 28   O   3   OOOOO   3   OOOO
       —— —————————————— — —————        27 ←
→ 26   OO   3   OOOOOO   3   OOOOO
       —/———/————————/———/——             25 ←
→ 24   OO   3   OOOOOO   3   OOOOO
       —/———/————————/———/——             23 ←
→ 22   OO   3   OOOOOO   3   OOOOO
       —/———/————————/———/—              21 ←
→ 20   OO   3   OOOOOO   3   OOOOO
       —/———/————————/———/—              19 ←
→ 18   O   OOO   OOOOO   OOO   OOOO
       —  /—/————————  /—/————           17 ←
→ 16   O   O   OOOOO   O   OOOO
       —  —  ——————————  —  ————         15 ←
→ 14   OOOO   3   OOOOO   3   O
       ————— —————————— —————— ——        13 ←
→ 12   OOOOO   3   OOOOOO   3   OO
       ————/———/————————/———/—           11 ←
→ 10   OOOOO   3   OOOOOO   3   OO
       ————/———/————————/———/—           09 ←
→ 08   OOOOO   3   OOOOOO   3   OO
       ————/———/————————/———/—           07 ←
→ 06   OOOOO   3   OOOOOO   3   OO
       ————/———/————————/———/—           05 ←
→ 04   OOOO   OOO   OOOOO   OOO   O
       ————/—/—————  /—/—————— —         03 ←
→ 02   OOOO   O   OOOOO   O   O
       ———— — ————— —                    01 ←
```

Durchbrochene Schlangentour

Juliane Pauke

In Runden:
Maschenanschlag durch 9 teilbar.
Muster ab 2. Runde wiederholen.

⊕ = 1. Masche der 16. Runde
rechts an letzte Nadel der
15. Runde stricken.

```
/ × ○ ○ ○ ○ ○ ○ ○ ⊕   16 ←
× ○ ○ ○ ○ ○ ○ / ○     15 ←
○ × ○ ○ ○ ○ ○ / ○     14 ←
○ ○ × ○ ○ ○ ○ / ○     13 ←
○ ○ ○ × ○ ○ ○ / ○     12 ←
○ ○ ○ ○ × ○ ○ / ○     11 ←
○ ○ ○ ○ ○ × ○ / ○     10 ←
○ ○ ○ ○ ○ ○ × / ○     09 ←
/ ○ ○ ○ ○ ○ ○ ○ ×     08 ←
/ ○ ○ ○ ○ ○ ○ × ○     07 ←
/ ○ ○ ○ ○ ○ × ○ ○     06 ←
/ ○ ○ ○ ○ × ○ ○ ○     05 ←
/ ○ ○ ○ × ○ ○ ○ ○     04 ←
/ ○ ○ × ○ ○ ○ ○ ○     03 ←
/ ○ × ○ ○ ○ ○ ○ ○     02 ←
/ × ○ ○ ○ ○ ○ ○       01 ←
```

Hin- und Rückreihen:
Maschenanschlag durch 9 teilbar + 2 + 2 Randmaschen.
Muster ab 2. Reihe wiederholen.

```
        ○ | / × ○ ○ ○ ○ ○ ○ | ×    31 ←
→ 30  / - | 2 - - - - - / - | -
        ○ | ○ × ○ ○ ○ ○ / ○ | ○    29 ←
→ 28    - | - - 2 - - - - - | -
        ○ | ○ ○ ○ × ○ ○ / ○ | ○    27 ←
→ 26    - | - - - - 2 - - / - | -
        ○ | ○ ○ ○ ○ ○ × ○ / ○ | ○  25 ←
→ 24    - | - - - - - - 2 / - | -
        ○ | / ○ ○ ○ ○ ○ ○ × | ○    23 ←
→ 22    - | / - - - - - 2 - | -
        ○ | / ○ ○ ○ ○ × ○ ○ | ○    21 ←
→ 20    - | / - - - 2 - - - | -
        ○ | / ○ ○ ○ × ○ ○ ○ | ○    19 ←
→ 18    - | / - - 2 - - - - | -
        ○ | / ○ × ○ ○ ○ ○ ○ | ○    17 ←
→ 16    - | / 2 - - - - - - | 2
      / ○ | × ○ ○ ○ ○ ○ / ○ | ○    15 ←
→ 14    - | - 2 - - - - - / - | -
        ○ | ○ ○ × ○ ○ ○ ○ / ○ | ○  13 ←
→ 12    - | - - - 2 - - - / - | -
        ○ | ○ ○ ○ ○ × ○ ○ / ○ | ○  11 ←
→ 10    - | - - - - - 2 - / - | -
        ○ | ○ ○ ○ ○ ○ ○ × / ○ | ○  09 ←
→ 08    - | / - - - - - - 2 | -
        ○ | / ○ ○ ○ ○ ○ × ○ | ○    07 ←
→ 06    - | / - - - - 2 - - | -
        ○ | / ○ ○ ○ ○ × ○ ○ ○ | ○  05 ←
→ 04    - | / - - - 2 - - - | -
        ○ | / ○ ○ × ○ ○ ○ ○ | ○    03 ←
→ 02    - | / - 2 - - - - - | -
        ○ | / × ○ ○ ○ ○ ○ ○ | ○    01 ←
```

In Runden:
Maschenanschlag durch 16 teilbar.
Muster ab 3. Runde wiederholen.

```
/ O O O O O O O O × − − 8 / 8 − −    18 ←
/ O O O O O O O × O − − 8 / 8 − −    17 ←
/ O O O O O O × O O − − ∞   8 − −    16 ←
/ O O O O O × O O O − − 8| / 8 − −   15 ←
/ O O O O × O O O O − − 8| / 8 − −   14 ←
/ O O O × O O O O O − − 8| / 8 − −   13 ←
/ O O × O O O O O O − − ∞   8 − −    12 ←
/ O × O O O O O O O − − 8| / 8 − −   11 ←
/ × O O O O O O O O − − 8| / 8 − −   10 ←
∞ O O O O O O O O O / − − 8| / 8 − −  09 ←
O ∞ O O O O O O O O / − − ∞   8 − −   08 ←
O O ∞ O O O O O O O / − − 8| / 8 − −  07 ←
O O O ∞ O O O O O O / − − 8| / 8 − −  06 ←
O O O O ∞ O O O O O / − − 8| / 8 − −  05 ←
O O O O O ∞ O O O O / − − ∞   8 − −   04 ←
O O O O O O ∞ O O O / − − 8| / 8 − −  03 ←
O O O O O O O ∞ O O / − − 8| / 8 − −  02 ←
O O O O O O O O ∞ O / − − 8| / 8 − −  01 ←
```

die Umschläge des Durchbruchmusters recht breit ziehen und bei der nächsten Reihe immer auf der Nadel behalten. In jeder 4. Reihe die Aufschläge von den 3 Reihen herabwerfen, von der Rückseite unter dieselben hineinstechen,
den Faden wie bei einer Linksmasche holen
und dann durchziehen, so dass es eine Masche wird,
nun diese auf die linke Nadel heben und mit der nächsten verschränkten Masche rechts verschränkt zusammenstricken.

Große Silberschlange

Nannette Höflich

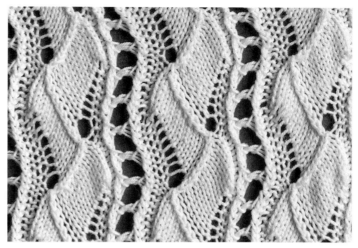

Hin- und Rückreihen:
Maschenanschlag durch 16 teilbar + 2 + 2 Randmaschen.
Das Durchbruchmuster bei der 19. Reihe mit Reihe 3 beginnen.
Die Arbeit auf der Rückseite beginnen.
Strickt sich leicht ein.

```
      − −   | / O O O O O O O O × − − 8 / 8 − −    18 ←
→ 17  O O   | / − − − − − − − 2 − O O ~ / ~ O O
      − −   | / O O O O O O × O O − − ∞   8 − −    16 ←
→ 15  O O   | / − − − − − 2 − − − O O ~ / ~ O O
      − −   | / O O O O × O O O O − − 8 / 8 − −    14 ←
→ 13  O O   | / − − − 2 − − − − − O O ~|/ ~ O O
      − −   | / O O × O O O O O O − − ∞   8 − −    12 ←
→ 11  O O   | / − 2 − − − − − − − O O ~|/ ~ O O
      − −   | / × O O O O O O O O − − 8 / 8 − −    10 ←
→ 09  O O   | 2 − − − − − − − − / O O ~|/ ~ O O
      − −   | O ∞ O O O O O O O / − − ∞   8 − −    08 ←
→ 07  O O   | − − 2 − − − − − / O O ~|/ ~ O O
      − −   | O O O ∞ O O O O O / − − 8 / 8 − −    06 ←
→ 05  O O   | − − − − 2 − − − / O O ~|/ ~ O O
      − −   | O O O O O ∞ O O O / − − ∞   8 − −    04 ←
→ 03  O O   | − − − − − − 2 − − / O O ~|/ ~ O O
      − −   | O O O O O O O ∞ O / − − 8 / 8 − −    02 ←
→ 01  O O   | − − − − − − − − 2 / O O ~|/ ~ O O
```

Ananas (Batzerlmuster)

Nannette Höflich

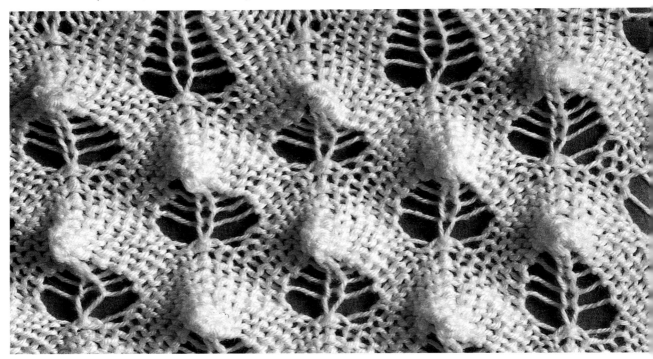

In Runden:
Maschenanschlag durch 16 teilbar.

```
— — — — — — / O / — — — — — Ɔ   14 ←
— — — — — / O / — — — — — Ɔ —   13 ←
— — — — / O / — — — — — Ɔ — —   12 ←
— — — / O / — — — — — Ɔ — —     11 ←
— — / O / — — — — — Ɔ — —       10 ←
— / O / — — — — — Ɔ — —         09 ←
/ O / — — — — — Ɔ — —           08 ←
Ɔ — — — — — / O /               07 ←
— Ɔ — — — — — / O /             06 ←
— — Ɔ — — — — — / O / — —       05 ←
— — — Ɔ — — — — — / O / — —     04 ←
— — — — Ɔ — — — — — / O / —     03 ←
— — — — — Ɔ — — — — — / O / —   02 ←
— — — — — — Ɔ — — — — — / O /   01 ←
```

Strickt sich sehr stark ein.

Hin- und Rückreihen: Maschenanschlag durch 16 teilbar + 2 + 2 Randmaschen.

```
→ 14  O | U O O O O O O O / — / O O O O O O | O
    —  | — Ɔ — — — — — — / O / — — — — —     | —   13 ←
→ 12  O | O O U O O O O O O / — / O O O O     | O
    —  | — — — Ɔ — — — — — — / O / — — —       | —   11 ←
→ 10  O | O O O O U O O O O O O / — / O O       | O
    —  | — — — — — Ɔ — — — — — — / O / —         | —   09 ←
→ 08  O | O O O O O U O O O O O O / — /           | O
    —  | — — — — — — — Ɔ — — — — — — / O / — — — — Ɔ | —   07 ←
→ 06  O | O O O O O / — / O O O O O O U O         | O
    —  | — — — — — / O / — — — — — Ɔ — —           | —   05 ←
→ 04  O | O O O / — / O O O O O O U O O O         | O
    —  | — — / O / — — — — — Ɔ — — —               | —   03 ←
→ 02  O | O / — / O O O O O O U O O O O O         | O
    —  | / O / — — — — — Ɔ — — — —                 | —   01 ←
```

Artischocken

Nannette Höflich

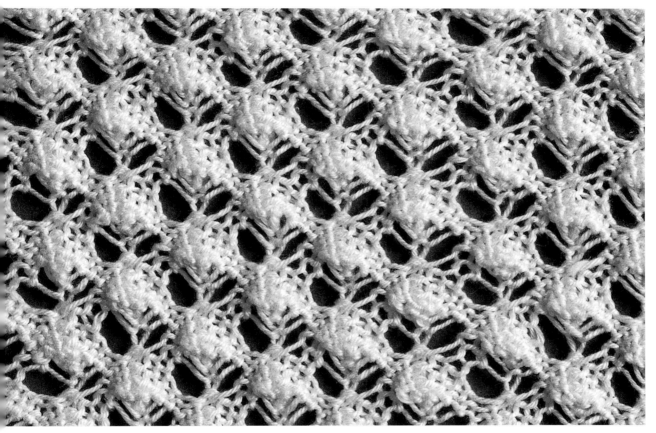

In Runden:
Maschenanschlag durch 10 teilbar.

3	− − −	/ − /	− − −		08	←
− 3	− − −	/ − /	− −		07	←
− − 3	− − −	/ − /	−		06	←
− − − 3	− − −	/ − /			05	←
− − − /	− −	− − 3			04	←
− − /	− /	− − − 3	−		03	←
− /	− /	− − − 3	− −		02	←
/	− /	− − − 3	− − −		01	←

Strickt sich stark ein.

Hin- und Rückreihen:
Maschenanschlag durch 10 teilbar + 6 + 2 Randmaschen.

→ 08	O / O O	O D O O O / O / O O	O ×			
	− / − −	− 3 − − − / − / − −	− 2	07	←	
→ 06	O / O O	O D O O O / O / O O	O ×			
	− / − −	− 3 − − − / − / − −	− 2	05	←	
→ 04	× O O O	/ O / O O O D O O O	/ O			
	2 − − −	/ − / − − − 3 − − −	/ −	03	←	
→ 02	× O O O	/ O / O O O D O O O	/ O			
	2 − − −	/ − / − − − 3 − − −	/ −	01	←	

Wolken und Regenbogen

Nannette Höflich

In Runden:
Maschenanschlag durch 16 teilbar.

	Reihe
○○○○○○○○○○○○○○○○	26 ←
○○○○○○○○○○○○○○○○	25 ←
∍ / − − − − − − − − − − − − /	24 ←
− ∍ − / − − − − − − − − − − /	23 ←
− − ∍ − − / − − − − − − − − /	22 ←
− − − ∍ − − − / − − − − − − /	21 ←
− − − − ∍ − − − − / − − − − /	20 ←
− − − − − ∍ − − − − − / − − − /	19 ←
− − − − − − ∍ − − − − − − / − /	18 ←
○○○○○○○○○○○○○○○○	17 ←
○○○○○○○○○○○○○○○○	16 ←
− − − − − − − − − − − − − − − −	15 ←
− − − − − − − − − − − − − − − −	14 ←
○○○○○○○○○○○○○○○○	13 ←
○○○○○○○○○○○○○○○○	12 ←
/ − − − − − − − − − − − / ∍	11 ←
/ − − − − − − − − − − / − ∍ −	10 ←
/ − − − − − − − − / − − ∍ − −	09 ←
/ − − − − − − / − − − ∍ − − −	08 ←
/ − − − − − / − − − − ∍ − − − −	07 ←
/ − − − / − − − − − ∍ − − − −	06 ←
/ − / − − − − − − ∍ − − − − −	05 ←
○○○○○○○○○○○○○○○○	04 ←
○○○○○○○○○○○○○○○○	03 ←
− − − − − − − − − − − − − − − −	02 ←
− − − − − − − − − − − − − − − −	01 ←

Hin- und Rückreihen:
Maschenanschlag durch 16 teilbar + 19 + 2 Randmaschen.

```
→ 26  ─ ─ ─ ─ ─ ─ ─ ─ ─ ─ ─ ─ ─ ─ ─    ─ ─ ─ ─ ─ ─ ─ ─ ─ ─ ─ ─ ─ ─ ─    ─ ─ ─
      O O O O O O O O O O O O O O O O    O O O O O O O O O O O O O O O O    O O O   25 ←
→ 24  O V / O O O O O O O O O O O O O    / U / O O O O O O O O O O O O      / V O
      ─ ∀ ─ / ─ ─ ─ ─ ─ ─ ─ ─ ─ ─ ─ /   ─ ∋ ─ / ─ ─ ─ ─ ─ ─ ─ ─ ─ ─ ─ /   ─ ∀ ─   23 ←
→ 22  O V O O / O O O O O O O O O / O    O U O O / O O O O O O O O O / O    O V O
      ─ ∀ ─ ─ ─ / ─ ─ ─ ─ ─ ─ ─ / ─ ─   ─ ∋ ─ ─ ─ / ─ ─ ─ ─ ─ ─ ─ / ─ ─   ─ ∀ ─   21 ←
→ 20  O V O O O O / O O O O O / O O O    O U O O O O / O O O O O / O O O    O V O
      ─ ∀ ─ ─ ─ ─ ─ / ─ ─ ─ / ─ ─ ─ ─   ─ ∋ ─ ─ ─ ─ ─ / ─ ─ ─ / ─ ─ ─ ─   ─ ∀ ─   19 ←
→ 18  O V O O O O O O / O / O O O O O    O U O O O O O O / O / O O O O O    O V O
      O O O O O O O O O O O O O O O O    O O O O O O O O O O O O O O O O    O O O   17 ←
→ 16  ─ ─ ─ ─ ─ ─ ─ ─ ─ ─ ─ ─ ─ ─ ─    ─ ─ ─ ─ ─ ─ ─ ─ ─ ─ ─ ─ ─ ─ ─    ─ ─ ─
      ─ ─ ─ ─ ─ ─ ─ ─ ─ ─ ─ ─ ─ ─ ─    ─ ─ ─ ─ ─ ─ ─ ─ ─ ─ ─ ─ ─ ─ ─    ─ ─ ─   15 ←
→ 14  O O O O O O O O O O O O O O O O    O O O O O O O O O O O O O O O O    O O O
      O O O O O O O O O O O O O O O O    O O O O O O O O O O O O O O O O    O O O   13 ←
→ 12  ─ ─ ─ ─ ─ ─ ─ ─ ─ ─ ─ ─ ─ ─ ─    ─ ─ ─ ─ ─ ─ ─ ─ ─ ─ ─ ─ ─ ─ ─    ─ ─ ─
      ─ ─ ─ ─ ─ ─ ─ / ∋ / ─ ─ ─ ─ ─    ─ ─ ─ ─ ─ ─ ─ / ∋ / ─ ─ ─ ─ ─    ─ ─ ─   11 ←
→ 10  O O O O O O O / O U O / O O O O    O O O O O O O / O U O / O O O O    O O O
      ─ ─ ─ ─ ─ ─ / ─ ─ ∋ ─ ─ / ─ ─ ─   ─ ─ ─ ─ ─ ─ / ─ ─ ∋ ─ ─ / ─ ─ ─   ─ ─ ─   09 ←
→ 08  O O O O O / O O O U O O O / O O    O O O O O / O O O U O O O / O O    O O O
      ─ ─ ─ ─ / ─ ─ ─ ─ ∋ ─ ─ ─ ─ / ─   ─ ─ ─ ─ / ─ ─ ─ ─ ∋ ─ ─ ─ ─ / ─   ─ ─ ─   07 ←
→ 06  O O O / O O O O O U O O O O O /    O O O / O O O O O U O O O O O /    O O O
      ─ ─ / ─ ─ ─ ─ ─ ─ ∋ ─ ─ ─ ─ ─ ─   / ─ / ─ ─ ─ ─ ─ ─ ∋ ─ ─ ─ ─ ─ ─   / ─ ─   05 ←
→ 04  ─ ─ ─ ─ ─ ─ ─ ─ ─ ─ ─ ─ ─ ─ ─    ─ ─ ─ ─ ─ ─ ─ ─ ─ ─ ─ ─ ─ ─ ─    ─ ─ ─
      O O O O O O O O O O O O O O O O    O O O O O O O O O O O O O O O O    O O O   03 ←
→ 02  O O O O O O O O O O O O O O O O    O O O O O O O O O O O O O O O O    O O O
      ─ ─ ─ ─ ─ ─ ─ ─ ─ ─ ─ ─ ─ ─ ─    ─ ─ ─ ─ ─ ─ ─ ─ ─ ─ ─ ─ ─ ─ ─    ─ ─ ─   01 ←
```

163

Spanischer Kürbis

Nannette Höflich

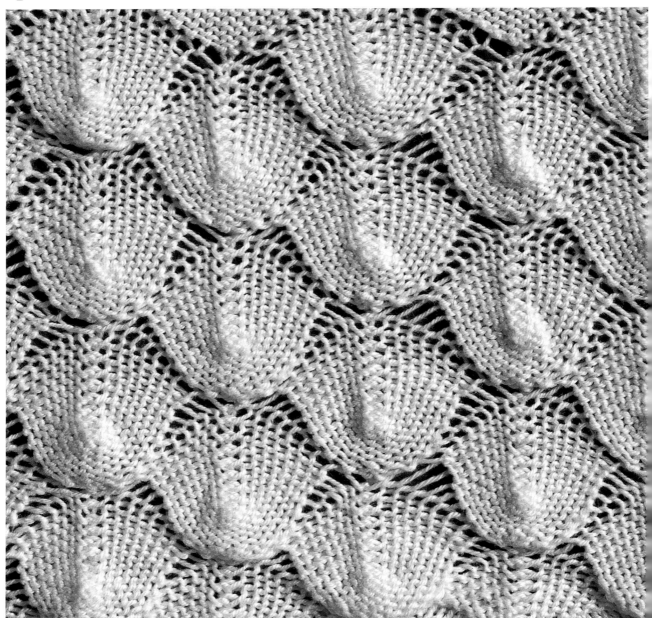

In Runden:
Maschenanschlag durch 20 teilbar.
Letzte Masche der 10. Runde links verschränkt
stricken.

▽ = 3 Maschen links durch
Überziehen zusammenstricken:

1 Masche abheben (Faden liegt vor der Nadel), 1 Ma-
sche links, linke Masche auf die linke Nadel heben
(dabei liegt der Faden vor der Nadel), nächste Ma-
sche über die links gestrickte Masche ziehen (dabei
liegt der Faden vor beiden Maschen), linke Masche
auf die rechte Nadel heben, abgehobene Masche
ebenso über linke Masche ziehen.

Hin- und Rückreihen: → 18
Maschenanschlag
durch 20 teilbar.
+ 11 +
2 Randmaschen.

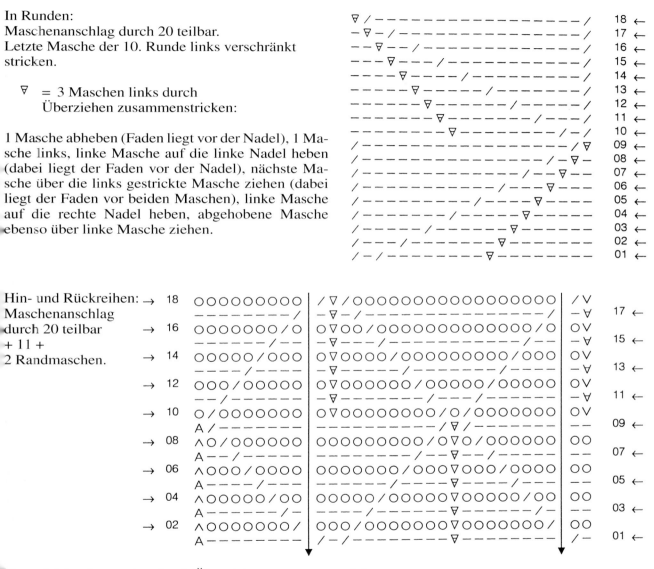

▽ = 3 Maschen rechts durch Überziehen zusammenstricken:
1 Masche rechts abheben, 1 Masche rechts, abgehobene Masche über rechte Masche ziehen.
Rechts gestrickte Masche auf die linke Nadel heben, nächste Masche darüberziehen. Masche
wieder auf die rechte Nadel heben.

Pretiosa

Nannette Höflich

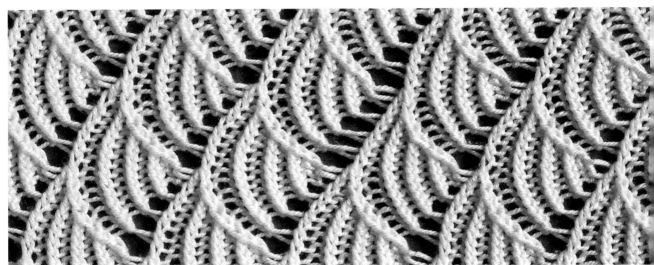

In Runden:
Maschenanschlag durch 10 teilbar.
1. Masche der 19. Runde rechts verschränkt
an letzte Nadel der 18. Runde stricken.

```
− 8 − 8 − 8 − 8 / ∞      18 ←
− 8 − 8 − 8 − / 8 ∞      17 ←
− 8 − 8 − 8 / 8 − ∞      16 ←
− 8 − 8 − / 8 − 8 ∞      15 ←
− 8 − 8 / 8 − 8 − ∞      14 ←
− 8 − / 8 − 8 − 8 ∞      13 ←
− 8 / 8 − 8 − 8 − ∞      12 ←
− / 8 − 8 − 8 − 8 ∞      11 ←
/ 8 − 8 − 8 − 8 − ∞      10 ←
∞ − 8 − 8 − 8 − 8 /      09 ←
8 ∞ − 8 − 8 − 8 − /      08 ←
8 − ∞ − 8 − 8 − 8 /      07 ←
8 − 8 ∞ − 8 − 8 − /      06 ←
8 − 8 − ∞ − 8 − 8 /      05 ←
8 − 8 − 8 ∞ − 8 − /      04 ←
8 − 8 − 8 − ∞ − 8 /      03 ←
8 − 8 − 8 − 8 ∞ − /      02 ←
8 − 8 − 8 − 8 − ∞ /      01 ←     Strickt sich stark ein.
```

Hin- und Rückreihen:
Maschenanschlag durch 10 teilbar + 2 +
2 Randmaschen.
Muster ab 2. Reihe wiederholen.

```
           ʇ | 8 − 8 − 8 − 8 − ∞ / | 2 | 19 ←
  → 18  O | O ~ O ~ O ~ O ~ / 2 | O |    ←
       − | − 8 − 8 − 8 − / 8 ∞ | − | 17 ←
  → 16  O | O ~ O ~ O ~ / ~ O 2 | O |    ←
       − | − 8 − 8 − / 8 − 8 ∞ | − | 15 ←
  → 14  O | O ~ O ~ / ~ O ~ O 2 | O |    ←
       − | − 8 − / 8 − 8 − 8 ∞ | − | 13 ←
  → 12  O | O ~ / ~ O ~ O ~ O 2 | O |    ←
       − | − / 8 − 8 − 8 − 8 ∞ | − | 11 ←
  → 10  O | / ~ O ~ O ~ O ~ O 2 | O |    ←
       − | ∞ − 8 − 8 − 8 − 8 / | − | 09 ←
  → 08  O | ~ 2 O ~ O ~ O ~ O / | O |    ←
       − | 8 − ∞ − 8 − 8 − 8 / | − | 07 ←
  → 06  O | ~ O ~ 2 O ~ O ~ O / | O |    ←
       − | 8 − 8 − ∞ − 8 − 8 / | − | 05 ←
  → 04  O | ~ O ~ O ~ 2 O ~ O / | O |    ←
       − | 8 − 8 − 8 − ∞ − 8 / | − | 03 ←
  → 02  O | ~ O ~ O ~ O ~ 2 O / | O |    ←
       − | 8 − 8 − 8 − 8 − ∞ / | − | 01 ←
```

Königstour

Nannette Höflich

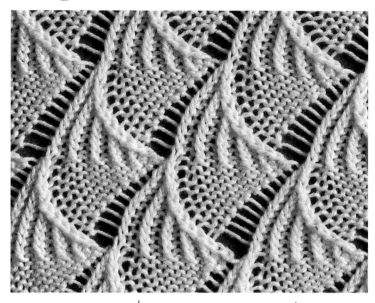

In Runden:
Maschenanschlag durch 12 teilbar.

⊕ 23. Runde:
1. Masche der 23. Runde (Wiederholungsmuster Runde 1) an die letzte Nadel der 22. Runde verschränkt stricken.
Muster ab 2. Runde wiederholen.

```
8 − 8 − 8 − 8 − 8 − ∞ / ⊕    23 ←
− − − − − − − − − − / ∞      22 ←
− − − − − − − − − / 8 ∞      21 ←
− − − − − − − − / 8 − ∞      20 ←
− − − − − − − / 8 − 8 ∞      19 ←
− − − − − − / 8 − 8 − ∞      18 ←
− − − − − / 8 − 8 − 8 ∞      17 ←
− − − − / 8 − 8 − 8 − ∞      16 ←
− − − / 8 − 8 − 8 − 8 ∞      15 ←
− − / 8 − 8 − 8 − 8 − ∞      14 ←
− / 8 − 8 − 8 − 8 − 8 ∞      13 ←
/ 8 − 8 − 8 − 8 − 8 − ∞      12 ←
∞ − − − − − − − − − − /      11 ←
8 ∞ − − − − − − − − − /      10 ←
8 − ∞ − − − − − − − − /      09 ←
8 − 8 ∞ − − − − − − − /      08 ←
8 − 8 − ∞ − − − − − − /      07 ←
8 − 8 − 8 ∞ − − − − − /      06 ←
8 − 8 − 8 − ∞ − − − − /      05 ←
8 − 8 − 8 − 8 ∞ − − − /      04 ←
8 − 8 − 8 − 8 − ∞ − − /      03 ←
8 − 8 − 8 − 8 − 8 ∞ − /      02 ←
8 − 8 − 8 − 8 − 8 − ∞ /      01 ←
```

```
          ↰  | 8 − 8 − 8 − 8 − 8 − ∞ / | 2       23 ←
   → 22   O  | O O O O O O O O O O / 2 | O
          −  | − − − − − − − − − / 8 ∞ | −       21 ←
   → 20   O  | O O O O O O O O / ~ O 2 | O
          −  | − − − − − − − / 8 − 8 ∞ | −       19 ←
   → 18   O  | O O O O O O / ~ O ~ O 2 | O
          −  | − − − − − / 8 − 8 − 8 ∞ | −       17 ←
   → 16   O  | O O O O / ~ O ~ O ~ O 2 | O
          −  | − − − / 8 − 8 − 8 − 8 ∞ | −       15 ←
   → 14   O  | O O / ~ O ~ O ~ O ~ O 2 | O
          −  | − / 8 − 8 − 8 − 8 − 8 ∞ | −       13 ←
   → 12   O  | / ~ O ~ O ~ O ~ O ~ O 2 | O
          −  | ∞ − − − − − − − − − − / | −       11 ←
   → 10   O  | ~ 2 O O O O O O O O O / | O
          −  | 8 − ∞ − − − − − − − − / | −       09 ←
   → 08   O  | ~ O ~ 2 O O O O O O O / | O
          −  | 8 − 8 − ∞ − − − − − − / | −       07 ←
   → 06   O  | ~ O ~ O ~ 2 O O O O O / | O
          −  | 8 − 8 − 8 − ∞ − − − − / | −       05 ←
   → 04   O  | ~ O ~ O ~ O ~ 2 O O O / | O
          −  | 8 − 8 − 8 − 8 − ∞ − − / | −       03 ←
   → 02   O  | ~ O ~ O ~ O ~ O ~ 2 O / | O
          −  | 8 − 8 − 8 − 8 − 8 − ∞ / | −       01 ←
             ↓                         ↓
```

Hin- und Rückreihen:
Maschenanschlag durch 12 teilbar + 2 +
2 Randmaschen.
Muster ab 2. Reihe wiederholen.

↰ = 1 Masche links verschränkt aufnehmen.

Jakobinerrand

Anna Knauer

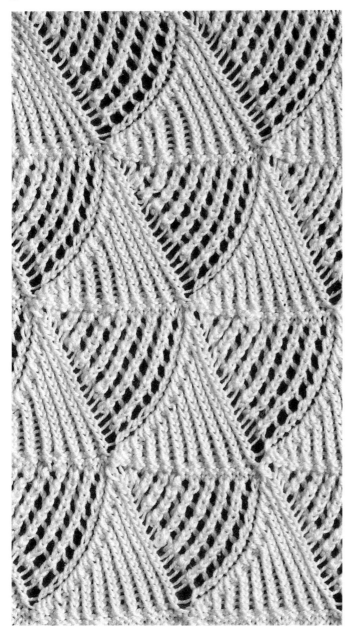

In Runden:
Maschenanschlag durch 20 teilbar.
Muster ab 3. Runde wiederholen.

```
─ ─ ─ ─ ─ ─ ─ ─ ─ ─ ─ ─ ─ ─ ─ ─ ─ ─ ─ ─      23 ←
─ ─ ─ ─ ─ ─ ─ ─ ─ ─ ─ ─ ─ ─ ─ ─ ─ ─ ─ ─      22 ←
∞ / O O O O O O O O O O O O O O O O O 8        21 ←
∞ 8 / × / × / × / × / × / × / × / 8            20 ←
∞ − 8 / O O O O O O O O O O O O O O O 8        19 ←
∞ 8 − 8 / × / × / × / × / × / × / 8            18 ←
∞ − 8 − 8 / O O O O O O O O O O O O O 8        17 ←
∞ 8 − 8 − 8 / × / × / × / × / × / 8            16 ←
∞ − 8 − 8 − 8 / O O O O O O O O O O O 8        15 ←
∞ 8 − 8 − 8 − 8 / × / × / × / × / 8            14 ←
∞ − 8 − 8 − 8 − 8 / O O O O O O O O O 8        13 ←
∞ 8 − 8 − 8 − 8 − 8 / × / × / × / 8            12 ←
∞ − 8 − 8 − 8 − 8 − 8 / O O O O O O O 8        11 ←
∞ 8 − 8 − 8 − 8 − 8 − 8 / × / × / 8            10 ←
∞ − 8 − 8 − 8 − 8 − 8 − 8 / O O O O O 8        09 ←
∞ 8 − 8 − 8 − 8 − 8 − 8 − 8 / × / 8            08 ←
∞ − 8 − 8 − 8 − 8 − 8 − 8 − 8 / O O O 8        07 ←
∞ 8 − 8 − 8 − 8 − 8 − 8 − 8 − 8 / × / 8        06 ←
∞ − 8 − 8 − 8 − 8 − 8 − 8 − 8 − 8 / O 8        05 ←
∞ 8 − 8 − 8 − 8 − 8 − 8 − 8 − 8 − 8 / 8        04 ←
∞ − 8 − 8 − 8 − 8 − 8 − 8 − 8 − 8 − 8 /        03 ←
─ ─ ─ ─ ─ ─ ─ ─ ─ ─ ─ ─ ─ ─ ─ ─ ─ ─ ─        02 ←
─ ─ ─ ─ ─ ─ ─ ─ ─ ─ ─ ─ ─ ─ ─ ─ ─ ─ ─        01 ←
```

Hin- und Rückreihen:
Maschenanschlag durch 20 teilbar + 11 + 2 Randmaschen.
Muster ab 3. Reihe wiederholen.

```
→ 44   O | O O O O O O O O O O O O O O O O O O O O | O O O O O O O O O
       — | — — — — — — — — — — — — — — — — — — — — | — — — — — — — —      43 ←
→ 42   ~ | / — — — — — — — — — — — ~ 2             | — — — — — — —
       ∞ | / × / × / × / × / × / × / × / 8 ∞ 8     | / O × / × / × / × /  41 ←
→ 40  ~ ~| / — — — — — — — — — — ~ 2 O ~           | — — — — — — — —
      ∞ 8 | / × / × / × / × / × / × / 8 ∞ 8 — 8     | / × / × / × /        39 ←
→ 38 ~ O ~| / — — — — — — — — — ~ 2 O ~ O ~         | — — — — — —
    ∞ — 8 | / × / × / × / × / × / 8 ∞ 8 — 8 — 8     | / O × / × /          37 ←
→ 36 ~ ~ O ~| / — — — — — — — — ~ 2 O ~ O ~         | — — — — —
   ∞ 8 — 8 | / × / × / × / × / 8 ∞ 8 — 8 — 8 — 8     | / × / × /            35 ←
→ 34 ~ O ~ O ~| / — — — — — — — ~ 2 O ~ O ~ O ~     | — — — — —
  ∞ — 8 — 8 | / × / × / × / 8 ∞ 8 — 8 — 8 — 8 — 8    | / O × /              33 ←
→ 32 ~ ~ O ~ O ~| / — — — — — — ~ 2 O ~ O ~ O ~     | — — — —
 ∞ 8 — 8 — 8 | / × / × / 8 ∞ 8 — 8 — 8 — 8 — 8 — 8   | / × /                31 ←
→ 30 ~ O ~ O ~ O ~| / — — — — — ~ 2 O ~ O ~ O ~ O ~  | — — —
∞ — 8 — 8 — 8 | / × / 8 ∞ 8 — 8 — 8 — 8 — 8 — 8 — 8  | / O × /              29 ←
→ 28 ~ ~ O ~ O ~ O ~| / — — — ~ 2 O ~ O ~ O ~ O ~ O ~| — — —
∞ 8 — 8 — 8 — 8 | / × / 8 ∞ 8 — 8 — 8 — 8 — 8 — 8 — 8 | / × /               27 ←
→ 26 ~ O ~ O ~ O ~ O ~| / — ~ 2 O ~ O ~ O ~ O ~ O ~ O ~| — —
∞ — 8 — 8 — 8 — 8 | / 8 ∞ 8 — 8 — 8 — 8 — 8 — 8 — 8 — 8| / O            25 ←
→ 24 O ~ O ~ O ~ O ~ O ~| / 2 O ~ O ~ O ~ O ~ O ~ O ~ O ~| —
       — — — — — — — — — — | — — — — — — — — — — — — — — — | — — — — — — — —  23 ←
→ 22   O O O O O O O O O O | O O O O O O O O O O O O O O O O O O O O | O
       O O O O O O O O O O | ∞ / O O O O O O O O O O O O O O O O O 8 | 8    21 ←
→ 20   / — 2 / 2 / 2 / 2 / | 2 ~ / 2 / 2 / 2 / 2 / 2 / 2 / 2 / ~   | 2
       O O O O O O O O O O | ∞ — 8 / O O O O O O O O O O O O O O O 8 | 8 8  19 ←
→ 18   / 2 / 2 / 2 / 2 /   | 2 ~ O ~ / 2 / 2 / 2 / 2 / 2 / 2 / ~   | 2 ~
       O O O O O O O       | ∞ — 8 — 8 / O O O O O O O O O O O 8     | 8 — 8  17 ←
→ 16   / — 2 / 2 / 2 /     | 2 ~ O ~ O ~ / 2 / 2 / 2 / 2 / 2 / ~   | 2 O ~
       O O O O O O O       | ∞ — 8 — 8 — 8 / O O O O O O O O O 8     | 8 8 — 8  15 ←
→ 14   / 2 / 2 / 2 /       | 2 ~ O ~ O ~ O ~ / 2 / 2 / 2 / 2 / ~   | 2 ~ O ~
       O O O O O O         | ∞ — 8 — 8 — 8 — 8 / O O O O O O O 8     | 8 — 8 — 8  13 ←
→ 12   / — 2 / 2 /         | 2 ~ O ~ O ~ O ~ O ~ / 2 / 2 / 2 / ~   | 2 O ~ O ~
       O O O O O           | ∞ — 8 — 8 — 8 — 8 — 8 / O O O O O 8     | 8 8 — 8 — 8  11 ←
→ 10   / 2 / 2 /           | 2 ~ O ~ O ~ O ~ O ~ O ~ / 2 / 2 / ~   | 2 ~ O ~ O ~
       O O O O             | ∞ — 8 — 8 — 8 — 8 — 8 — 8 / O O O O O 8 | 8 — 8 — 8 — 8  09 ←
→ 08   / — 2 /             | 2 ~ O ~ O ~ O ~ O ~ O ~ O ~ / 2 / ~   | 2 O ~ O ~ O ~
       O O O               | ∞ — 8 — 8 — 8 — 8 — 8 — 8 — 8 / O O O 8 | 8 8 — 8 — 8 — 8  07 ←
→ 06   / 2 /               | 2 ~ O ~ O ~ O ~ O ~ O ~ O ~ O ~ / ~   | 2 ~ O ~ O ~ O ~
       O O                 | ∞ — 8 — 8 — 8 — 8 — 8 — 8 — 8 — 8 / O 8 | 8 — 8 — 8 — 8 — 8  05 ←
→ 04   — /                 | 2 ~ O ~ O ~ O ~ O ~ O ~ O ~ O ~ O ~ / ~ | 2 O ~ O ~ O ~ O ~
       O                   | ∞ — 8 — 8 — 8 — 8 — 8 — 8 — 8 — 8 — 8 / | — 8 — 8 — 8 — 8 — 8  03 ←
→ 02   O | O O O O O O O O O O O O O O O O O O O O | O O O O O O O O O
       — | — — — — — — — — — — — — — — — — — — — — | — — — — — — — —      01 ←
```

169

Wappenschild

Nannette Höflich

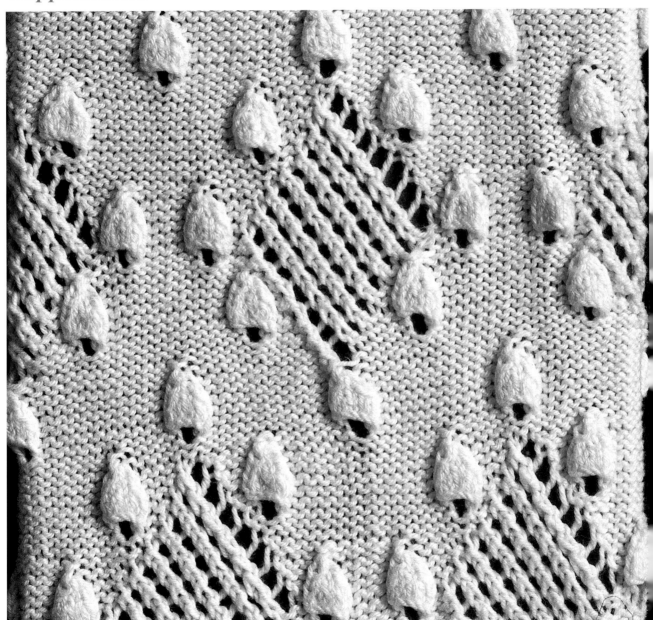

In Runden:
Maschenanschlag durch 24 teilbar.

```
- - - - - 2 - - - - - - - - - - - - 2 - - - - -            72 ←
- - - - - D - - - - - - - - - - - - D - - - - -   ⊕        71 ←
- - - - 0 0 0 - - - - - - - - - - 0 0 0 - - 0 0            70 ←
- - - - × 0 V - - - - - - - - - × 0 V - - - ∞ /   ⊕        69 ←
- - 0 0 0 0 0 - - - - - - - - 0 0 0 0 0 - - 0 0 0 0        68 ←
- - 0 0 0 0 0 - - - - - - - - 0 0 0 0 0 - - ∞ / ∞ /   ⊕    67 ←
- - 8 8 8 8 8 - - - - - - - - 8 8 8 8 8 - - 0 0 0 0 0 0    66 ←
- - / / / / / - - - - - - - - / / / / / - ∞ / ∞ / ∞ /   ⊕ 65 ←
                - - - - - - - - - - - - 0 0 0 0 0 0 0 0    64 ←
                - - - - - - - - - - ∞ / ∞ / ∞ / ∞ /   ⊕    63 ←
            - - - - 2 - - - - 2 - - - - 0 0 0 0 0 0 0 0    62 ←
            - - - - D - - - - - D - - ∞ / ∞ / ∞ / ∞ /   ⊕  61 ←
          - - 0 0 0 - - - - - 0 0 0 - - 0 0 0 0 0 0 0 0    60 ←
          - - × 0 V - - - - - × 0 V - - ∞ / ∞ / ∞ / ∞ /  ⊕ 59 ←
        - - 0 0 0 0 0 - - - - 0 0 0 0 0 - 0 0 0 0 0 0 0 0  58 ←
        - - 0 0 0 0 0 - - - - 0 0 0 0 0 - ∞ / ∞ / ∞ / ∞ /  ⊖ 57 ←
        - - 8 8 8 8 8 - - - - 8 8 8 8 8 - - 0 0 0 0 0 0 0 0 56 ←
        - - / / / / / - - - - / / / / / - - ∞ / ∞ / ∞ / ∞ / ⊖ 55 ←
              - - 2 - - - - - - - - 2 - 0 0 0 0 0 0 0 0    54 ←
              - D - - - - - - - - D - ∞ / ∞ / ∞ / ∞ /   ⊖  53 ←
            - 0 0 0 - - - - - 0 0 0 - - 0 0 0 0 0 0 0 0    52 ←
            - × 0 V - - - - - × 0 V - - ∞ / ∞ / ∞ /   ⊖    51 ←
          - - 0 0 0 0 0 - - - - 0 0 0 0 0 - - 0 0 0 0 0 0  50 ←
          - - 0 0 0 0 0 - - - - 0 0 0 0 0 - - ∞ / ∞ /   ⊖  49 ←
          - - 8 8 8 8 8 - - - - 8 8 8 8 8 - - - 0 0 0 0    48 ←
          - - / / / / / - - - - / / / / / - - - ∞ / ∞ /  ⊖ 47 ←
                                          - - - - 0 0      46 ←
                                          - - - - ∞ /      45 ←
              - - - - - - 2 - - - - - - - - 2              44 ←
              - - - - - - D - - - - - - - - D              43 ←
            - - - - - - 0 0 0 - - - - - - 0 0 0            42 ←
            - - - - - - × 0 V - - - - - - × 0 V            41 ←
          - - - - - - 0 0 0 0 0 - - - - - 0 0 0 0 0        40 ←
          - - - - - - 0 0 0 0 0 - - - - - 0 0 0 0 0        39 ←
          - - - - - - 8 8 8 8 8 - - - - - 8 8 8 8 8        38 ←
          - - - - - - / / / / / - - - - - / / / / /        37 ←
            - - - - - 2 - - - - - - - 2 - - - - -          36 ←
            - - - - - D - - - - - - - D - - - - -          35 ←
          - - - - - 0 0 0 - - 0 0 - - - 0 0 0 - - -        34 ←
          - - - - - × 0 V - - ∞ / - - - - × 0 V            33 ←
        - - - - - 0 0 0 0 0 - - 0 0 0 - - 0 0 0 0 0        32 ←
        - - - - - 0 0 0 0 0 - - ∞ / ∞ / - - 0 0 0 0 0      31 ←
        - - - - - 8 8 8 8 8 - - 0 0 0 0 0 0 - 8 8 8 8 8    30 ←
        - - - - - / / / / / - - ∞ / ∞ / ∞ / - / / / / /    29 ←
              - - - - - - - 0 0 0 0 0 0 0 0 - - - - -      28 ←
              - - - - - ∞ / ∞ / ∞ / ∞ / - - - - -          27 ←
          - - 2 - - - - 0 0 0 0 0 0 0 0 0 0 - - - - 2 - -  26 ←
          - - D - - - - ∞ / ∞ / ∞ / ∞ / ∞ / - - - - D - -  25 ←
        - - 0 0 0 - - - 0 0 0 0 0 0 0 0 0 0 - - 0 0 0      24 ←
        - - × 0 V - - ∞ / ∞ / ∞ / ∞ / ∞ / - - - × 0 V      23 ←
      - - 0 0 0 0 0 - - 0 0 0 0 0 0 0 0 0 0 - - 0 0 0 0 0  22 ←
      - - 0 0 0 0 0 - - ∞ / ∞ / ∞ / ∞ / ∞ / - - 0 0 0 0 0  21 ←
      - - 8 8 8 8 8 - - 0 0 0 0 0 0 0 0 0 0 - - - 8 8 8 8 8 - - - 20 ←
      - - / / / / / - - ∞ / ∞ / ∞ / ∞ / ∞ / - - - / / / / / - - - 19 ←
              - - - 2 - 0 0 0 0 0 0 0 0 - - 2 - - - - -    18 ←
            - - - - D - ∞ / ∞ / ∞ / ∞ / - D - - - - -      17 ←
          - - - - 0 0 0 - - 0 0 0 0 0 0 0 0 - - 0 0 0      16 ←
          - - - - × 0 V - - ∞ / ∞ / ∞ / - - × 0 V          15 ←
        - - - - - 0 0 0 0 0 - - 0 0 0 0 0 0 - - - 0 0 0 0 0 14 ←
        - - - - - 0 0 0 0 0 - - ∞ / ∞ / - - - 0 0 0 0 0    13 ←
        - - - - - 8 8 8 8 8 - - - 0 0 0 0 - - - 8 8 8 8 8 - - 12 ←
        - - - - - / / / / / - - - ∞ / ∞ / - - - / / / / /  11 ←
              - - - - - - - - - 0 0                        10 ←
              - - - - - - - - ∞ /                          09 ←
            - - - - - - - - 2 - - - - - - - - - 2          08 ←
            - - - - - - - - D - - - - - - - - - D          07 ←
          - - - - - - - - 0 0 0 - - - - - - - 0 0 0        06 ←
          - - - - - - - - × 0 V - - - - - - - × 0 V        05 ←
        - - - - - - - - 0 0 0 0 0 - - - - - - 0 0 0 0 0    04 ←
        - - - - - - - - 0 0 0 0 0 - - - - - - 0 0 0 0 0    03 ←
        - - - - - - - - 8 8 8 8 8 - - - - - - 8 8 8 8 8    02 ←
        - - - - - - - - / / / / / - - - - - - / / / / /    01 ←
```

⊖ Letzte Masche der vorhergehenden Runde an 47. Runde heben, ebenso bei der 49. Runde usw.

⊕ 1. Masche an die Nadel der vorhergehenden Runde stricken.

171

Hin- und Rückreihen:
Maschenanschlag durch 24 teilbar
+ 4 + 2 Randmaschen.

In Runden:
Maschenanschlag durch 12 teilbar.

Huldigungstour

Nannette Höflich

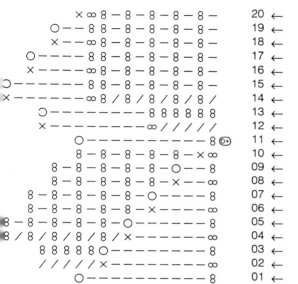

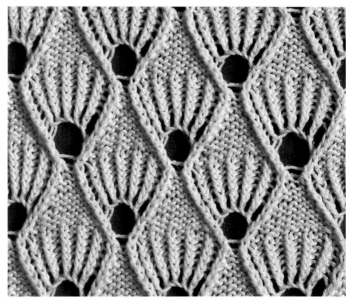

```
 × ∞ 8 — 8 — 8 — 8 — 8 —        20 ←
 O — — 8 8 — 8 — 8 — 8 — 8 —    19 ←
 × — — ∞ 8 — 8 — 8 — 8 — 8 —    18 ←
 O — — — 8 8 — 8 — 8 — 8 — 8 —  17 ←
 × — — — — ∞ 8 — 8 — 8 — 8 — 8 —  16 ←
 O — — — — — 8 8 — 8 — 8 — 8 — 8 —  15 ←
 × — — — — — ∞ 8 / 8 / 8 / 8 / 8 /  14 ←
 O — — — — — — 8 8 8 8 8        13 ←
 × — — — — — — — ∞ / / / / /    12 ←
 O — — — — — — — — 8 ⊙+          11 ←
 8 — 8 — 8 — 8 — 8 — × — ∞       10 ←
 8 — 8 — 8 — 8 — 8 — O — — 8     09 ←
 8 — 8 — 8 — 8 — 8 — × — — ∞     08 ←
 8 — 8 — 8 — 8 — 8 — O — — — 8   07 ←
 8 — 8 — 8 — 8 — 8 — × — — — ∞   06 ←
 8 — 8 — 8 — 8 — 8 — O — — — — 8  05 ←
 8 / 8 / 8 / 8 / 8 / × — — — — ∞  04 ←
 8 8 8 8 8 O — — — — — 8          03 ←
 / / / / / × — — — — — ∞          02 ←
 O — — — — — — — — 8              01 ←
```

⊙+ 11. Runde: 1. Masche auf die vorhergehende Nadel stricken, damit das Muster versetzt wird. Letzte (rechts zusammengestrickte) Masche der 20. Runde auf 1. Runde (21. Runde) heben – gilt als 1. Masche verschränkt der 21. Runde, also weiter 10 links, 1 rechts, 1 verschränkt usw.

Hin- und Rückreihen:
Maschenanschlag durch 12 teilbar + 14 + 2 Randmaschen.

```
→ 20   ~ O ~ O ~ O        2  |2           ~ O ~ O ~ O ~ O ~ O        2  |2         ~ O ~ O ~ O       ←
       8 — 8 — 8 —       O —  | — 8        8 — 8 — 8 — 8 — 8 —       O —  | — 8     8 — 8 — 8 —      19 ←
→ 18   ~ O ~ O ~ O      2 O   |O 2         ~ O ~ O ~ O ~ O ~ O      2 O   |O 2      ~ O ~ O ~ O       ←
       8 — 8 — 8 —      O — —  | — — 8      8 — 8 — 8 — 8 — 8 —      O — —  | — — 8  8 — 8 — 8 —      17 ←
→ 16   ~ O ~ O ~ O     2 O O  |O O 2        ~ O ~ O ~ O ~ O ~ O     2 O O  |O O 2   ~ O ~ O ~ O       ←
       8 — 8 — 8 — O   — — —   | — — — 8 8 — 8 — 8 — 8 — 8 —       O — — —  | — — — 8 8 8 — 8 — 8 —   15 ←
→ 14   ~ / ~ / ~ / 2 O O O    |O O O 2       ~ / ~ / ~ / ~ / ~ /   2 O O O  |O O O 2 ~ / ~ / ~ O      ←
       8     8 8 O — — — —     | — — — — 8 8 8 8 8              O — — — —    | — — — — 8 8 8 8        13 ←
→ 12   ~       / / 2 O O O O   |O O O O 2    / / / / /          2 O O O O    |O O O O 2 / / /    O     ←
       8 O                     |— — — — —            8 O        — — — — —    |— — — — —             8 — 11 ←
→ 10   O 2        ~ O ~ O ~    |O ~ O ~ O        2 2              ~ O ~ O ~  |O ~ O ~ O         2 O     ←
       — — 8        8 — 8 — 8  | — 8 — 8 —      O — — 8          8 — 8 — 8   | — 8 — 8 —        O — —   09 ←
→ 08   O O 2        ~ O ~ O ~  |O ~ O ~ O        2 O O 2          ~ O ~ O ~  |O ~ O ~ O         2 O O   ←
       — — — 8        8 — 8 — 8| — 8 — 8 —      O — — — 8        8 — 8 — 8   | — 8 — 8 —        O — — — 07 ←
→ 06   O O O 2        ~ O ~ O ~|O ~ O ~ O        2 O O O 2        ~ O ~ O ~  |O ~ O ~ O         2 O O O ←
       — — — — 8 8 — 8 — /      | / — 8 — 8 — O — — — — — 8       8 — 8 — /   | / — 8 — 8 —      O — — — 05 ←
→ 04   O O O O 2 ~ / ~ / ~     |/ ~ / ~ / 2 O O O O O O 2         ~ / ~ / ~   |/ ~ / ~ /         2 O O O O 0
       — — — — 8 8 8            |8 8        O — — — — — — — 8      8 8 8       |8 8               O — — — 03 ←
→ 02   O O O O O 2        / / /|/ /         / /        2 O O O O O O O 2       / / /  |/ /        2 O O O O ←
       — — — — — 8              |O — — — — — — — — 8              — — — — — 8          |O — — — — —       01 ←
```

Albrecht-Dürer-Tour

Nannette Höflich

In Runden:

Maschenanschlag durch 17 teilbar, da aber für den Zackerl-
rand (Runde 17) eine gerade Maschenzahl erforderlich ist,
das Muster möglichst über zwei Mustersätze stricken.

17. Runde: 1 Umschlag, 2 Maschen rechts zusammen-
stricken, fortlaufend wiederholen.

23. Runde: Die Maschen der 12. Runde mit den Maschen
der 23. Runde rechts zusammenstricken. Zäckchen nach
außen.

Muster ab 3. Runde wiederholen.

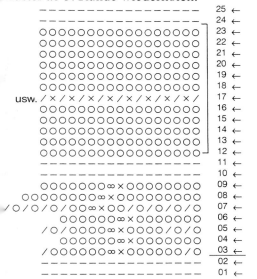

Hin- und Rückreihen:

Maschenanschlag durch 17 teilbar + 2 Randmaschen, da
aber für den Zackerlrand (Reihe 17 und 40) eine gerade
Maschenzahl erforderlich ist, das Muster möglichst über
zwei Mustersätze stricken.

7. Reihe: 1 Umschlag, 2 Maschen rechts zusammen-
stricken, fortlaufend wiederholen.

23. Reihe: Die Maschen der 12. Reihe mit den Maschen
der 23. Reihe rechts zusammenstricken.

40. Reihe: 1 Umschlag, 2 Maschen links zusammen-
stricken, fortlaufend wiederholen.

46. Reihe: Die Maschen der 35. Reihe mit den Maschen
der 46. Reihe links zusammenstricken.

Muster ab 3. Reihe wiederholen.

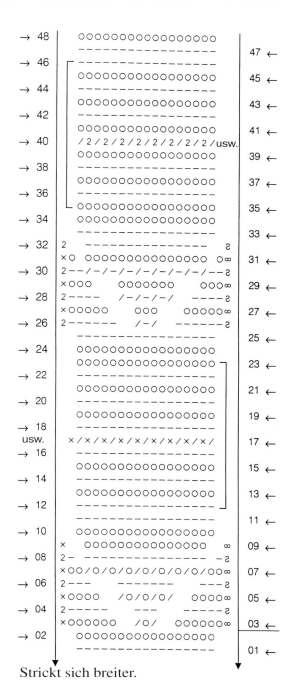

Strickt sich breiter.

Waldischkott-Tour

Juliane Pauker

In Runden:
Maschenanschlag durch 14 teilbar.

```
  × ○ ○ ○ ○ ○ ○ ∞              – – – – –   15 ←
  × ○ ○ ○ ○ ○ ○ ○ ∞            – – – – –   14 ←
  × ○ ○ ○ ○ ○ ○ ○ ○ ∞          – – – – –   13 ←
  × ○ ○ ○ ○ ○ ○ ○ ○ ○ ○ ∞      – – – – –   12 ←
  – – – – – – – – – – – – – – – – – – – –   11 ←
  – – – – – – – – – – – – – – – – – – – –   10 ←
  ○ ○ ○ ○ ○ ○ ○ ○ ○ ○ ○ ○ ○ ○ – – – – –   09 ←
  ○ ○ ○ ○ ○ ○ ○ ○ ○ ○ ○ ○ ○ ○ – – – – –   08 ←
  ○ ○ ○ ○ ○ ○ ○ ○ ○ ○ ○ ○ ○ ○ – – – – –   07 ←
  ○ ○ ○ ○ ○ ○ ○ ○ ○ ○ ○ ○ ○ ○ – – – – –   06 ←
  ○ ○ ○ ○ ○ ○ ○ ○ ○ ○ ○ ○ ○ ○ – – – – –   05 ←
  ○ / ○ / ○ / ○ / ○ / ○ / ○ / ○ / ○ – – – – –   04 ←
        8 – 8 – 8 – 8 – 8 – – – – –   03 ←
        8 – 8 – 8 – 8 – 8 – – – – –   02 ←
        8 – 8 – 8 – 8 – 8 – – – – –   01 ←
```

Hin- und Rückreihen:
Maschenanschlag durch 14 teilbar + 2 Randmasche

```
→ 30        2 – – – – – – – 2      ○ ○ ○ ○ ○
            × ○ ○ ○ ○ ○ ○ ○ ○ ∞    – – – – –   29 ←
→ 28        2 – – – – – – – – – 2  ○ ○ ○ ○ ○
            × ○ ○ ○ ○ ○ ○ ○ ○ ○ ○ ∞  – – – – –  27 ←
→ 26        ○ ○ ○ ○ ○ ○ ○ ○ ○ ○ ○ ○ ○ ○ – – – – –
            – – – – – – – – – – – – – – ○ ○ ○ ○ ○  25 ←
→ 24        ○ ○ ○ ○ ○ ○ ○ ○ ○ ○ ○ ○ ○ ○ – – – – –
            – – – – – – – – – – – – – – ○ ○ ○ ○ ○  23 ←
→ 22        ○ ○ ○ ○ ○ ○ ○ ○ ○ ○ ○ ○ ○ ○ – – – – –
            – – – – – – – – – – – – – – ○ ○ ○ ○ ○  21 ←
→ 20        ○ / ○ / ○ / ○ / ○ / ○ / ○ / ○ / ○ – – – –
            ~ ○ ~ ○ ~ ○ ~ ○ ~ ○ ○ ○ ○ ○  19 ←
→ 18        8 – 8 – 8 – 8 – 8 – – – – –
            ~ ○ ~ ○ ~ ○ ~ ○ ~ ○ ○ ○ ○ ○  17 ←
→ 16        × ○ ○ ○ ○ ○ ○ ○ ○ ∞    – – – – –  15 ←
→ 14        2 – – – – – – – – – 2  ○ ○ ○ ○ ○
            × ○ ○ ○ ○ ○ ○ ○ ○ ○ ∞  – – – – –  13 ←
→ 12        2 – – – – – – – – – – – 2  ○ ○ ○ ○ ○
            ○ ○ ○ ○ ○ ○ ○ ○ ○ ○ ○ ○ ○ ○ – – – – –  11 ←
→ 10        ○ ○ ○ ○ ○ ○ ○ ○ ○ ○ ○ ○ ○ ○ – – – – –
            ○ ○ ○ ○ ○ ○ ○ ○ ○ ○ ○ ○ ○ ○ – – – – –  09 ←
→ 08        – – – – – – – – – – – – – – ○ ○ ○ ○ ○
            ○ ○ ○ ○ ○ ○ ○ ○ ○ ○ ○ ○ ○ ○ – – – – –  07 ←
→ 06        – – – – – – – – – – – – – – ○ ○ ○ ○ ○
            ○ ○ ○ ○ ○ ○ ○ ○ ○ ○ ○ ○ ○ ○ – – – – –  05 ←
→ 04        – / – / – / – / – / – / – / – / – ○ ○ ○ ○ ○
            8 – 8 – 8 – 8 – 8 – – – – –  03 ←
→ 02        ~ ○ ~ ○ ~ ○ ~ ○ ○ ○ ○ ○ ○
            8 – 8 – 8 – 8 – 8 – – – – –  01 ←
```

Fürstenlampe

Nannette Höflich

Arbeitsanleitung siehe folgende Doppelseite.

In Runden:
Maschenanschlag durch 23 teilbar.

⊖　　Letzte Masche der 44. bzw. 46. Runde nicht abstricken, son-
　　dern an die 1. Nadel der nächsten Runde heben und mit den
　　beiden nächsten Maschen rechts zusammenstricken (D).

⊕⊕　Die 2 ersten Maschen der 53. Runde rechts an die letzte Na-
　　del der 52. Runde stricken.

Das Muster ab
Runde 2 wiederholen.

Hin- und Rückreihen:
Maschenanschlag durch 23 teilbar + 15 + 2 Randmaschen.

Strickt sich leicht ein.

Ornamentmuster

Spitzenwanzen

aus Luditz

In Runden:
Maschenanschlag durch 20 teilbar +
21 Maschen.
Zwischenrunden rechts stricken.

Hin- und Rückreihen:
Maschenanschlag durch 20 teilbar + 21 +
2 Randmaschen.
Zwischenreihen links stricken.

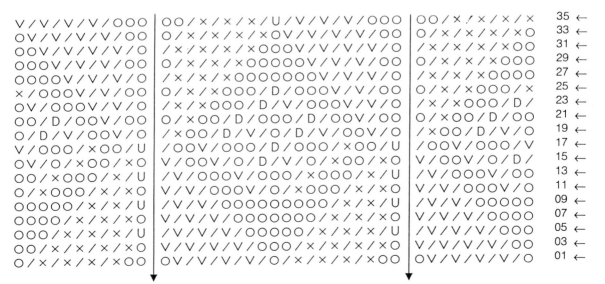

```
V / V / V / V / O O O      O O / × / × / × / U / V / V / V / O O O      O O / × / × / × / ×      35 ←
O V / V / V / V / O O      O / × / × / × / × O V / V / V / V / O O      O / × / × / × / × O      33 ←
O O V / V / V / V / O      / × / × / × / × O O O V / V / V / V / O      / × / × / × / × O O      31 ←
O O O V / V / V / O O      O / × / × / × O O O O O V / V / V / O O      O / × / × / × O O O      29 ←
O O O O V / V / V / O      / × / × / × O O O O O O O V / V / V / O      / × / × / × O O O O      27 ←
× / O O O V / V / O        O / × / × O O O / D / O O O V / V / O O      O / × / × O O O / ×      25 ←
O V / O O O V / V / O      / × / × O O O / D / V / O O O V / V / O      / × / × O O O / D /      23 ←
O O / D / O O V / O O      O / × O O / D / O O O / D / O O V / O O      O / × O O / D / O O      21 ←
O / D / V / O O V / O      / × O O / D / V / O / D / V / O O V / O      / × O O / D / V / O      19 ←
V / O O O / × O O / U      / O O V / O O O / D / O O O / × O O / U      / O O V / O O O / V      17 ←
O V / O / × O O / × O      V / O O V / O / D / V / O / × O O / × O      V / O O V / O / D /      15 ←
O O / × O O O / × / U      / V / O O O / O O O / × O O O / × / U        / V / O O O V / O O      13 ←
O / × O O O / × / × O      / V / V / O O O V / O / × O O O / × / × O    V / V / O O O V / O      11 ←
O O O O / × / × / U        / V / V / O O O O O O O O O / × / × / U      / V / V / O O O O O      09 ←
O O O O / × / × / U        / V / V / V / O O O O O / × / × / × O        V / V / V / O O O O      07 ←
O O O / × / × / × / U      / V / V / V / O O O O O / × / × / × / U      / V / V / V / O O O      05 ←
O O / × / × / × / × O      V / V / V / V / O O O / × / × / × / × O      V / V / V / V / O O      03 ←
O / × / × / × / × O O      O V / V / V / V / O / × / × / × / × O O      O V / V / V / V / O      01 ←
```

Maria-Stuart-Tour

Juliane Pauker

In Runden:
Maschenanschlag durch 20 teilbar.

```
8 8 8 O O O O O O O O O O O O O O O 8 8 8 8      12 ←
 ∞ ∞ ∞ / O O O O O O O O O O O / 8 ∞ ∞ ∞        11 ←
  − 8 − 8 − 8 O O O O O O O O O O 8 − 8 − 8 − 8   10 ←
  − 8 − 8 − 8 / O O O × / O O O O / 8 − 8 − 8 − 8  09 ←
    − 8 − 8 − 8 O O O O O O O O 8 − 8 − 8 − 8      08 ←
    2 8 2 8 2 8 / O × / × / O O / 8 2 8 2 8 2 8    07 ←
  − − 8 − − 8 − − 8 O O O O O O 8 − − 8 − − 8 − − 8 06 ←
  − − 8 − − 8 − − 8 / O × / O O / 8 − − 8 − − 8 − − 8 05 ←
    − − 8 − − 8 − − 8 O O O O 8 − − 8 − − 8 − − 8   04 ←
    − − 8 − − 8 − − 8 / O O O / 8 − − 8 − − 8 − − 8  03 ←
      − − 8 − − 8 − − 8 O O O 8 − − 8 − − 8 − − 8    02 ←
      − − 8 − − 8 − − 8 / O / 8 − − 8 − − 8 − − 8    01 ←
```

Hin- und Rückreihen:
Maschenanschlag durch 20
teilbar + 1 + 2 Randmaschen.

```
→ 12  ~  ~ ~ ~          − − − − − − − − − − − − −        ~ ~ ~ ~
    8  | ∞ ∞ ∞ ∞        / O O O O O O O O O O O O /      8 ∞ ∞ ∞ ∞ |  11 ←
→ 10  ~  O ~ O ~ O ~    − − − − − − − − − − −            ~ O ~ O ~ O ~
    8  | − 8 − 8 − 8    / O O O × / O O O O /            8 − 8 − 8 − 8 |  09 ←
→ 08  ~  O ~ O ~ O ~    − − − − − − − − −                ~ O ~ O ~ O ~
    8  | 2 8 2 8 2 8    / O × / × / O O /                8 2 8 2 8 2 8 |  07 ←
→ 06  ~  O O ~ O O ~ O O ~ − − − − − − − − ~ O O ~ O O ~ O O ~
    8  | − − 8 − − 8 − − 8 / O × / O O / 8 − − 8 − − 8 − − 8 |  05 ←
→ 04  ~  O O ~ O O ~ O O ~ − − − − − ~ O O ~ O O ~ O O ~
    8  | − − 8 − − 8 − − 8 / O O O / 8 − − 8 − − 8 − − 8 |  03 ←
→ 02  ~  O O ~ O O ~ O O ~ − − − ~ O O ~ O O ~ O O ~
    8  | − − 8 − − 8 − − 8 / O / 8 − − 8 − − 8 − − 8 |  01 ←
```

181

Silberpappel

Nannette Höflich

In Runden:
Maschenanschlag durch 20 teilbar.

```
— — — — — — — 8 O O O O — — — — — — —   24 ←
— — — — — — ∞ / O / × — — — — — — —      23 ←
— — — — — — — 8 O 8 — — — — — — — —      22 ←
— — — — — — — ∞ / 8 — — — — — — — —      21 ←
— — — — — — — 8 O 8 — — — — — — — —      20 ←
— — — — — — — ∞ / 8 — — — — — — — —      19 ←
— — — — — — — 8 O 8 — — — — — — — —      18 ←
— — — — — — — ∞ / 8 — — — — — — — —      17 ←
— — — — — — — 8 O 8 — — — — — — — —      16 ←
— — — — — — — ∞ / 8 — — — — — — — —      15 ←
— — — — — — — 8 O 8 — — — — — — — —      14 ←
— — — — — — — ∞ / 8 — — — — — — — —      13 ←
— — — — — — 8 O 8 — — — — — — — —        12 ←
— — — — — — ∞ / 8 — — — — — — — —        11 ←
— — — — — — 8 O 8 O — — — — — — —        10 ←
— — — — — — ∞ / ∞ / — — — — — — —        09 ←
— — — — — 8 O 8 O 8 O — — — — — —        08 ←
— — — — — ∞ / ∞ / ∞ / — — — — — —        07 ←
— — — — — 8 O 8 O 8 O 8 O — — — — —      06 ←
— — — — ∞ / ∞ / ∞ / ∞ / — — — — —        05 ←
— — — — 8 O 8 O 8 O 8 O 8 O — — — —      04 ←
— — — ∞ / ∞ / ∞ / ∞ / ∞ / — — — —        03 ←
— — — 8 O 8 O 8 O 8 O 8 O 8 O — — — —    02 ←
— — — ∞ / ∞ / ∞ / ∞ / ∞ / ∞ / — — —      01 ←
```

```
— — — — — — — — — — — — — — — — — — — —   74 ←
— — — — — — — — — — — — — — — — — — — —   73 ←
— — — — — — — — — 8 — — — — — — — — —     72 ←
— — — — — — — — — O — — — — — — — — —     71 ←
— — — — — — — 8 O O — — — — — — — —       70 ←
— — — — — — — ∞ / O — — — — — — — —       69 ←
— — — — — — — O O O — — — — — — — —       68 ←
— — — — — — — O O O — — — — — — — —       67 ←
— — — — — — 8 O O O O — — — — — — —       66 ←
— — — — — — ∞ / O / × — — — — — — —       65 ←
— — — — — — O 8 O O O — — — — — —         64 ←
— — — — — — O ∞ / O O — — — — — —         63 ←
— — — — — 8 O O O O O O — — — — —         62 ←
— — — — — ∞ / O O O / × — — — — —         61 ←
— — — — — O 8 O O O O O — — — — —         60 ←
— — — — — O ∞ / O × O — — — — — —         59 ←
— — — — 8 O O 8 O O O O O — — — —         58 ←
— — — — ∞ / O ∞ / O O / × — — — —         57 ←
— — — — O 8 O O O O O O — — — —           56 ←
— — — — O ∞ / O O O / × O — — —           55 ←
— — — 8 O O 8 O O O O O O — — —           54 ←
— — — ∞ / O ∞ / O / × O / × — — —         53 ←
— — — O 8 O O 8 O O O O O — — —           52 ←
— — — O ∞ / O ∞ / O O / × O — —           51 ←
— — 8 O O 8 O O O O O O O — —             50 ←
— — ∞ / O ∞ / O O O / × O / × — —         49 ←
— — O 8 O O 8 O O O O O O — —             48 ←
— — O ∞ / O ∞ / O / × O / × O — —         47 ←
— 8 O O 8 O O 8 O O O O O O — —           46 ←
— ∞ / O ∞ / O ∞ / O O / × O / × — —       45 ←
— O 8 O O 8 O O O O O O O O — —           44 ←
— O ∞ / O ∞ / O O O / × O / × O — —       43 ←
— 8 O O 8 O O 8 O O O O O O O O —         42 ←
— ∞ / O ∞ / O ∞ / O / × O / × O / × —     41 ←
— O 8 O O 8 O O 8 O O O O O O O —         40 ←
— O ∞ / O ∞ / O ∞ / O O / × O / × O —     39 ←
8 O O 8 O O 8 O O O O O O O O O O         38 ←
∞ / O ∞ / O ∞ / O O O / × O / × O / ×     37 ←
— 8 O O 8 O O 8 O O O O O O O O O —       36 ←
— O ∞ / O ∞ / O ∞ / O / × O / × O / × —   35 ←
— — 8 O O 8 O O 8 O O O O O O O — —       34 ←
— — ∞ / O ∞ / O ∞ / O O / × O / × — —     33 ←
— — — 8 O O 8 O O O O O O O O — — —       32 ←
— — — ∞ / O ∞ / O O O / × O / × — —       31 ←
— — — — 8 O O 8 O O O O O O O — — —       30 ←
— — — — ∞ / O ∞ / O / × O / × — — —       29 ←
— — — — — 8 O O 8 O O O O O — — — —       28 ←
— — — — — ∞ / O ∞ / O O / × — — —         27 ←
— — — — — — 8 O O O O O — — — — —         26 ←
— — — — — — ∞ / O O O / × — — — —         25 ←
```

Hin- und Rückreihen:
Maschenanschlag durch 20 teilbar + 1 + 2 Randmaschen.

```
→ 26 | OOOOOOO ~ ------- OOOOOO | O
       ------- ∞ / OOO / x ------ | -   25 ←
→ 24   OOOOOOOO ~ ---- OOOOOO    O
       -------- ∞ / O / x ------   -   23 ←
→ 22   OOOOOOOO ~ - ~ OOOOOO      O
       -------- ∞ / 8 ------       -   21 ←
→ 20   OOOOOOOO ~ - ~ OOOOOO      O
       -------- ∞ / 8 ------       -   19 ←
→ 18   OOOOOOOO ~ - ~ OOOOOO      O
       -------- ∞ / 8 ------       -   17 ←
→ 16   OOOOOOOO ~ - ~ OOOOOO      O
       -------- ∞ / 8 ------       -   15 ←
→ 14   OOOOOOOO ~ - ~ OOOOOO      O
       -------- ∞ / 8 ------       -   13 ←
→ 12   OOOOOOO ~ - ~ OOOOOO       O
       -------- ∞ / 8 ------       -   11 ←
→ 10   OOOOOOO ~ - - OOOOOO       O
       ------- ∞ / ∞ / ------      -   09 ←
→ 08   OOOOOO ~ - ~ - ~ OOOOO     O
       ------ ∞ / ∞ / ∞ / -----    -   07 ←
→ 06   OOOOO ~ - ~ - ~ - OOOOO    O
       ----- ∞ / ∞ / ∞ / -----    -   05 ←
→ 04   OOOOO ~ - ~ - ~ - ~ OOOO   O
       ---- ∞ / ∞ / ∞ / ∞ / ----  -   03 ←
→ 02   OOOO ~ - ~ - ~ - ~ - ~ OOOO O
       --- ∞ / ∞ / ∞ / ∞ / ∞ / --- -   01 ←
```

```
→ 74 | OOOOOOOOOOOOOOOOOOOO | O
       -------------------- | -   73 ←
→ 72   OOOOOOOOO ~ OOOOOOO    O
       --------- O --------   -   71 ←
→ 70   OOOOOOOO ~ - OOOOOO    O
       -------- ∞ / O ------  -   69 ←
→ 68   OOOOOOOO - - OOOOOO    O
       -------- OOO ------    -   67 ←
→ 66   OOOOOOO ~ ---- OOOOOO  O
       ------- ∞ / O / x ------ -  65 ←
→ 64   OOOOOOOO ~ ---- OOOOOO  O
       ------- O ∞ / OO ------ -  63 ←
→ 62   OOOOOOO ~ ----- OOOOOO  O
       ------ ∞ / OOO / x ----- -  61 ←
→ 60   OOOOOOO - ~ ----- OOOOOO O
       ------ O ∞ / O / x ------ -  59 ←
→ 58   OOOOOO ~ - - ----- OOOOO O
       ----- ∞ / O ∞ / OO / x ----- -  57 ←
→ 56   OOOOOO ~ - ~ ----- OOOOO O
       ----- O ∞ / OOO / x O ---- -  55 ←
→ 54   OOOOO ~ - - ~ -------- OOOO O
       ---- ∞ / O ∞ / O / x O / x - -  53 ←
→ 52   OOOOO - ~ - - ------- OOOO O
       ---- O ∞ / OO / OO / x O --- -  51 ←
→ 50   OOOO ~ - - ~ ------- OOO O
       ---- ∞ / O ∞ / OOO / x O / x --- -  49 ←
→ 48   OOOO - ~ - - ~ ------- OOO O
       ---- O ∞ / O ∞ / O / x O / x O --- -  47 ←
→ 46   OOO ~ - - ~ - - --------- OO O
       --- ∞ / O ∞ / O ∞ / OO / x O / x -- -  45 ←
→ 44   OOO - ~ - - ~ --------- OO O
       --- O ∞ / O ∞ / OOO / x O / x O --- -  43 ←
→ 42   OO ~ - - ~ - - ~ ---------- O O
       -- ∞ / O ∞ / O ∞ / O / x O / x O / x - -  41 ←
→ 40   OO - ~ - - ~ - - ---------- O O
       -- O ∞ / O ∞ / O ∞ / OO / x O / x O - -  39 ←
→ 38   O ~ - - ~ - - ~ ---------- O
       - ∞ / O ∞ / O ∞ / OOO / x O / x O / x -  37 ←
→ 36   OO ~ - - ~ - - ~ ---------- O O
       -- ∞ / O ∞ / O ∞ / O / x O / x O / x - -  35 ←
→ 34   OOO ~ - - ~ - - ~ --------- OO O
       --- ∞ / O ∞ / O ∞ / OO / x O / x -- -  33 ←
→ 32   OOOO ~ - - ~ --------- OOO O
       ---- ∞ / O ∞ / OOO / x O / x --- -  31 ←
→ 30   OOOOO ~ - - ~ ------- OOOO O
       ----- ∞ / O ∞ / O / x O / x ---- -  29 ←
→ 28   OOOOOO ~ - - ~ ----- OOOOO O
       ------ ∞ / O ∞ / OO / x ----- -  27 ←
```

183

Fächer mit Piquetour

Juliane Pauker

In Runden:
Maschenanschlag durch 18 teilbar.

```
○○○○○○○○○○○○○○○○○○                                        8          40 ←
○✕○✕○✕○✕○✕○✕○✕○✕○✕                                          ∞          39 ←
○○○○○○○○○○○○○○○○○○                                       8  8         38 ←
○⊗✕⊗✕⊗✕⊗✕⊗✕⊗✕⊗✕⊗○                                        8    ∞      37 ←
○○○○○○○○○○○○○○○○○○                                       8  8  8      36 ←
/○⊗✕⊗✕⊗✕⊗✕⊗✕⊗✕⊗○/                                     8    ∞    ∞    35 ←
 ○○○○○○○○○○○○○○○○                                       8  8  8  8  8  34 ←
 /○⊗✕⊗✕⊗✕⊗✕⊗✕⊗○/                                       8  8  8  8  8  33 ←
  ○○○○○○○○○○○○○○                                    8    ∞    ∞    ∞  32 ←
  /○⊗✕⊗✕⊗✕⊗✕⊗○/                                    8 — 8 — 8 — 8 — 8  31 ←
   ○○○○○○○○○○○○                                     8 — 8 — 8 — 8 — 8  30 ←
   /○⊗✕⊗✕⊗✕⊗○/                               8 —    ∞ —    ∞ —    ∞   29 ←
    ○○○○○○○○○○                                8 — — 8 — — 8 — — 8 — — 8  28 ←
    /○⊗✕⊗✕⊗○/                                8 — — 8 — — 8 — — 8 — — 8  27 ←
     ○○○○○○○○                                8 — — 8 — — 8 — — 8 — — 8  26 ←
     /○⊗✕⊗○/                            8 — —    ∞ — —    ∞ — —    ∞   25 ←
      ○○○○○○                            8 — — — 8 — — — 8 — — — 8 — — — 8  24 ←
      /○⊗○/                             8 — — — 8 — — — 8 — — — 8 — — — 8  23 ←
       ○○○                              8 — — — 8 — — — 8 — — — 8 — — — 8  22 ←
       /○/                              8 — — — 8 — — — 8 — — — 8 — — — 8  21 ←
8                   ○○○○○○○○○○○○○○○○○○                                  20 ←
∞                   ○✕○✕○✕○✕○✕○✕○✕○✕○✕                                  19 ←
8  8                ○○○○○○○○○○○○○○○○○○                                  18 ←
8    ∞              ○⊗✕⊗✕⊗✕⊗✕⊗✕⊗✕⊗✕⊗○                                  17 ←
8  8  8             ○○○○○○○○○○○○○○○○○○                                  16 ←
8    ∞    ∞         /○⊗✕⊗✕⊗✕⊗✕⊗✕⊗✕⊗○/                                  15 ←
8  8  8  8  8        ○○○○○○○○○○○○○○○○                                   14 ←
8  8  8  8  8        /○⊗✕⊗✕⊗✕⊗✕⊗✕⊗○/                                   13 ←
8    ∞    ∞    ∞      ○○○○○○○○○○○○○○                                    12 ←
8 — 8 — 8 — 8 — 8     /○⊗✕⊗✕⊗✕⊗✕⊗○/                                    11 ←
8 — 8 — 8 — 8 — 8      ○○○○○○○○○○○○                                     10 ←
8 —    ∞ —    ∞ —    ∞    /○⊗✕⊗✕⊗✕⊗○/                                   09 ←
8 — — 8 — — 8 — — 8 — — 8   ○○○○○○○○○○                                  08 ←
8 — — 8 — — 8 — — 8 — — 8   /○⊗✕⊗✕⊗○/                                   07 ←
8 — — 8 — — 8 — — 8 — — 8    ○○○○○○○○                                   06 ←
8 — —    ∞ — —    ∞ — —    ∞   /○⊗✕⊗○/                                  05 ←
8 — — — 8 — — — 8 — — — 8 — — — 8   ○○○○○                               04 ←
8 — — — 8 — — — 8 — — — 8 — — — 8   /○⊗○/                               03 ←
8 — — — 8 — — — 8 — — — 8 — — — 8    ○○○                                02 ←
8 — — — 8 — — — 8 — — — 8 — — — 8    /○/                                01 ←
```

Beispiel für ✕ in der 5. Runde:
Querfaden der abgehobenen Masche (⊗) der 3. Runde auf die
Nadel nehmen und mit der nächsten rechten Masche zusammenstricken.

Hin- und Rückreihen:
Maschenanschlag durch 18 teilbar + 1 + 2 Randmaschen.

```
→ 40  ~  |    — — — — — — — — — — — — — — —    ~            |
      8  |    O✕O✕O✕O✕O✕O✕O✕O✕O    ∞            | 39 ←
→ 38  ~  |  ~    — — — — — — — — — — — — — —    ~    ~    |
      ∞  |  ~    O⊘✕⊘✕⊘✕⊘✕⊘✕⊘✕⊘✕⊘O    8    8 | 37 ←
→ 36  ~  |  ~    — — — — — — — — — — — — —    ~  ~  |
      8  | ∞   / O⊘✕⊘✕⊘✕⊘✕⊘✕⊘✕⊘O /    8 ∞      | 35 ←
→ 34  8  | ~ ~   — — — — — — — — — — — —    ~ ~ ~ |
      8  | 8 8  / O⊘✕⊘✕⊘✕⊘✕⊘✕⊘O /    8 8 8    | 33 ←
→ 32  ~  | 2 2   — — — — — — — — — — —    ~ 2 2  |
      8  | — 8 — 8  / O⊘✕⊘✕⊘✕⊘✕⊘O /  8 — 8 — 8| 31 ←
→ 30  ~  | O ~ O ~   — — — — — — — — —  ~ O ~ O ~ |
      8  | — ∞ — ∞  / O⊘✕⊘✕⊘✕⊘O /  8 — ∞ — ∞  | 29 ←
→ 28  ~  | O O ~ O O ~   — — — — — —  ~ O O ~ O O ~ |
      8  | — — 8 — — 8  / O⊘✕⊘✕⊘O /  8 — — 8 — — 8 | 27 ←
→ 26  ~  | O O ~ O O ~   — — — — —  ~ O O ~ O O ~ |
      8  | — — ∞ — — ∞  / O⊘✕⊘O /  8 — — ∞ — — ∞ | 25 ←
→ 24  ~  | O O O ~ O O O ~   — — — —  ~ O O O ~ O O O ~ |
      8  | — — — 8 — — 8  / O⊘O /  8 — — 8 — — 8 | 23 ←
→ 22  ~  | O O O ~ O O O ~   — — —  ~ O O O ~ O O O ~ |
      8  | — — — 8 — — 8  / O /  8 — — 8 — — 8 | 21 ←
→ 20  —  |    ~                     — — — — — — — — — |
      O  | ✕O✕O✕O✕O    ∞    O✕O✕O✕O✕O | 19 ←
→ 18  —  |    ~ ~                        |
      ✕  | ⊘✕⊘✕⊘✕⊘O    8 ∞    O⊘✕⊘✕⊘✕⊘✕ | 17 ←
→ 16  —  |    — — — — — —    ~ ~       |
      ⊘  | ✕⊘✕⊘✕⊘O /    8 ∞ ∞    / O⊘✕⊘✕⊘✕⊘ | 15 ←
→ 14  —  |    — — — — —    ~ ~ ~ ~ ~    |
      ✕  | ⊘✕⊘✕⊘O /    8 8 8 8 8    / O⊘✕⊘✕⊘✕ | 13 ←
→ 12  —  |    — — — — —    ~ 2 2 2 2    |
      ⊘  | ✕⊘✕⊘O /  8 — 8 — 8 — 8 — 8  / O⊘✕⊘✕⊘ | 11 ←
→ 10  —  |    — — — —    ~ O ~ O ~ O ~ O ~    |
      ✕  | ⊘✕⊘O /  8 — ∞ — ∞ — ∞ — ∞  / O⊘✕⊘✕ | 09 ←
→ 08  —  |    — — — —    ~ O O ~ O O ~ O O ~ O O ~   |
      ⊘  | ✕⊘O /  8 — — 8 — — 8 — — 8 — — 8  / O⊘✕⊘ | 07 ←
→ 06  —  |    — — —    ~ O O ~ O O ~ O O ~ O O ~   |
      ✕  | ⊘O /  8 — — ∞ — — ∞ — — ∞ — — ∞  / O⊘✕ | 05 ←
→ 04  —  |    — —    ~ O O O ~ O O O ~ O O O ~ O O O ~  |
      ⊘  | O /  8 — — — 8 — — 8 — — 8 — — 8  / O⊘ | 03 ←
→ 02  —  |  —    ~ O O O ~ O O O ~ O O O ~ O O O ~ |
      O  | /  8 — — 8 — — 8 — — 8 — — 8    / O | 01 ←
```

Beispiel für ✕ in der 5. Reihe:
Querfaden der abgehobenen Masche (⊘) der 3. Reihe auf die Nadel
nehmen und mit der nächsten rechten Masche zusammenstricken.

Kleine Fächertour
Juliane Pauker

In Runden:
Maschenanschlag durch 18 teilbar.

```
— — — — — —      — — — — —      — — — — — —        32 ←
— — — — — —      — — — — —      — — — — — —        31 ←
○ ○ ○ ○ ○ ○      8 8 8 8 8      ○ ○ ○ ○ ○ ○ ○      30 ←
○ ○ ○ ○ ○ /      8 ∞ ∞ ∞ ∞      / ○ ○ ○ ○ ○        29 ←
○ ○ ○ ○ ○      8 — 8 — 8 — 8 — 8      ○ ○ ○ ○ ○     28 ←
○ ○ ○ ○ /      8 — 8 — 8 — 8 — 8      / ○ ○ ○ ○     27 ←
○ ○ ○ ○      8 — ∞ — ∞ — ∞ — ∞      ○ ○ ○ ○        26 ←
○ ○ ○ / 8 — — 8 — — 8 — — 8 — — 8 / ○ ○ ○ ○        25 ←
○ ○ ○      8 — — 8 — — 8 — — 8 — — 8      ○ ○ ○ ○   24 ←
○ ○ /      8 — — 8 — — 8 — — 8 — — 8      / ○ ○ ○   23 ←
○ ○      8 — — ∞ — — ∞ — — ∞ — — ∞      ○ ○ ○      22 ←
○ / 8 — — — 8 — — — 8 — — — 8 — — — 8 / ○ ○        21 ←
○      8 — — — 8 — — — 8 — — — 8 — — — 8      ○ ○   20 ←
/      8 — — — 8 — — — 8 — — — 8 — — — 8      / ○   19 ←
       8 — — — 8 — — — 8 — — — 8 — — — 8      ○     18 ←
     × / × / × / × / × / × / × / × / ×      /        17 ←
— —      — — — — — — — — — — —      — — —           16 ←
— —      — — — — — — — — — — —      — — —           15 ←
8 8      ○ ○ ○ ○ ○ ○ ○ ○ ○ ○ ○      8 8 8          14 ←
∞ ∞      / ○ ○ ○ ○ ○ ○ ○ ○ ○ /      8 ∞ ∞          13 ←
— 8 — 8      ○ ○ ○ ○ ○ ○ ○ ○ ○      8 — 8 — 8      12 ←
— 8 — 8      / ○ ○ ○ ○ ○ ○ ○ /      8 — 8 — 8      11 ←
— ∞ — ∞      ○ ○ ○ ○ ○ ○ ○      8 — ∞ — ∞          10 ←
— — 8 — — 8 / ○ ○ ○ ○ ○ ○ / 8 — — 8 — — 8         09 ←
— — 8 — — 8      ○ ○ ○ ○ ○ ○      8 — 8 — 8        08 ←
— — 8 — — 8      / ○ ○ ○ ○ ○ /      8 — 8 — 8      07 ←
— — ∞ — — ∞      ○ ○ ○ ○ ○      8 — — ∞ — — ∞      06 ←
— — — 8 — — — 8 / ○ ○ ○ / 8 — — 8 — — — 8         05 ←
— — — 8 — — — 8      ○ ○ ○      8 — — 8 — — — 8    04 ←
— — — 8 — — — 8      / ○ /      8 — — 8 — — — 8    03 ←
— — — 8 — — — 8      ○      8 — — 8 — — — 8        02 ←
/ × / × / × / ×      /      × / × / × / × / ×       01 ←
```

186

Hin- und Rückreihen:
Maschenanschlag durch 18 teilbar + 2 Randmaschen.

```
→ 32                     O O O O O O O O O O O O O O O O O O
                         — — — — — — — — — — — — — — — — — —        31 ←
→ 30  — — — — — — ~ ~ ~ ~ ~                         — — — — — —
       O O O O O / 8 ∞ ∞ ∞ ∞                    / O O O O O O      29 ←
→ 28  — — — —   ~ O ~ O ~ O ~ O ~                   — — — — —
       O O O O /   8 — 8 — 8 — 8 — 8            / O O O O O       27 ←
→ 26  — — —    ~ O 2 O 2 O 2 O 2                  — — — — —
       O O O /  8 — — 8 — — 8 — — 8 — — 8        / O O O O        25 ←
→ 24  — — —    ~ O O ~ O O ~ O O ~ O O ~          — — — —
       O O /    8 — — 8 — — 8 — — 8 — — 8        / O O O         23 ←
→ 22  — —      ~ O O 2 O O 2 O O 2 O O 2          — — —
       O /      8 — — — 8 — — — 8 — — — 8 — — — 8  / O O          21 ←
→ 20  —        ~ O O O ~ O O O ~ O O O ~ O O O ~    — —
       /        8 — — — 8 — — — 8 — — — 8 — — — 8  / O            19 ←
→ 18           ~ O O O ~ O O O ~ O O O ~ O O O ~    —
                × / × / × / × / × / × / × / × / × /               17 ←
→ 16           O O O O O O O O O O O O O O O O O O
               — — — — — — — — — — — — — — — — — —                 15 ←
→ 14 ~ ~        — — — — — — — — — — — — — — — —        ~ ~
     ∞ ∞        / O O O O O O O O O O /               8 ∞ ∞       13 ←
→ 12 O ~ O ~    — — — — — — — — — — — — — — — — —      ~ O ~ O ~
     — 8 — 8    / O O O O O O O O O /                 8 — 8 — 8   11 ←
→ 10 O 2 O 2    — — — — — — — — — — — — — — —          ~ O 2 O 2
     — — 8 — — 8 / O O O O O O O /                    8 — — 8 — — 8  09 ←
→ C8 O O ~ O O ~  — — — — — — — — — — — — —           ~ O O ~ O O ~
     — — 8 — — 8  / O O O O O /                       8 — — 8 — — 8  07 ←
→     O O 2 O O 2  — — — — — — — — — — —              ~ O O 2 O O 2
     — — — 8 — — — 8  / O O O /                       8 — — — 8 — — — 8  05 ←
→ C4 O O O ~ O O O ~  — — —                           ~ O O O ~ O O O ~
     — — — 8 — — — 8  / O /                           8 — — — 8 — — — 8  03 ←
→ C2 O O O ~ O O O ~  —                               ~ O O O ~ O O O ~
                      / × / × / × / × / × / × / × / × / ×          01 ←
```

187

Louisentour

Nannette Höflich

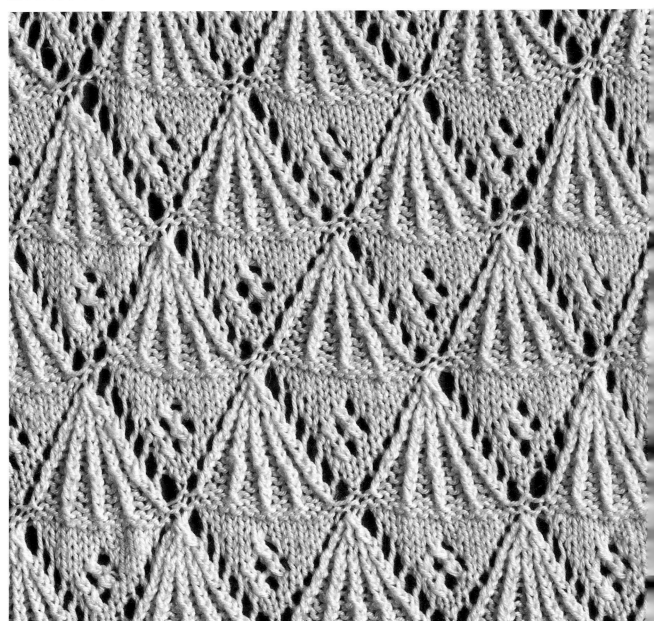

In Runden:
Maschenanschlag durch 14 teilbar.

```
      – – – – – – – – – – – – – – –   28 ←
      – – – – – – – – – – – – – – –   27 ←
      O O O O O O O O O O O O O O ♋   26 ←
    / O O O O O O O O O O O / 8 ∞ ∞   25 ←
    O O O O O O O O O O O 8 8 8 8     24 ←
    / O O O V / O O O O / 8 ∞ ∞ ∞ ∞   23 ←
  ) O O O O O O O O O 8 – 8 – 8 – 8   22 ←
  / O V / V / O O / 8 – 8 – 8 – 8     21 ←
    O O O O O O O 8 – 8 – 8 – 8 – 8   20 ←
    / O V / O O / 8 – ∞ – ∞ – ∞ – ∞   19 ←
  ) O O O O 8 – – 8 – – 8 – – 8 – – 8 18 ←
  / O O O / 8 – – 8 – – 8 – – 8 – – 8 17 ←
    O O O 8 – – 8 – – 8 – – 8 – – 8   16 ←
    / O / 8 – – 8 – – 8 – – 8 – – 8   15 ←
      – – – – – – – – – – – – – – –   14 ←
      – – – – – – – – – – – – – – –   13 ←
      ♋ O O O O O O O O O O O O O O   12 ←
    8 ∞ ∞ / O O O O O O O O O O O /   11 ←
    8 3 8 8 O O O O O O O O O O O O   10 ←
    8 ∞ ∞ ∞ ∞ / O O O V / O O O O /   09 ←
  ) – 8 – 8 – 8 – 8 O O O O O O O O   08 ←
  ) – 8 – 8 – 8 / O V / V / O O /     07 ←
    8 – 8 – 8 – 8 – 8 O O O O O O O   06 ←
    8 – ∞ – ∞ – ∞ – ∞ / O V / O O /   05 ←
  ) – – 8 – – 8 – – 8 – – 8 O O O O   04 ←
  ) – – 8 – – 8 – – 8 – – 8 / O O O / 03 ←
    8 – – 8 – – 8 – – 8 – – 8 O O O   02 ←
    8 – – 8 – – 8 – – 8 – – 8 / O /   01 ←
```

Hin- und Rückreihen:
Maschenanschlag durch 14 teilbar + 3 + 2 Randmaschen.

```
→ 28  O O │ O O O O O O      O      O O O O O O O │ O
      – –  │ – – – – – –      –      – – – – – –   │ –   27 ←
→ 26  – –  │ – – – – – –      ♋      – – – – – –   │ –
      O O │ O O O O O /    8 ∞ ∞    / O O O O O │ O   25 ←
→ 24  – –  │ – – – – –    ~ ~ ~ ~    – – – – –   │ –
      O O │ O O O O /   8 ∞ ∞ ∞ ∞   / O O O V / │ O   23 ←
→ 22  –   │ – – –     ~ O ~ O ~ O ~ O ~   – – –   │
      O   │ V / O O / 8 – 8 – 8 – 8   / O V /   │ O O  21 ←
→ 20  – –  │ – – –     ~ O ~ O ~ O ~ O ~   – – –   │
      O O │ O O /     8 – ∞ – ∞ – ∞ – ∞   / O V / │ O   19 ←
→ 18  – –  │ – –   ~ O O ~ O O ~ O O ~ O O ~   – – – │ –
      O O │ O /   8 – – 8 – – 8 – – 8   / O O │ O   17 ←
→ 16  – –  │ –   ~ O O ~ O O ~ O O ~ O O ~   – –   │ –
      O O │ /     8 – – 8 – – 8 – – 8   / O   │ O   15 ←
→ 14  O O │       O O O O O O O O O O O O      O   │ O
      – –  │       – – – – – – – – – – – –      –   │ ♌   13 ←
→ 12  O ♋  │       – – – – – – – – – – – –      ♋
      – 8  │ ∞     / O O O O O O O O O /    8 ∞  │ –   11 ←
→ 10  O ~  │ ~ ~   – – – – – – – – – –    ~ ~ ~  │ O
      – 8  │ ∞ ∞   / O O O V / O O O O /   8 ∞ ∞ │ –   09 ←
→ 08  O ~  │ O ~ O ~   – – – – – – – –   ~ O ~ O ~ │ O
      – 8  │ – 8 – 8   / O V / V / O O /   8 – 8 – 8 │ –   07 ←
→ 06  O ~  │ O ~ O ~     – – – – – – –   ~ O ~ O ~ │ O
      – 8  │ – ∞ – ∞     / O V / O O /   8 – ∞ – ∞ │ –   05 ←
→ 04  O ~  │ O O ~ O O ~   – – – – –   ~ O O ~ O O ~ │ O
      – 8  │ – – 8 – – 8   / O O O /   8 – – 8 – – 8 │ –   03 ←
→ 02  O ~  │ O O ~ O O ~     – – –   ~ O O ~ O O ~ │ O
      – 8  │ – – 8 – – 8     / O /   8 – – 8 – – 8 │ –   01 ←
```

♋ = 3 Maschen links verschränkt zusammenstricken.

Perlmutter-Fächer

Nannette Höflich

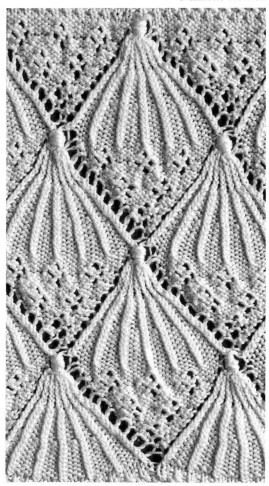

In Runden:
Maschenanschlag durch 25 teilbar.

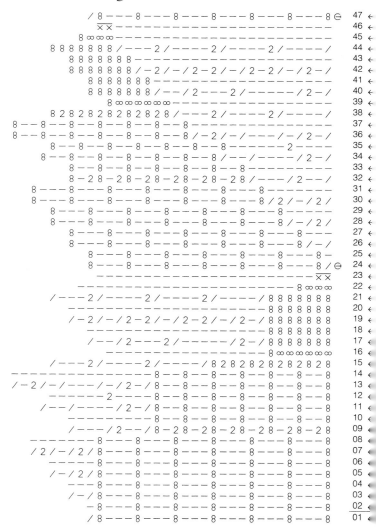

⊕ 1. Masche der 24. Runde verschränkt stricken und auf die letzte Nadel der 23. Runde heben.

⊖ Letzte Masche der 46. Runde auf die 1. Nadel der 47. Runde heben.

Muster ab Runde 2 wiederholen.

Hin- und Rückreihen:
Maschenanschlag durch 25 teilbar + 13 + 2 Randmaschen.

```
→ 46   2 |                    ooooooooooooooooooooo     2 | 2      oooooooooo
       ∞ | ∞                  ---------------------         8 ∞ | ∞ ∞    ----------
→ 44   ~ | ~ ~ ~              /ooox/oooox/oooox/oooo/       ~ ~ ~ ~ | ~ ~ ~  /ooox/oooox/
       8 | 8 8 8              ---------------------         8 8 8 8 | 8 8 8  ----------
→ 42   ~ | ~ ~ ~              /ox/o/xox/o/xox/o/xo/         ~ ~ ~ ~ | ~ ~ ~  /ox/o/xox/o
       8 | 8 8 8              ---------------------         8 8 8 8 | 8 8 8  ----------
→ 40   ~ | ~ ~ ~              /oo/xooox/oooooo/xo/          ~ ~ ~ ~ | ~ ~ ~  /oo/xooox/
       8 | ∞ ∞ ∞              ---------------------         8 ∞ ∞ ∞ | ∞ ∞ ∞  ----------
→ 38   ~ | x~x~x~             /ooox/oooox/oooo/      ~ x~x~x~ | x~x~x~  /ooox/ooo
       8 | --8--8--8          ------------------- 8--8--8--8  | --8--8--8  ----------
→ 36   ~ | oo~oo~oo~          /ox/o/ooo/o/xo/      oo~oo~oo~  | oo~oo~oo~  /ox/o/oo
       8 | --8--8--8          -------2----- 8--8--8--8         | --8--8--8  -----2
→ 34   ~ | oo~oo~oo~          /oo/oooo/xo/      ~oo~oo~oo~    | oo~oo~oo~  /oo/ooo
       8 | --8--8--8          ------------- 8--8--8--8         | --8--8--8  ----------
→ 32   ~ | ox~ox~ox~          /ooo/xoo/      ~ox~ox~ox~      | ox~ox~ox~  /oooo
       8 | ---8---8---8        ------- 8---8---8---8           | ---8---8---8  ----------
→ 30   ~ | ooo~ooo~ooo~        /x/o/x/      ~ooo~ooo~ooo~    | ooo~ooo~ooo~  /x/o
       8 | ---8---8---8        ------- 8---8---8---8           | ---8---8---8  ---
→ 28   ~ | ooo~ooo~ooo~        /o/x/      ~ooo~ooo~ooo~      | ooo~ooo~ooo~  /oo
       8 | ---8---8---8        --- 8---8---8---8              | ---8---8---8  --
→ 26   ~ | ooo~ooo~ooo~        /o/      ~ooo~ooo~ooo~        | ooo~ooo~ooo~  /o
       8 | ---8---8---8        - 8---8---8---8                | ---8---8---8  -
→ 24   ~ | ooo~ooo~ooo~        /      ~ooo~ooo~ooo~          | ooo~ooo~ooo~  /
       - | ------------        x̄x̄ ------------               | ------------  x
→ 22   o | oooooooooo          ~ ꝛꝛꝛ  oooooooooo            | oooooooooo    ꝛꝛ
       - | ----2/----/         8888888 /---2/----2/          | ----2/----/   8888
→ 20   o | ooooooooo           ~~~~~~~  ooooooooo            | ooooooooo     ~~~~
       - | /2-2/-/2-/          8888888 /-2/-/2-2/-           | /2-2/-/2-/    8888
→ 18   o | ooooooooo           ~~~~~~~  ooooooooo            | ooooooooo     ~~~~
       - | -----/2-/           8888888 /--/2---2/            | -----/2-/     8888
→ 16   o | ooooooooo           ~ꝛꝛꝛꝛꝛ   oooooooo             | oooooooo      ~ꝛꝛ
       - | -2/----/            82828282828 /---2/---          | -2/----/      8282828
→ 14   o | oooooooo~oo~oo~oo~oo~oo~oo~oooooooo               oooooo~oo~oo~oo~ | -/-/2-/8--8--8--8--8--8/2-/----/       -/-/2-/8--8--8--8
→ 12  oo | oooo                ~oo~oo~oo~oo~oo~oo~  oooooooox               oooo      ~oo~oo~oo~
       - | -/2-/               8--8--8--8--8--8--8 /---/---               -/2-/       8--8--8--8
→ 10   o | oooo                ~oo~oo~oo~oo~oo~oo~  ooooo                  oooo      ~oo~oo~oo~
       / | 2--/                8-28-28-28-28-28-28 /---/                  2--/       8-28-28-28
→ 08   o | ooo     ~ooo~ooo~ooo~ooo~ooo~ooo~  oooo                        ooo   ~ooo~ooo~ooo~
       - | /2/     8---8---8---8---8---8---8  /2/-                        /2/   8---8---8---8
→ 06   o | oo      ~ooo~ooo~ooo~ooo~ooo~ooo~  ooo                         oo    ~ooo~ooo~ooo~
       / | 2/      8---8---8---8---8---8---8  /-/                         2/    8---8---8---8
→ 04   o | o       ~ooo~ooo~ooo~ooo~ooo~ooo~  oo                          o     ~ooo~ooo~ooo~
       / | /       8---8---8---8---8---8---8  /-/                         /     8---8---8---8
→ 02   o |         ~ooo~ooo~ooo~ooo~ooo~      o                                 ~ooo~ooo~ooo~
       / |         8---8---8---8---8---8---8  /                                 8---8---8---8
```

XX 2x2 Maschen rechts zusammenstricken, beide Maschen lang ziehen, auf eine dicke Nadel heben und 20 x umwickeln.

22 2x2 Maschen links zusammenstricken, beide Maschen lang ziehen, auf dicke Nadel heben und 20 x umwickeln.

Fächer

Nannette Höflich

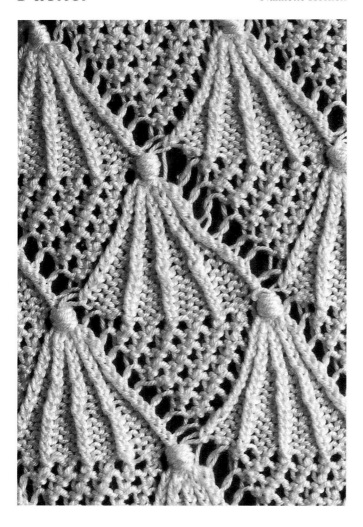

In Runden:
Maschenanschlag durch 17 teilbar.
Das Muster ab Runde 2 wiederholen.

```
/ 8 — — 8 — — — 8 — — — 8 — — — 8 ⊖     33 ←
8 ☒☒ — — — — — — — — — — — —            32 ←
8 ∞ ∞ ∞ ∞ / — / 2 / 2 / 2 / 2 / 2 /      31 ←
8 — 8 — 8 — 8 — 8 — — — — — — —          30 ←
8 — 8 — 8 — 8 — 8 / — / 2 / 2 / 2 / 2 /  29 ←
8 — 8 — 8 — 8 — 8 — — — — — — —          28 ←
8 — ∞ — ∞ — ∞ — ∞ / — / 2 / 2 / 2 /      27 ←
8 — — 8 — — 8 — — 8 — — 8 — — — —        26 ←
8 — — 8 — — 8 — — 8 — — 8 / — / 2 / 2 /  25 ←
8 — — 8 — — 8 — — 8 — — 8 — — — —        24 ←
8 — — ∞ — — ∞ — — ∞ — — ∞ / — / 2 /      23 ←
8 — — — 8 — — — 8 — — — 8 — — 8 — — —    22 ←
8 — — — 8 — — — 8 — — — 8 — — 8 / — / 2 / 21 ←
8 — — — 8 — — — 8 — — — 8 — — 8 — —      20 ←
8 — — — 8 — — — 8 — — — 8 — — 8 / — /    19 ←
8 — — — 8 — — — 8 — — — 8 — — 8 —        18 ←
8 — — — 8 — — — 8 — — — 8 — — 8 / ⊕      17 ←
— — — — — — — — — — — — — 8 ☒☒           16 ←
/ — / 2 / 2 / 2 / 2 / 2 / 8 ∞ ∞ ∞ ∞      15 ←
— — — — — — — — — 8 — 8 — 8 — 8 — 8      14 ←
/ — / 2 / 2 / 2 / 2 / 8 — 8 — 8 — 8 — 8  13 ←
— — — — — — — — 8 — 8 — 8 — 8 — 8        12 ←
/ — / 2 / 2 / 2 / 8 — ∞ — ∞ — ∞ — ∞      11 ←
— — — — — — — 8 — — 8 — — 8 — — 8 — — 8  10 ←
/ — / 2 / 2 / 8 — — 8 — — 8 — — 8 — — 8  09 ←
— — — — — — 8 — — 8 — — 8 — — 8 — — 8    08 ←
/ — / 2 / 8 — — ∞ — — ∞ — — ∞ — — ∞      07 ←
— — — — — 8 — — — 8 — — — 8 — — — 8      06 ←
/ — / 2 / 8 — — — 8 — — — 8 — — — 8      05 ←
— — — 8 — — — 8 — — — 8 — — — 8          04 ←
/ — / 8 — — — 8 — — — 8 — — — 8          03 ←
— 8 — — — 8 — — — 8 — — — 8 — — — 8      02 ←
/ 8 — — — 8 — — — 8 — — — 8 — — — 8      01 ←
```

⊕ 1. Masche verschränkt stricken und auf die letzte Nadel der vorhergehenden Runde heben.

⊖ Letzte Masche der vorhergehenden Runde auf die 1. Nadel der 33. Runde heben.

8 ☒☒ Die 2 x rechts zusammengestrickten Maschen auf die linke Nadel heben, nächste Masche nicht abstricken, sondern über die 2 x rechts zusammengestrickten Maschen darüberziehen. Die 2 x rechts zusammengestrickten Maschen recht lang ziehen, auf eine dicke Nadel heben und 15 x umwickeln. Die beiden Maschen wieder auf eine normale Nadel heben.

Hin- und Rückreihen: Maschenanschlag durch 17 teilbar + 18 + 2 Randmaschen.
Die Arbeit auf der Rückseite beginnen.

```
          – – – – – – –   8 × | ×   – – – – – – – – – – – – –   8 × | ×   – – – – – – –   32 ←
→ 31  × / × / × / × /  ~ 2 2 | 2 2  / O / × / × / × / × / × /  ~ 2 2 | 2 2  / O / × / × / ×
      – – – – – – – 8 – 8 – 8 | – 8 – 8 – – – – – – – – – – – – 8 – 8 – 8 | – 8 – – – – – – –   30 ←
→ 29  O / × / × / ~ O ~ O ~ | O ~ O ~ / O / × / × / × / × / ~ O ~ O ~ | O ~ O ~ / O / × O
      – – – – – – 8 – 8 – 8 | – 8 – 8 – – – – – – – – 8 – 8 – 8 | – 8 – 8 – – – – – –   28 ←
→ 27  / × / × / × /  ~ O 2 O 2 | O 2 O 2  / O / × / × / × /  ~ O 2 O 2 | O 2 O 2  / O / × / ×
      – – – – – 8 – – 8 – – 8 | – – 8 – – 8 – – – – – – – – 8 – – 8 – – 8 | – – 8 – – 8 – – – – –   26 ←
→ 25  O / × / × / ~ O O ~ O O ~ | O O ~ O O ~ / O / × / × / ~ O O ~ O O ~ | O O ~ O O ~ / O / × O
      – – – – – 8 – 8 – – 8 | – – 8 – – 8 – – – – – – 8 – – 8 | – – 8 – – 8 – – – – –   24 ←
→ 23  / × / × /  ~ O O 2 O O 2 | O O 2 O O 2  / O / × / × /  ~ O O 2 O O 2 | O O 2 O O 2  / O / ×
      – – – – 8 – – 8 | – – 8 – – 8 – – – – – – 8 – – – 8 | – – 8 – – 8 – – –   22 ←
→ 21  O / × / ~ O O O ~ O O O ~ | O O O ~ O O O ~ / O / × / ~ O O O ~ O O O ~ | O O O ~ O O O ~ / O O
      – – – 8 – – – 8 – – – 8 | – – – 8 – – – 8  – – –   8 – – – 8 – – – 8 | – – – 8 – – – 8   – –   20 ←
→ 19  O O / ~ O O O ~ O O O ~ | O O O ~ O O O ~  / O /  ~ O O O ~ O O O ~ | O O O ~ O O O ~  / ×
      – –   8 – – – 8 – – – 8 | – – – 8 – – – 8   – | 8 – – – 8 – – – 8 | – – – 8 – – – 8   – –   18 ←
→ 17  O /  ~ O O O ~ O O O ~ | O O O ~ O O O ~   /  ~ O O O ~ O O O ~ | O O O ~ O O O ~   / O
      8 ×   – – – – – – – –   – – – – – – –   8 ×   – – – – – – – –   8 ×   16 ←
→ 15  ~ 2 2  / O / × / × / ×  / × / × / ×  ~ 2 2 2 2  / O / × / × / ×  / × / × / ×  ~ 2 2
      8 – 8 – 8   – – – – – – –   – – – – – – 8 – 8 – 8 – 8 – 8 – – – – – – –   – – – – – – 8 – 8 – 8   14 ←
→ 13  ~ O ~ O ~ / O / × / × /  × / × / × / ~ O ~ O ~ O ~ O ~ / O / × / × /  × / × / × / ~ O ~ O ~
      8 – 8 – 8   – – – – – –   – – – – – 8 – 8 – 8 – 8 – 8   – – – – –   8 – 8 – 8   12 ←
→ 11  ~ O 2 O 2  / O / × / ×  / × / × /  ~ O 2 O 2 O 2 O 2  / O / × / ×  / × / × /  ~ O 2 O 2
      8 – – 8 – – 8   – – – – –   – – – – 8 – – 8 – – 8 – – 8   – – – – –   8 – – 8 – – 8   10 ←
→ 09  ~ O O ~ O O ~ / O / × /  × / ~ O O ~ O O ~ O O ~ O O ~ / O / × /  × / × / ~ O O ~ O O ~
      8 – – 8 – – 8   – – – –   – – – 8 – – 8 – – 8 – – 8 – – 8   – – – –   8 – – 8 – – 8   08 ←
→ 07  ~ O O 2 O O 2  / O / ×  / × /  ~ O O 2 O O 2 O O 2 O O 2  / O / ×  / × /  ~ O O 2 O O 2
      8 – – – 8 – – 8 – – –   – – 8 – – 8 – – 8 – – 8 – – 8 – – –   – – 8 – – 8 – – 8   06 ←
→ 05  ~ O O O ~ O O O ~ / O /  × / ~ O O O ~ O O O ~ O O O ~ O O O ~ / O /  × / ~ O O O ~ O O O ~
      8 – – – 8 – – 8   – –   – 8 – – 8 – – 8 – – 8 – – 8   – –   8 – – 8 – – 8   04 ←
→ 03  ~ O O O ~ O O O ~  / O /  ~ O O O ~ O O O ~ O O O ~ O O O ~  / O  / ~ O O O ~ O O O ~
      8 – – 8 – – – 8   8 – – 8 – – – 8 – – 8 – – – 8   – 8 – – 8 – – – 8   02 ←
→ 01  ~ O O O ~ O O O ~   /    ~ O O O ~ O O O ~ O O O ~ O O O ~   /    ~ O O O ~ O O O ~
```

193

Sonnenschirm

Nannette Höflich

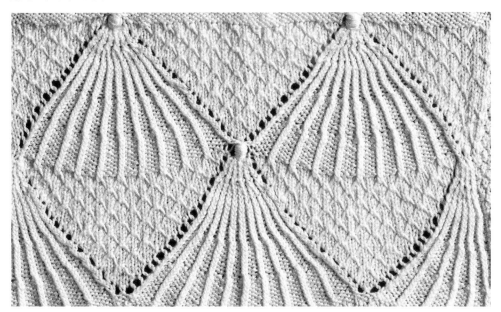

In Runden
Maschenanschlag durch 42 teilbar.

⊕   1. Masche der 41. Runde wird an die letzte Nadel der 40. Runde rechts abgestrickt.

⊖   Letzte Masche der 80. Runde an 1. Nadel der 1. Runde heben.

⋈   In der 8. Runde den Faden der 4. Runde auf die Nadel heben und mit der nächsten Masche rechts zusammenstricken, dabei zuerst durch den aufgehobenen Faden und dann durch die Masche stechen. In der 12. Reihe den Faden der 8. Runde mitstricken usw.

25x ══   Die 3 x verschränkt zusammengestrickten Maschen der 39. und 79. Runde sehr lang stricken, dass man 2 Nadeln bequem durchschieben kann. Diese 3 Maschen werden in der 40. und 80. Runde 25 x umwickelt. Man schiebt dazu eine dicke Nadel durch die lang gezogenen Maschen. Bei dicker Wolle nicht so oft umwickeln.

```
/ O O O O O O O O / 8 — — 8 — — 8 — — 8 — — 8 — — 8 — — 8 — — 8 — — 8 — — 8     09 ←
O O O O ⊗ × O ⊗ O O 8 — — 8 — — 8 — — 8 — — 8 — — 8 — — 8 — — 8 — — 8 — — 8     08 ←
/ O O O O O O O / 8 — — 8 — — 8 — — 8 — — 8 — — 8 — — 8 — — 8 — — 8 — — 8     07 ←
O O O O O O O 8 — — 8 — — 8 — — 8 — — 8 — — 8 — — 8 — — 8 — — 8 — — 8     06 ←
/ O O O O O / 8 — — 8 — — 8 — — 8 — — 8 — — 8 — — 8 — — 8 — — 8 — — 8     05 ←
O O ⊗ O ⊗ O O 8 — — 8 — — 8 — — 8 — — 8 — — 8 — — 8 — — 8 — — 8 — — 8     04 ←
/ O O O / 8 — — 8 — — 8 — — 8 — — 8 — — 8 — — 8 — — 8 — — 8 — — 8     03 ←
O O O 8 — — 8 — — 8 — — 8 — — 8 — — 8 — — 8 — — 8 — — 8 — — 8     02 ←
/ O / 8 — — 8 — — 8 — — 8 — — 8 — — 8 — — 8 — — 8 — — 8 — — 8 ⊖     01 ←
```

```
25x ═══ OOOXOOOXOOOXOOOXOOOXOOOXOOOXOOOXOOOXOOO                    80 ←
        ∞∞∞ OOOOOOOOOOOOOOOOOOOOOOOOOOOOOOOOOOOOOOO                79 ←
  8 8 8 8 8 8 OOOOOOOOOOOOOOOOOOOOOOOOOOOOOOOOOOOOOOO               78 ←
  8 8 8 8 8 8 / OOOOOOOOOOOOOOOOOOOOOOOOOOOOOOOOOOOO /             77 ←
    8 8 8 8 8 8 O⊗⊗⊗X⊗⊗⊗X⊗⊗⊗X⊗⊗⊗X⊗⊗⊗X⊗⊗⊗X⊗⊗⊗X⊗⊗⊗                76 ←
    8 8 8 8 8 8 / OOOOOOOOOOOOOOOOOOOOOOOOOOOOOOOOOO /            75 ←
      8 8 8 8 8 8 OOOOOOOOOOOOOOOOOOOOOOOOOOOOOOOOOO              74 ←
      8 ∞∞∞∞∞ / OOOOOOOOOOOOOOOOOOOOOOOOOOOOOOOOOOO /            73 ←
  8 8 8 8 8 8 8 8 8 8 O⊗⊗⊗X⊗⊗⊗X⊗⊗⊗X⊗⊗⊗X⊗⊗⊗X⊗⊗⊗X⊗⊗⊗             72 ←
  8 8 8 8 8 8 8 8 8 8 / OOOOOOOOOOOOOOOOOOOOOOOOOO /            71 ←
  8 8 8 8 8 8 8 8 8 8 OOOOOOOOOOOOOOOOOOOOOOOOOOOO             70 ←
      8 ∞∞∞∞∞∞∞∞∞∞ / OOOOOOOOOOOOOOOOOOOOOOOOOO /             69 ←
8 − 8 − 8 − 8 − 8 − 8 − 8 O⊗⊗⊗X⊗⊗⊗X⊗⊗⊗X⊗⊗⊗X⊗⊗⊗X⊗⊗⊗X⊗⊗⊗          68 ←
8 − 8 − 8 − 8 − 8 − 8 − 8 / OOOOOOOOOOOOOOOOOOOOOOOO /         67 ←
8 − 8 − 8 − 8 − 8 − 8 − 8 OOOOOOOOOOOOOOOOOOOOOOOO            66 ←
8 − 8 − 8 − 8 − 8 − 8 − 8 / OOOOOOOOOOOOOOOOOOOOOO /          65 ←
  8 − 8 − 8 − 8 − 8 − 8 − 8 O⊗⊗⊗X⊗⊗⊗X⊗⊗⊗X⊗⊗⊗X⊗⊗⊗X⊗⊗⊗         64 ←
  8 − 8 − 8 − 8 − 8 − 8 − 8 / OOOOOOOOOOOOOOOOOOOO /          63 ←
    8 − 8 − 8 − 8 − 8 − 8 − 8 OOOOOOOOOOOOOOOOOOOO           62 ←
    8 − 8 − 8 − 8 − 8 − 8 − 8 / OOOOOOOOOOOOOOOOOO /         61 ←
      8 − ∞ − ∞ − ∞ − ∞ − ∞ − ∞ O⊗⊗⊗X⊗⊗⊗X⊗⊗⊗X⊗⊗⊗X⊗⊗⊗        60 ←
8 − − 8 − − 8 − − 8 − − 8 − − 8 / OOOOOOOOOOOOOOOO /         59 ←
8 − 8 − 8 − − 8 − − 8 − − 8 − − 8 OOOOOOOOOOOOOOOO          58 ←
8 − 8 − 8 − − 8 − − 8 − − 8 − − 8 / OOOOOOOOOOOOOO /        57 ←
  8 − − 8 − − 8 − − 8 − − 8 − − 8 O⊗⊗⊗X⊗⊗⊗X⊗⊗⊗           56 ←
  8 − 8 − 8 − − 8 − − 8 − − 8 − − 8 / OOOOOOOOOOOO /       55 ←
    8 − 8 − 8 − − 8 − − 8 − − 8 − − 8 OOOOOOOOOOOO        54 ←
    8 − 8 − 8 − − 8 − − 8 − − 8 − − 8 / OOOOOOOOOO /      53 ←
      8 − 8 − 8 − − 8 − − 8 − − 8 − − 8 O⊗⊗⊗X⊗⊗⊗         52 ←
      8 − ∞ − ∞ − − ∞ − − ∞ − − ∞ − − ∞ / OOOOOOOO /     51 ←
8 − − − 8 − − 8 − − 8 − − 8 − − 8 − − 8 OOOOOOOO         50 ←
8 − − − 8 − − 8 − − 8 − − 8 − − 8 − − 8 / OOOOOO /       49 ←
  8 − − 8 − − 8 − − 8 − − 8 − − 8 − − 8 O⊗⊗⊗X⊗⊗⊗       48 ←
  8 − − − 8 − − 8 − − 8 − − 8 − − 8 − − 8 / OOOOOO /     47 ←
    8 − − 8 − − 8 − − 8 − − 8 − − 8 − − 8 OOOOOO        46 ←
    8 − − − 8 − − 8 − − 8 − − 8 − − 8 − − 8 / OOOO /     45 ←
      8 − − 8 − − 8 − − 8 − − 8 − − 8 − − 8 O⊗⊗⊗       44 ←
      8 − − − 8 − − 8 − − 8 − − 8 − − 8 − − 8 / OOO /   43 ←
        8 − − 8 − − 8 − − 8 − − 8 − − 8 − − 8 OOO      42 ←
        8 − − − 8 − − 8 − − 8 − − 8 − − 8 − − 8 / O / ⊕  41 ←
        OOOXOOOXOOOXOOOXOOOXOOOXOOOXOOOXOOOXOOO ═══25x  40 ←
          OOOOOOOOOOOOOOOOOOOOOOOOOOOOOOOOOOOOOOO       39 ←
              OOOOOOOOOOOOOOOOOOOOOOOOOOOOO ∞∞∞          38 ←
  OOOOOOOOOOOOOOOOOOOOOOOOOOOOOOOOOOOO 8 8 8 8 8 8     37 ←
  / OOOOOOOOOOOOOOOOOOOOOOOOOOOOOOOOOO / 8 8 8 8 8 8   36 ←
    O⊗⊗⊗X⊗⊗⊗X⊗⊗⊗X⊗⊗⊗X⊗⊗⊗X⊗⊗⊗X⊗⊗⊗X⊗⊗⊗O 8 8 8 8 8 8  35 ←
    / OOOOOOOOOOOOOOOOOOOOOOOOOOOOOOOO / 8 8 8 8 8 8   34 ←
      OOOOOOOOOOOOOOOOOOOOOOOOOOOOOOOO 8 8 8 8 8 8     33 ←
      / OOOOOOOOOOOOOOOOOOOOOOOOOOOOOO / 8 ∞∞∞∞∞      32 ←
  O⊗⊗⊗X⊗⊗⊗X⊗⊗⊗X⊗⊗⊗X⊗⊗⊗X⊗⊗⊗X⊗⊗⊗X⊗⊗⊗O 8 8 8 8 8 8 8 8 8 8  31 ←
  / OOOOOOOOOOOOOOOOOOOOOOOOOOOOOO / 8 8 8 8 8 8 8 8 8 8  30 ←
      OOOOOOOOOOOOOOOOOOOOOOOOOOOO 8 8 8 8 8 8 8 8 8 8   29 ←
      / OOOOOOOOOOOOOOOOOOOOOOOOOO / 8 ∞∞∞∞∞∞∞∞∞∞      28 ←
  O⊗⊗⊗X⊗⊗⊗X⊗⊗⊗X⊗⊗⊗X⊗⊗⊗X⊗⊗⊗X⊗⊗⊗O 8 − 8 − 8 − 8 − 8 − 8 − 8  27 ←
  / OOOOOOOOOOOOOOOOOOOOOOOO / 8 − 8 − 8 − 8 − 8 − 8 − 8  26 ←
      OOOOOOOOOOOOOOOOOOOOOO 8 − 8 − 8 − 8 − 8 − 8 − 8   25 ←
      / OOOOOOOOOOOOOOOOOO / 8 − 8 − 8 − 8 − 8 − 8 − 8   24 ←
  O⊗⊗⊗X⊗⊗⊗X⊗⊗⊗X⊗⊗⊗X⊗⊗⊗O 8 − 8 − 8 − 8 − 8 − 8 − 8     23 ←
      OOOOOOOOOOOOOOOOOO 8 − 8 − 8 − 8 − 8 − 8 − 8      22 ←
      / OOOOOOOOOOOOOOOO / 8 − 8 − 8 − 8 − 8 − 8 − 8    21 ←
  O⊗⊗⊗X⊗⊗⊗X⊗⊗⊗X⊗⊗⊗O 8 − ∞ − ∞ − ∞ − ∞ − ∞ − ∞       20 ←
  / OOOOOOOOOOOOOOOOOO / 8 − − 8 − − 8 − − 8 − − 8 − − 8  19 ←
    OOOOOOOOOOOOOOOOO 8 − − 8 − − 8 − − 8 − − 8 − − 8    18 ←
    / OOOOOOOOOOOOOO / 8 − − 8 − − 8 − − 8 − − 8 − − 8   17 ←
  O⊗⊗⊗X⊗⊗⊗X⊗⊗⊗O 8 − − 8 − − 8 − − 8 − − 8 − − 8        16 ←
    / OOOOOOOOOO / 8 − − 8 − − 8 − − 8 − − 8 − − 8       15 ←
      OOOOOOOOOO 8 − − 8 − − 8 − − 8 − − 8 − − 8         14 ←
      / OOOOOOOO / 8 − − 8 − − 8 − − 8 − − 8 − − 8       13 ←
  O⊗⊗⊗X⊗⊗⊗O 8 − − 8 − − 8 − − 8 − − 8 − − 8            12 ←
    / OOOOOOOOOOO / 8 − − ∞ − − ∞ − − ∞ − − ∞ − − ∞      11 ←
OOOOOOOOOOOOOO 8 − − − 8 − − 8 − − 8 − − 8 − − 8 − − 8   10 ←
```

195

Hin- und Rückreihen:
Arbeit auf der Rückseite beginnen.
Maschenanschlag durch 42 teilbar + 4 + 2 Randmaschen.

Am Anfang der 40. Reihe statt des 25x Umwickelns 2 Maschen rechts verschränkt stricken.
Weiter nach Strickschrift arbeiten, d.h. 3 Maschen rechts, Umschlag der 36. Reihe mit der nächsten Masche rechts zusammenstricken usw.
Die Reihe endet mit 3 Maschen rechts verschränkt, 1 links.
48., 56., 64. und 72. Reihe am Anfang die ersten 2 Maschen rechts stricken.

197

Mauerer und Schlosser

Nannette Höflich

In Runden:
Maschenanschlag durch 36 teilbar.

○∕ 1 Umschlag, 1 rechts, Umschlag über die rechts gestrickte Masche ziehen.

⊠ 1 rechts, 1 Umschlag, 1 rechts
2. Rechtsmasche, Umschlag und 1. Rechtsmasche an linke Nadel heben, Umschlag über die 1. Rechtsmasche ziehen. 1. und 2. Rechtsmasche an rechte Nadel heben.

```
8 - 8 - 8 - 8 - 8 - - - ○○○ / × - ∞ / ○○○ - - - 8 - 8 - 8 - 8 - 8 -        46 ←
8 - 8 - 8 - 8 - 8 - - - ○○ / ○ × - ∞○ / ○○ - - - 8 - 8 - 8 - 8 - 8 -        45 ←
- 8 - 8 - 8 - 8 - - ○○○ / ○○ × - ∞○○ / ○○○ - - 8 - 8 - 8 - 8 - 8           44 ←
- 8 - 8 - 8 - 8 - - ○○ / ○○○ × - ∞○○○ / ○○ - - 8 - 8 - 8 - 8 - 8           43 ←
- 8 - 8 - 8 - 8 - - ○ / ○○○○ × - ∞○○○○ / ○ - - 8 - 8 - 8 - 8 - 8           42 ←
- 8 - 8 - 8 - 8 - - / ○○○○○ × - ∞○○○○○ / - - 8 - 8 - 8 - 8 - 8            41 ←
8 - 8 - 8 - 8 - - - ○○○○○ / × ○ ∞ / ○○○○○ - - - 8 - 8 - 8 - 8 -            40 ←
8 - 8 - 8 - 8 - - - ○○○○ / × ○○○ ∞ / ○○○○ - - - 8 - 8 - 8 - 8 -            39 ←
8 - 8 - 8 - 8 - - - ○○○ / × - ○○○ - ∞ / ○○○ - - - 8 - 8 - 8 - 8 -          38 ←
8 - 8 - 8 - 8 - - - ○○ / ○ × - ○○○ - ∞○ / ○○ - - - 8 - 8 - 8 - 8 -         37 ←
- 8 - 8 - 8 - - ○○○ / ○○ × - ○○○ - ∞○○ / ○○○ - - 8 - 8 - 8 - 8             36 ←
- 8 - 8 - 8 - - ○○ / ○○○ × - ○○○ - ∞○○○ / ○○ - - 8 - 8 - 8 - 8             35 ←
- 8 - 8 - 8 - - ○ / ○○○○ × - ○○○ - ∞○○○○ / ○ - - 8 - 8 - 8 - 8             34 ←
- 8 - 8 - 8 - - / ○○○○○ × - ○○○ - ∞○○○○○ / - - 8 - 8 - 8 - 8              33 ←
8 - 8 - 8 - - - ○○○○○ / × ○ - - - ○ ∞ / ○○○○○ - - - 8 - 8 - 8 -            32 ←
8 - 8 - 8 - - - ○○○○ / × ○○ - - ○○ ∞ / ○○○○ - - - 8 - 8 - 8 -              31 ←
8 - 8 - 8 - - - ○○○ / × - ○○ - - ○○ - ∞ / ○○○ - - - 8 - 8 - 8 -            30 ←
8 - 8 - 8 - - - ○○ / ○ × - ○○ - - ○○ - ∞○ / ○○ - - - 8 - 8 - 8 -           29 ←
- 8 - 8 - - ○○○ / ○○ × - ○○ - - ○○ - ∞○○ / ○○○ - - 8 - 8 - 8               28 ←
- 8 - 8 - - ○○ / ○○○ × - ○○ - - ○○ - ∞○○○ / ○○ - - 8 - 8 - 8               27 ←
- 8 - 8 - - ○ / ○○○○ × - ○○ - - ○○ - ∞○○○○ / ○ - - 8 - 8 - 8               26 ←
- 8 - 8 - - / ○○○○○ × - ○○ - - ○○ - ∞○○○○○ / - - 8 - 8 - 8                25 ←
8 - 8 - - - ○○○○○ / × ○ - - 8 - - - ○ ∞ / ○○○○○ - - - 8 - 8 -             24 ←
8 - 8 - - - ○○○○ / × ○○ - - 8 - - ○○ ∞ / ○○○○ - - - 8 - 8 -               23 ←
8 - 8 - - - ○○○ / × - ○○ - - 8 - - ○○ - ∞ / ○○○ - - - 8 - 8 -             22 ←
8 - 8 - - - ○○ / ○ × - ○○ - - 8 - - ○○ - ∞○ / ○○ - - - 8 - 8 -            21 ←
- 8 - - ○○○ / ○○ × - ○○ - - 8 - - ○○ - ∞○○ / ○○○ - - 8 - 8                20 ←
- 8 - - ○○ / ○○○ × - ○○ - - 8 - - ○○ - ∞○○○ / ○○ - - 8 - 8                19 ←
- 8 - - ○ / ○○○○ × - ○○ - - 8 - - ○○ - ∞○○○○ / ○ - - 8 - 8                18 ←
- 8 - - / ○○○○○ × - ○○ - - 8 - - ○○ - ∞○○○○○ / - - 8 - 8                 17 ←
8 - - ○○○○○ / × ○ - - - 8 8 8 - - - - ○ ∞ / ○○○○○ - - 8                   16 ←
8 - - ○○○○ / × ○○ - - - 8 8 8 - - - ○○ ∞ / ○○○○ - - 8                     15 ←
8 - - ○○○ / × - ○○ - - - 8 8 8 - - - ○○ - ∞ / ○○○ - - 8                   14 ←
8 - - ○○ / ○ × - ○○ - - - 8 8 8 - - - ○○ - ∞○ / ○○ - - 8                  13 ←
- - ○○○ / ○○ × - ○○ - - - 8 8 8 - - - ○○ - ∞○○ / ○○○ - - 8                12 ←
- - ○○ / ○○○ × - ○○ - - - 8 8 8 - - - ○○ - ∞○○○ / ○○ - - 8                11 ←
- - ○ / ○○○○ × - ○○ - - - 8 8 8 - - - ○○ - ∞○○○○ / ○ - - 8                10 ←
- - / ○○○○○ × - ○○ - - - 8 8 8 - - - ○○ - ∞○○○○○ / - - 8                 09 ←
○○○○○ / × ○ - - - - 8 8 8 8 - - - - - ○ ∞ / ○○○○○○                        08 ←
○○○○○ / × ○○ - - - - 8 8 8 8 - - - - - ○○ ∞ / ○○○○○                       07 ←
○○○○○ / × - ○○ - - - - 8 8 8 8 - - - - - ○○ - ∞ / ○○○○○                   06 ←
○○○○ / ○ × - ○○ - - - - 8 8 8 8 - - - - - ○○ - ∞○ / ○○○○○                 05 ←
○○○ / ○○ × - ○○ - - - - 8 8 8 8 - - - - - ○○ - ∞○○ / ○○○○                 04 ←
○○ / ○○○ × - ○○ - - - - 8 8 8 8 - - - - - ○○ - ∞○○○ / ○○○                 03 ←
○ / ○○○○ × - ○○ - - - - 8 8 8 8 - - - - - ○○ - ∞○○○○ / ○○                 02 ←
/ ○○○○○ × - ○○ - - - - 8 8 8 8 - - - - - ○○ - ∞○○○○○ / ○                 01 ←
```

Fortsetzung siehe folgende Seite

199

```
○○○○○ − − − 8 − 8 − 8 − 8 − 8 − 8 − 8 − 8 − 8 − 8 − − − ○○○○○ −        96 ←
℘○○○○ − − − 8 − 8 − 8 − 8 − 8 − 8 − 8 − 8 − 8 − 8 − − − ○○○ ⧄ −        95 ←
∞ / ○○○ − − − 8 − 8 − 8 − 8 − 8 − 8 − 8 − 8 − 8 − 8 − − − ○○○ / × −     94 ←
∞○ / ○○ − − − 8 − 8 − 8 − 8 − 8 − 8 − 8 − 8 − 8 − 8 − − − ○○ / ○× −      93 ←
∞○○ / ○○○ − − 8 − 8 − 8 − 8 − 8 − 8 − 8 − 8 − 8 − − ○○○ / ○○× −         92 ←
∞○○○ / ○○ − − 8 − 8 − 8 − 8 − 8 − 8 − 8 − 8 − 8 − − ○○ / ○○○× −          91 ←
∞○○○○ / ○ − − 8 − 8 − 8 − 8 − 8 − 8 − 8 − 8 − 8 − − ○ / ○○○○× −          90 ←
∞○○○○○ / − − 8 − 8 − 8 − 8 − 8 − 8 − 8 − 8 − 8 − − / ○○○○○× −            89 ←
∞ / ○○○○○ − − − 8 − 8 − 8 − 8 − 8 − 8 − 8 − − − ○○○○○ / ×○              88 ←
○∞ / ○○○○ − − − 8 − 8 − 8 − 8 − 8 − 8 − 8 − − − ○○○○ / ×○○              87 ←
○ − ∞ / ○○○ − − − 8 − 8 − 8 − 8 − 8 − 8 − 8 − − − ○○○ / × − ○○           86 ←
○ − ∞○ / ○○ − − − 8 − 8 − 8 − 8 − 8 − 8 − 8 − − − ○○ / ○× − ○○            85 ←
○ − ∞○○ / ○○○ − − 8 − 8 − 8 − 8 − 8 − 8 − 8 − − ○○○ / ○○× − ○○           84 ←
○ − ∞○○○ / ○○ − − 8 − 8 − 8 − 8 − 8 − 8 − 8 − − ○○ / ○○○× − ○○            83 ←
○ − ∞○○○○ / ○ − − 8 − 8 − 8 − 8 − 8 − 8 − 8 − − ○ / ○○○○× − ○○            82 ←
○ − ∞○○○○○ / − − 8 − 8 − 8 − 8 − 8 − 8 − 8 − − / ○○○○○× − ○○             81 ←
− ○∞ / ○○○○ − − − 8 − 8 − 8 − 8 − 8 − 8 − − − ○○○○○ / ×○ − − −            80 ←
− ○○∞ / ○○○○ − − − 8 − 8 − 8 − 8 − 8 − 8 − − − ○○○○ / ×○○ − −             79 ←
− ○○ − ∞ / ○○○ − − − 8 − 8 − 8 − 8 − 8 − 8 − − − ○○○ / × − ○○ − −          78 ←
− ○○ − ∞○ / ○○ − − − 8 − 8 − 8 − 8 − 8 − 8 − − − ○○ / ○× − ○○ − −          77 ←
− ○○ − ∞○○ / ○○○ − − 8 − 8 − 8 − 8 − 8 − − ○○○ / ○○× − ○○ − −            76 ←
− ○○ − ∞○○○ / ○○ − − 8 − 8 − 8 − 8 − 8 − − ○○ / ○○○× − ○○ − −             75 ←
− ○○ − ∞○○○○ / ○ − − 8 − 8 − 8 − 8 − 8 − − ○ / ○○○○× − ○○ − −             74 ←
− ○○ − ∞○○○○○ / − − 8 − 8 − 8 − 8 − 8 − − / ○○○○○× − ○○ − −              73 ←
− − − ○∞ / ○○○○ − − − 8 − 8 − 8 − 8 − − ○○○○○ / ×○ − − − 8              72 ←
− − − ○○∞ / ○○○○ − − − 8 − 8 − 8 − 8 − − ○○○○ / ×○○ − − − 8              71 ←
− − − ○○ − ∞ / ○○○ − − − 8 − 8 − 8 − 8 − − ○○○ / × − ○○ − − − 8           70 ←
− − − ○○ − ∞○ / ○○ − − − 8 − 8 − 8 − 8 − − ○○ / ○× − ○○ − − − 8           69 ←
− − − ○○ − ∞○○ / ○○○ − − 8 − 8 − 8 − − ○○○ / ○○× − ○○ − − − 8            68 ←
− − − ○○ − ∞○○○ / ○○ − − 8 − 8 − 8 − − ○○ / ○○○× − ○○ − − − 8             67 ←
− − − ○○ − ∞○○○○ / ○ − − 8 − 8 − 8 − − ○ / ○○○○× − ○○ − − − 8             66 ←
− − − ○○ − ∞○○○○○ / − − 8 − 8 − 8 − − / ○○○○○× − ○○ − − − 8              65 ←
8 − − − − ○∞ / ○○○○ − − − 8 − 8 − − ○○○○○ / ×○ − − − − 8 8              64 ←
8 − − − − ○○∞ / ○○○○ − − − 8 − 8 − − ○○○○ / ×○○ − − − − 8 8              63 ←
8 − − − − ○○ − ∞ / ○○○ − − − 8 − 8 − − ○○○ / × − ○○ − − − − 8 8           62 ←
8 − − − − ○○ − ∞○ / ○○ − − − 8 − 8 − − ○○ / ○× − ○○ − − − − 8 8           61 ←
8 − − − − ○○ − ∞○○ / ○○○ − − 8 − − ○○○ / ○○× − ○○ − − − − 8 8            60 ←
8 − − − − ○○ − ∞○○○ / ○○ − − 8 − − ○○ / ○○○× − ○○ − − − − 8 8             59 ←
8 − − − − ○○ − ∞○○○○ / ○ − − 8 − − ○ / ○○○○× − ○○ − − − − 8 8             58 ←
8 − − − − ○○ − ∞○○○○○ / − − 8 − − / ○○○○○× − ○○ − − − − 8 8              57 ←
8 8 − − − − − ○∞ / ○○○○○○○○○○○○○○○ / ×○ − − − − − 8 8 8               56 ←
8 8 − − − − − ○○∞ / ○○○○○○○○○○○○○ / ×○○ − − − − − 8 8 8               55 ←
8 8 − − − − − ○○ − ∞ / ○○○○○○○○○○○ / × − ○○ − − − − − 8 8 8            54 ←
8 8 − − − − − ○○ − ∞○ / ○○○○○○○○○ / ○× − ○○ − − − − − 8 8 8            53 ←
8 8 − − − − − ○○ − ∞○○ / ○○○○○○○ / ○○× − ○○ − − − − − 8 8 8            52 ←
8 8 − − − − − ○○ − ∞○○○ / ○○○○○ / ○○○× − ○○ − − − − − 8 8 8            51 ←
8 8 − − − − − ○○ − ∞○○○○ / ○○○ / ○○○○× − ○○ − − − − − 8 8 8            50 ←
8 8 − − − − − ○○ − ∞○○○○○ / ○ / ○○○○○× − ○○ − − − − − 8 8 8            49 ←
8 − 8 − 8 − 8 − 8 − − − ○○○○○ − ○○○○○ − − − 8 − 8 − 8 − 8 − 8 −        48 ←
8 − 8 − 8 − 8 − 8 − − − ○○○ ⧄ − ℘○○○○ − − − 8 − 8 − 8 − 8 − 8 −        47 ←
```

Hin- und Rückreihen:
Maschenanschlag durch 36 teilbar +1 + 2 Randmaschen.

```
→ 28  ~ | O~O~OO---/--2O--OOO--Oƨ--/---OO~O~O~
      8 | -8-8--OO/OOOx-OO---OO-∞OOO/OO--8-8-8 | 27 ←
→ 26  ~ | O~O~OO-/----2O--OOO--Oƨ----/-OO~O~O~
      8 | -8-8--/OOOOOx-OO---OO-∞OOOOO/--8-8-8 | 25 ←
→ 24  O | ~O~OOO-----/2-OOO~OOO-ƨ/-----OOO~O~O
      - | 8-8---OOOO/xOO---8---OO∞/OOOO---8-8- | 23 ←
→ 22  O | ~O~OOO---/2O--OOO~OOO--Oƨ/---OOO~O~O
      - | 8-8---OO/Ox-OO---8---OO-∞O/OO---8-8- | 21 ←
→ 20  ~ | O~OO---/--2O--OOO~OOO--Oƨ--/---OO~O~
      8 | -8--OO/OOOx-OO---8---OO-∞OOO/OO--8-8 | 19 ←
→ 18  ~ | O~OO-/----2O--OOO~OOO--Oƨ----/-OO~O~
      8 | -8--/OOOOOx-OO---8---OO-∞OOOOO/--8-8 | 17 ←
→ 16  O | ~OOO-----/2-OOOO~~~OOOO-ƨ/-----OOO~O
      - | 8---OOOO/xOO----888----OO∞/OOOO---8- | 15 ←
→ 14  O | ~OOO---/2O--OOOO~~~OOOO--Oƨ/---OOO~O
      - | 8---OO/Ox-OO----888----OO-∞O/OO---8- | 13 ←
→ 12  ~ | OO---/--2O--OOOO~~~OOOO--Oƨ--/---OO~
      8 | --OO/OOOx-OO----888----OO-∞OOO/OO--8 | 11 ←
→ 10  ~ | OO-/----2O--OOOO~~~OOOO--Oƨ----/-OO~
      8 | --/OOOOOx-OO----888----OO-∞OOOOO/--8 | 09 ←
→ 08  - | -------/2-OOOOO~~~~OOOOO-ƨ/-------
      O | OOOOOO/xOO-----88888-----OO∞/OOOOOOO | 07 ←
→ 06  - | -----/2O--OOOOO~~~~OOOOO--Oƨ/------
      O | OOOO/Ox-OO-----88888-----OO-∞O/OOOOO | 05 ←
→ 04  - | ---/--2O--OOOOO~~~~OOOOO--Oƨ--/----
      O | OO/OOOx-OO-----88888-----OO-∞OOO/OOO | 03 ←
→ 02  - | -/----2O--OOOOO~~~~OOOOO--Oƨ----/--
      O | /OOOOOx-OO-----88888-----OO-∞OOOOO/O | 01 ←
```

Fortsetzung siehe folgende Doppelseite

```
→ 62  ~ | ~OOOO--O2/---OOO~O~OOO---/2O--OOOO~~
     8  | 8----OO-∞O/OO---8-8---OO/O×-OO----88 | 61 ←
→ 60  ~ | ~OOOO--O2--/---OO~OO---/--2O--OOOO~~
     8  | 8----OO-∞OOO/OO--8--OO/OOO×-OO----88 | 59 ←
→ 58  ~ | ~OOOO--O2----/-OO~OO-/----2O--OOOO~~
     8  | 8----OO-∞OOOOO/--8--/OOOOO×-OO----88 | 57 ←
→ 56  ~ | ~~OOOOO-2/--------------/2-OOOOO~~~
     8  | 88----OO∞/OOOOOOOOOOOOOOO/×OO----888 | 55 ←
→ 54  ~ | ~~OOOOO--O2/-----------/2O--OOOOO~~~
     8  | 88----OO-∞O/OOOOOOOOOO/O×-OO----888 | 53 ←
→ 52  ~ | ~~OOOOO--O2--/-------/--2O--OOOOO~~~
     8  | 88----OO-∞OOO/OOOOO/OOO×-OO----888 | 51 ←
→ 50  ~ | ~~OOOOO--O2----/---/----2O--OOOOO~~~
     8  | 88----OO-∞OOOOO/O/OOOOO×-OO----888 | 49 ←
→ 48  O | ~O~O~O~O~OOO-----O-----OOO~O~O~O~O~O
     —  | 8-8-8-8-8---OOO[⌧]-2OOOO---8-8-8-8-8- | 47 ←
→ 46  O | ~O~O~O~O~OOO---/2O2/---OOO~O~O~O~O~O
     —  | 8-8-8-8-8---OO/O×-∞O/OO---8-8-8-8-8- | 45 ←
→ 44  ~ | O~O~O~O~OO---/--2O2--/---OO~O~O~O~O~O
     8  | -8-8-8-8--OO/OOO×-∞OOO/OO--8-8-8-8-8 | 43 ←
→ 42  ~ | O~O~O~O~OO--/-----2O2----/-OO~O~O~O~O~
     8  | -8-8-8-8--/OOOOO×-∞OOOOO/--8-8-8-8-8 | 41 ←
→ 40  O | ~O~O~O~OOO-----/2-2/-----OOO~O~O~O~O
     —  | 8-8-8-8---OOOO/×OOO∞/OOOO---8-8-8-8- | 39 ←
→ 38  O | ~O~O~O~OOO---/2O---O2/---OOO~O~O~O~O
     —  | 8-8-8-8---OO/O×-OOO-∞O/OO---8-8-8-8- | 37 ←
→ 36  ~ | O~O~O~OO---/--2O---O2--/---OO~O~O~O~
     8  | -8-8-8--OO/OOO×-OOO-∞OOO/OO--8-8-8-8 | 35 ←
→ 34  ~ | O~O~O~OO-/----2O---O2----/-OO~O~O~O~
     8  | -8-8-8--/OOOOO×-OOO-∞OOOOO/--8-8-8-8 | 33 ←
→ 32  O | ~O~O~OOO-----/2-OOO-2/-----OOO~O~O~O
     —  | 8-8-8---OOOO/×OO---OO∞/OOOO---8-8-8- | 31 ←
→ 30  O | ~O~O~OOO---/2O--OOO--O2/---OOO~O~O~O
     —  | 8-8-8---OO/O×-OO---OO-∞O/OO---8-8-8- | 29 ←
```

→ 96 ○ | ─────○○○~○~○~○~○~○~○~○~○~○~○○○────○
     ─ | 6○○○○───8─8─8─8─8─8─8─8─8─8───○○○[96]─ | 95 ←
→ 94 ○ | 6/───○○○~○~○~○~○~○~○~○~○~○○○───/2○
     ─ | ∞○/○○───8─8─8─8─8─8─8─8─8───○○/○×─ | 93 ←
→ 92 ○ | 6──/───○○~○~○~○~○~○~○~○~○○───/──2○
     ─ | ∞○○○/○○──8─8─8─8─8─8─8─8───○○/○○○×─ | 91 ←
→ 90 ○ | 6────/─○○~○~○~○~○~○~○~○○──/────2○
     ─ | ∞○○○○○/──8─8─8─8─8─8─8───/○○○○○×─ | 89 ←
→ 88 ─ | 6/─────○○○~○~○~○~○~○~○○○─────/2─
     ○ | ○∞/○○○○───8─8─8─8─8─8───○○○○/×○○ | 87 ←
→ 86 ─ | ─○6/───○○○~○~○~○~○~○~○○○───/2○──
     ○ | ○─∞○/○○───8─8─8─8─8─8───○○/○×─○○ | 85 ←
→ 84 ─ | ─○6──/───○○~○~○~○~○~○○───/──2○──
     ○ | ○─∞○○○/○○──8─8─8─8─8──○○/○○○×─○○ | 83 ←
→ 82 ─ | ─○6────/─○○~○~○~○~○~○○─/────2○──
     ○ | ○─∞○○○○○/──8─8─8─8─8──/○○○○○×─○○ | 81 ←
→ 80 ○ | ○─6/─────○○○~○~○~○~○○○─────/2─○○
     ─ | ─○○∞/○○○○───8─8─8─8───○○○○/×○○─ | 79 ←
→ 78 ○ | ○──○6/───○○○~○~○~○~○○○───/2○──○○
     ─ | ─○○─∞○/○○───8─8─8─8───○○/○×─○○── | 77 ←
→ 76 ○ | ○──○6──/───○○~○~○~○○───/──2○──○○
     ─ | ─○○─∞○○○/○○──8─8─8──○○/○○○×─○○── | 75 ←
→ 74 ○ | ○──○6────/─○○~○~○~○○─/────2○──○○
     ─ | ─○○─∞○○○○○/──8─8─8──/○○○○○×─○○── | 73 ←
→ 72 ~ | ○○○─6/─────○○○~○~○~○○○─────/2─○○○~
     8 | ───○○∞/○○○○───8─8─8───○○○○/×○○───8 | 71 ←
→ 70 ~ | ○○○──○6/───○○○~○~○~○○○───/2○──○○○~
     8 | ───○○─∞○/○○───8─8─8───○○/○×─○○───8 | 69 ←
→ 68 ~ | ○○○──○6──/───○○~○~○○───/──2○──○○○~
     8 | ───○○─∞○○○/○○──8─8──○○/○○○×─○○───8 | 67 ←
→ 66 ~ | ○○○──○6────/─○○~○~○○─/────2○──○○○~
     8 | ───○○─∞○○○○○/──8─8──/○○○○○×─○○───8 | 65 ←
→ 64 ~ | ~○○○○─6/─────○○○~○○○─────/2─○○○○~~
     8 | 8────○○∞/○○○○───8─8──○○○○/×○○────88 | 63 ←

203

Dank an Sponsoren und Leihgeber

Ohne die engagierte Mitarbeit und die finanzielle Unterstützung von Leihgebern und genannten und ungenannten Sponsoren hätte dieses Buch nicht entstehen können. Deshalb sei allen ein herzlicher Dank gesagt.

Die Leihgeber:

1. Bayerisches Schulmuseum Sulzbach-Rosenberg
Oberpfälzer Freilandmuseum Neusath-Perschen
Oberpfälzer Volkskundemuseum Burglengenfeld
Stadtmuseum Weiden
Familie Deubzer, Neustadt a.d. Waldnaab
Frau Josefa Haberkorn, Konnersreuth
Frau Barbara Kriegl, Neumarkt
Herr Hans Rösch, Kemnath

Die Sponsoren:

Bayerischer Landesverein für Heimatpflege, München
Coats GmbH, Kaiserstr. 1, D 79341 Kenzingen

Alphabetisches Stichwort-Register

Garne.
Faszinierende
Garnvielfalt für Sie.